**Unternehmen gründen
ist nicht schwer...**

Springer
Berlin
Heidelberg
New York
Barcelona
Hongkong
London
Mailand
Paris
Singapur
Tokio

August-Wilhelm Scheer

Unternehmen gründen ist nicht schwer...

Mit 36 Abbildungen, davon 19 Fotos

Springer

Prof. Dr. Dr. h.c. August-Wilhelm Scheer
IDS Scheer AG, Saarbrücken

Kontaktadresse

Institut für Wirtschaftsinformatik
an der Universität des Saarlandes
Postfach 151150
D-66041 Saarbrücken

E-Mail: scheer@iwi.uni-sb.de
URL: http://www.iwi.uni-sb.de

ISBN 3-540-41063-5 Springer-Verlag Berlin Heidelberg New York

Die Deutsche Bibliothek - CIP-Einheitsaufnahme
Scheer, August-Wilhelm: Unternehmen gründen ist nicht schwer ... / August-Wilhelm Scheer.
- Berlin; Heidelberg; New York; Barcelona; Hongkong; London; Mailand; Paris; Singapur; Tokio: Springer, 2000
ISBN 3-540-41063-5

Dieses Werk ist urheberrechtlich geschützt. Die dadurch begründeten Rechte, insbesondere die der Übersetzung, des Nachdrucks, des Vortrags, der Entnahme von Abbildungen und Tabellen, der Funksendung, der Mikroverfilmung oder der Vervielfältigung auf anderen Wegen und der Speicherung in Datenverarbeitungsanlagen, bleiben, auch bei nur auszugsweiser Verwertung, vorbehalten. Eine Vervielfältigung dieses Werkes oder von Teilen dieses Werkes ist auch im Einzelfall nur in den Grenzen der gesetzlichen Bestimmungen des Urheberrechtsgesetzes der Bundesrepublik Deutschland vom 9. September 1965 in der jeweils geltenden Fassung zulässig. Sie ist grundsätzlich vergütungspflichtig. Zuwiderhandlungen unterliegen den Strafbestimmungen des Urheberrechtsgesetzes.

Springer-Verlag Berlin Heidelberg New York
ein Unternehmen der BertelsmannSpringer Science+Business Media GmbH

© Springer-Verlag Berlin Heidelberg 2000
Printed in Germany

Die Wiedergabe von Gebrauchsnamen, Handelsnamen, Warenbezeichnungen usw. in diesem Werk berechtigt auch ohne besondere Kennzeichnung nicht zu der Annahme, daß solche Namen im Sinne der Warenzeichen- und Markenschutz-Gesetzgebung als frei zu betrachten wären und daher von jedermann benutzt werden dürften.

Einband: HDW Werbeagentur, Saarbrücken
Druck: Betz-druck, Darmstadt
Binden: Schäffer, Grünstadt

SPIN 10795649   42/2202-5 4 3 2 1 – Gedruckt auf säurefreiem Papier

Vorwort

Auf einer Fachtagung in den USA hörte ich vor über zehn Jahren den Vortrag eines Topmanagers des Disney-Konzerns über Unternehmensführung. Er beschrieb dabei auch die charismatische Wirkung des Unternehmensgründers Walt Disney auf sein Management durch „Story telling". Jeder, der einmal Kinder erzogen hat, weiß ein Lied über die Versuche zu singen, Einsicht durch Erklärungen zu erzielen: Am besten hilft auch hier das „gute" Beispiel durch Vorleben oder durch Geschichten erzählen.

Deshalb nimmt „Story telling" einen breiten Raum in diesem Buch ein. Dies gelingt nicht, ohne dass man auch etwas von seinen Gedanken und Gefühlen, also der privaten Sphäre preisgibt. Aber das macht das „Story telling" ja wohl auch erst interessant.

Es ist deshalb auch kein wissenschaftliches Buch. Vielmehr enthält es Erfahrungen und Meinungen zu den Themen Unternehmensgründungen und ihrer Wachstumsentwicklung, dem Forschungs- und Wissenschaftsbetrieb und zur Innovationspolitik – alles Bereiche, in denen ich in den letzten 15 Jahren Erfahrungen gesammelt habe.

Das Buch wendet sich vor allem an frischgebackene oder potenzielle Unternehmensgründer, die mehr über das Abenteuer eines Unternehmensaufbaus erfahren möchten. Interessenten der High-Tech-Welt lernen Interna kennen, die hinter den glitzernden Fassaden üblicherweise verborgen sind. Es richtet sich ferner an Studenten, die sich über eine unternehmerische Form der Lebensgestaltung informieren möchten. Weiter wendet sich das Buch an die wissenschaftliche Community, um sie stärker zum unternehmerischen Handeln in ihren Forschungsinstitutionen zu motivieren.

Es will Politiker ermutigen, unbequeme Entscheidungen zur Reform der Universitäts- und Forschungsstruktur zu treffen, um die Voraussetzungen für erfolgreiche Unternehmensgründungen zu verbessern.

Nicht jedes Kapitel richtet sich gleichermaßen an alle Zielgruppen. Das Buch ist deshalb so geschrieben, dass es auch bei selektivem Lesen verständlich bleibt. Die inhaltliche Ausrichtung ist leicht den Kapitelüberschriften zu entnehmen.

Neben den im Buchtext namentlich genannten Mitstreitern danke ich allen Mitarbeiterinnen und Mitarbeitern der IDS Scheer AG, der imc GmbH, der JET Online GmbH und der ISS GmbH für ihren engagierten Einsatz beim Aufbau ihrer Unternehmen. Ich hoffe, dass sie nach der Buchlektüre noch mehr motiviert sind, ihr abenteuerliches Leben im High-Tech-Dschungel zu führen. Ich bin jedenfalls stolz, an der Gründung dieser Unternehmen beteiligt gewesen zu sein und sie als Gesellschafter oder Aktionär aktiv zu begleiten.

Das Buch enthält meine persönliche Sicht und Meinungen.

Dr. Alexander Pocsay und Helmut Kruppke, die mich während der Aufbauphasen der IDS Scheer AG eng begleiteten, könnten aus ihren Perspektiven ebenfalls Bücher über die Entwicklung der IDS schreiben.

Meiner langjährigen Lebensgefährtin Sigrid Kilger danke ich für ihre Unterstützung während der Aufbauzeit der IDS. Auch in den nicht immer leichten Phasen war sie eine kluge und kameradschaftliche Begleiterin.

Wilhelm Heinrich Kister danke ich für wichtige Ratschläge zur Unternehmensführung.

Ich danke meiner Sekretärin Lucie Bender sowie Nina Wagner für die sorgfältige Erfassung des Manuskriptes. Gleichzeitig danke ich Frau Bender für die gute und loyale Zusammenarbeit in 20 Jahren.

Daniel Wagner danke ich für seine Unterstützung bei der Koordination der Buchproduktion.

Funktionsbezeichnungen wie Gründer, Manager usw. gelten sowohl für die weibliche als auch für die männliche Schreibform.

August-Wilhelm Scheer

Saarbrücken, im September 2000

Inhaltsverzeichnis

Vorwort V

Kapitel I   The American Dream 1
Mein Herz wird an der Börse gehandelt 1
Down and up 3
Vorbereitung des Börsenganges 5
Der Börsengang verändert 7
Das Leben verändert sich alle 13 Jahre 9

Kapitel II   Was macht Unternehmen gründen so sexy? 11
New Economy 11
Neue Chancen für Unternehmen 12
Erste Kontakte zur Informationstechnik 14
Competition auf allen Ebenen 17
Geld alleine macht nicht glücklich 19
Globalität erfordert Mobilität 22
Auch die Banken machen mit 23
Generationssprünge 24
Glitzerwelt 26

**Kapitel III   ARIS – ein internationaler Produkterfolg
                 aus der Forschung** 29
Die Anfangsidee entscheidet 29
Datenmodelle 31
Geschäftsprozessmodelle bringen mehr Einsicht 33
Dem Geschäftsprozess auf den Grund gehen 34

Erste ARIS-Prototypen.. 35
Entwicklung des ARIS-Toolset... 36
Erprobungspartner 36
Skepsis und Widerstände 37
Das Thema greift... 38
Internationalisierungsschritte 38
Analystenreports.. 39
Jede Ländergründung ist anders.. 40
Durch Fehlschläge nicht entmutigen lassen 41

Kapitel IV   Unternehmen gründen ist nicht schwer 43

Das Gründungskapital ist kein Problem.. 43
Motivation und Anlass zur Unternehmensgründung....................... 44
In der Geschäftsidee liegt die Innovation.. 45
Auswahl der Gründungspartner... 48
Mach Du nur einen (Business-) Plan ... (nach Bert Brecht)............ 49
Der erste Kunde bestimmt die Entwicklung.................................... 50
Kapitalgeber sind nicht ungefährlich 52
Das erste Büro zeigt die Selbstständigkeit 53
Der erste Mitarbeiter 55

Kapitel V   ... Unternehmen erfolgreich machen dagegen sehr 57

Phase I: Bis 1 Mio. DM Umsatz.. 58
Phase II: Bis 10 Mio. DM Umsatz 61
Wachstum der Leistungsfelder 62
Das erste Organigramm... 64
Die ersten Zahlen 65
Pressearbeit muss gelernt sein... 66
Durch Blut waten können.. 68
Die ersten Kündigungen schmerzen.. 69
Vor Innovatoren wird gewarnt 70
Wachstumsfreuden... 71
Phase III: Bis 100 Mio. DM Umsatz... 73
Vom Unternehmensgründer zum Profi-Manager............................ 73
Noch mehr Organisationsstruktur 77

Zahlen, Zahlen, Zahlen.. 79
Bewunderer, Gegner, Neider.. 79
Spin-offs: Verrat! 81
Globalisierung ist lebensnotwendig 83
Erfolgsfaktoren der Internationalisierung 87
Der Börsengang nimmt Gestalt an 91
Phase IV: Bis 1 Mrd. DM Umsatz 93
Charisma ist noch notwendiger 93
Prognose 2006: 6000 Mitarbeiter.. 94

Kapitel VI   Krisenmanagement 99
Krise als Chance.. 99
Frühe Symptome werden ignoriert.. 102
Die Krise wirkt wie ein Schock... 103
Der Kapitän muss auf die Brücke.. 107
Hilf Dir selbst, so hilft Dir Gott! 109
Erfolg besteht aus 25 % Strategie plus 75 % Umsetzung 113
SAP als bevorzugter Partner 114
Produktstrategien... 116
Das Management muss zusammenstehen 125
Power play... 126
Per Tagebücher den Überblick behalten 128
Der Presse Hintergrundgespräche anbieten.................................... 129
Fluktuation ist schmerzhaft 129
Fazit: Was uns nicht umbringt, macht uns stärker 130

Kapitel VII   Leadership 133
Nobody is perfect, but a team can be perfect 133
Träumen 135
Erfolg als Motivator 137
Sich nicht selbst zum Engpass machen 140
Unabhängig sein von Beziehungsnetzen... 141
Sorgfältige Vorbereitung ist der halbe Erfolg 142
Karten auf den Tisch 143
Wer zu früh oder zu spät kommt 144
Einfach sein ist schwierig.. 145

Ausdauernd sein 146
Selektives Handeln 147
Drei-Fronten-Gefecht 148
Wieso Kundenorientierung zuletzt? 149

Kapitel VIII   In der Pause: All that Jazz 151
Aus der Rolle fallen 151
Jazz und High-Tech 154
Was ist Improvisation? 156
Strukturen im Jazz 157
Jazzsolo und Fachvortrag im Vergleich 159
Kreativität und Dynamik 160
Jazz bis zum letzten Atemzug? 162
Auch Üben muss geübt werden 163
Verschlossene Welten 164
Internationale Jazzclubs 164
Meine Lieblingsaufnahmen 165

**Kapitel IX   Das Saarbrücker Modell zum
                        Technologietransfer 167**
Verschachtelte Regelkreise 167
Brüche in der Wertschöpfungskette 169
Ein teuflischer Kreislauf 170
Business Angels 171
Multiplikatoren des Saarbrücker Modells 172
Mehr Feind – mehr Ehr 174

**Kapitel X   Wie man die Deutsche Universität AG fit für
                      die Börse macht. 175**
Vorbild USA? 175
Deregulierung und Reengineering 176
Börsenfähigkeit 178
Die Zahlen müssen stimmen 178
Die Story 180
Die Marktsituation ist gut 180
Die Produktpositionierung ist mangelhaft 182
Das Management der Universitäten ist der Engpass 188

Das Beurteilungsergebnis lässt Chancen 191

**Kapitel XI   Wie man einem Aufsteigerland in den Sattel
                helfen kann 193**

Restart aus der Forschung 193
Vorschläge an den Bundeskanzler 194
Zukunftsteam Saarland 197

Kapitel XII   Frequently Asked Questions (FAQ) 205

**Kapitel XIII Scheer(Ex)Kurs:
                Geschäftsprozessmanagement 215**

Mauern einbrechen 217
Prozess- und Produktinnovationen 222
Unternehmensnetzwerke 224
ARIS – E-Business Suite 226
Ein konkretes Beispiel zum Supply Chain Management 227
House of Business Engineering 230
Prozessgestaltung 231
Prozessplanung und -steuerung 233
Workflowsteuerung 234
Anwendungssysteme 234
Regelkreise 235
Der Mensch steht im Mittelpunkt 235
Marktplätze erobern die Geschäftswelt 238

Literaturverzeichnis 241

Glossar 243

Kapitel I
The American Dream

Mein Herz wird an der Börse gehandelt

Am Dienstag, den 11. Mai 1999, um 8.20 Uhr, wurden die Aktien der IDS Scheer AG zum ersten Mal am Neuen Markt in Frankfurt börslich notiert. An diesem Tag hatte sich mein „American Dream" verwirklicht. Wie Vorbilder im kalifornischen Silicon Valley hatte ich aus einem Forschungsinstitut, meinem Institut für Wirtschaftsinformatik (IWi) der Universität Saarbrücken, ein Unternehmen ausgegründet, es international erfolgreich gemacht und an die Börse gebracht. Ich konnte so zeigen, dass viele pessimistische Diskussionen um den Wirtschaftsstandort Deutschland unbegründet sind. Anstelle des neidvollen Blickes in die USA mit ihrer Vollbeschäftigung und führenden Rolle im High-Tech-Markt sollten lieber eigene Anstrengungen in Deutschland unternommen werden.

Denn wenn es gelingt, aus der Randlage Saarbrücken mit einer mittleren Universität ein erfolgreiches Unternehmen zu starten und bis zum Zeitpunkt der Börseneinführung 750 Arbeitsplätze zu schaffen, dann muss dies aus günstigeren Standorten in Deutschland mit weitaus besseren Forschungsbedingungen noch eher möglich sein. Mein Beispiel sollte zeigen, dass nicht unverrückbare Standortnachteile die Beschäftigungsprobleme in Deutschland begründen, sondern selbstgemachte Organisationsfehler. Es gelingt uns in Deutschland nicht ausreichend, die Ideen unserer guten und teuren Forschungsinfrastruktur schnell und effizient in Produkte und damit in Arbeitsplätze umzusetzen.

Um diesen großen Tag gebührend mit den Mitarbeitern zu feiern, hatten wir im Innenhof des IDS-Gebäudes in Saarbrücken ein großes Zelt aufbauen lassen, in dem abends eine Rock-Band spielte. Dieser 11. Mai sollte auch für mich ein Tag des Hochgefühls sein, und ich wollte ihn bewusst genießen. Allerdings hatten sich kurz vor dem Ereignis noch drohende Wolken zusammengezogen. Am Abend vorher waren meine Lebensgefährtin Sigrid Kilger und ich nach Frankfurt gefahren, um am anderen Morgen rechtzeitig bei der ersten Börsennotierung in der Frankfurter Börse dabei sein zu können. Als wir im Hotel ankamen, trafen wir im Foyer den Vorstandssprecher der IDS Scheer AG, meinen langjährigen Wegbegleiter und Freund Dr. Alexander Pocsay. Er verkündete uns bedrückt, dass ein ähnlich wie die IDS strukturiertes Unternehmen, das an diesem Tag an die Börse gegangen war, den ersten Börsentag mit einem Kurs unterhalb des Ausgabekurses abgeschlossen hatte. Diese Situation war uns in den letzten Wochen und Monaten von den Banken jeweils als Schreckensszenario ausgemalt worden. Schließt der erste Tag unter dem offiziellen Ausgabekurs ab, dann erzielen diejenigen Investoren, die sich im Vorwege auf der Roadshow zur Übernahme bestimmter Aktien zum Ausgabekurs verpflichtet haben, bereits am ersten Tag Buchverluste. Dies verärgert sie, weil sie es den überzogenen Ansprüchen des Managements und der Altgesellschafter zuschreiben, wenn das Unternehmen nicht den Ausgabekurs rechtfertigen kann. Es wurde uns angedeutet, dass die Investoren anschließend das Unternehmen fallen lassen würden und sich von den gerade zugeteilten Aktien wieder trennen würden, so dass dann eine Spiralwirkung des Kursverfalls einsetzen würde.

Man kann sich vorstellen, dass die anschließende Nacht nicht gerade besonders schlafreich und erholsam war. Nachdem wir uns pünktlich um 8.00 Uhr im Börsensaal eingefunden hatten, wurde uns der für unsere Aktie zuständige Makler vorgestellt. Schon kurz danach verkündete er den ersten Kurs, also den Eröffnungskurs. Mir blieb fast das Herz stehen: Er lag mit 12,20 € unter dem Eröffnungskurs von 12,50 €. Sollten die Banken doch Recht gehabt haben, die in den letzten Wochen immer versucht hatten, unseren Ausgabekurs niedriger zu halten? Noch zehn Tage vorher hatten wir freitags bei der abschließenden Besprechung der eingeholten Marktinformationen bis tief in die Nacht mit den Bankenvertretern in London und Frankfurt telefoniert, um eine Bookbuilding-Spanne von 10,50 bis 12,50 € durchzusetzen. In der darauf folgenden Woche wurde diese Bookbuilding-Spanne auch auf der Roadshow bestätigt. Der Vorstand der IDS (Dr. Alexander Pocsay, Helmut Kruppke und Wolfgang Stein) flog mit Bankenvertretern von einem Bankenplatz (Frankfurt, München, Mailand, London, Paris und Amsterdam) zum anderen, um das Unternehmen interessierten Investoren vorzustellen.

Die Ergebnisse in Form von Buchungen, die die Investoren vornahmen, wurden jeweils abends von unseren Konsortialbanken, Deutsche Bank und Goldman & Sachs, gesammelt und uns per Fax mitgeteilt. Schon am ersten Abend war die Reaktion positiv. Die gesamten auszugebenden Aktien der IDS Scheer AG waren bereits überzeichnet. Am Ende der Woche, also am Freitag, spätnachmittags, betrug die Überzeichnung rund das Dreißigfache. Eine Preissensibilität hatte sich nicht gezeigt, das heißt, die Investoren waren bereit, die IDS-Aktien zum oberen Ende der Bookbuilding-Spanne, also zu 12,50 €, aufzunehmen.

Deswegen war die abschließende Sitzung zur Zuteilung der Aktien am Freitag, den 7. Mai, abends in Frankfurt, lediglich noch eine Formsache. Die Zuteilung der Aktien an die Investoren wurde nach einer groben konzeptionellen Abstimmung von den Banken übernommen. Aus diesem Grunde konnten wir mit einem Glas Champagner auf die zurückliegende anstrengende Zeit anstoßen. Bevor wir kurz vor Mitternacht wieder nach Saarbrücken fuhren, nahm ich Alexander Pocsay zur Seite, um mich noch einmal persönlich für seinen Einsatz der letzten Wochen zu bedanken. Wahrscheinlich durch die hohen Anstrengungen bedingt, hatte er zehn Tage zuvor einen Gehörsturz erlitten. Dieser kam zu einer schon bestehenden inneren Krankheit hinzu. Trotz des dringenden Rates der Ärzte, sich zu schonen, ließ er während der Roadshow keinen Termin aus. Er habe schließlich das Unternehmen als Geschäftsführer 15 Jahre lang operativ geführt und wolle jetzt auch den Börsengang als Krönung miterleben.

Während des anschließenden Wochenendes herrschte eine erwartungsvolle Gespanntheit auf das große Ereignis des Börsenstartes.

Down and up

Nun blickten wir am Dienstagmorgen auf den Eröffnungskurs von 12,20 €. Nach dem ersten Schreck legte aber der Kurs in der weiteren Stunde leicht zu. Allerdings bewegte er sich lediglich zwischen 13 und 13,50 €, so dass von einer spektakulären Sprungbewegung, wie wir sie heimlich erhofft hatten, noch keine Rede sein konnte. Die Kursbewegungen am Neuen Markt waren in den letzten Wochen aber insgesamt rückläufig gewesen, so dass unsere Erwartungen bereits gedämpft waren.

Gegen 11.00 Uhr gingen wir zu einem Frühstück zu der Deutschen Bank. Um 13.00 Uhr waren wir wieder am Platz vor der Börse. Hier hatten wir vorbereitet, dass meine Jazz-Band, mit der ich in Saarbrücken häufig auftrete, spielen sollte, so dass die Börsenmakler während der Mittagspause angelockt werden sollten und wir uns ihnen bekannt machen konnten. Natürlich hatte ich mit diesem Auftritt auch auf die Medienaufmerksamkeit spekuliert. In der Tat sendeten dann auch mehrere Fernsehkanäle mit der Ansage: „Die Musik spielte heute *vor* der Börse ..." unsere Show.

Sowohl Alexander Pocsay als auch ich hatten am Morgen bereits mehrere Fernseh- und Presseinterviews gegeben, deshalb brauchten wir uns insgesamt über die Medienaufmerksamkeit nicht zu beklagen. Witzigerweise stieg gerade während unseres Jazz-Auftritts der Aktienkurs verstärkt an und schloss mit 14,20 €. Insgesamt konnten wir also mit dem Verlauf des ersten Börsentages sehr zufrieden sein. Bei einem Kurs von 14,20 € wurde das Unternehmen mit fast einer Milliarde DM bewertet.

Als ich sechs Monate zuvor bei dem so genannten Beauty Contest der Banken, bei dem sie sich um die Übernahme der Börseneinführung bei uns beworben hatten, zum ersten Mal einen Wert unseres Unternehmens in dieser Größenordnung hörte, konnte ich ihn kaum glauben. In der gleichen Zeit, in der im Saarland das größte Bergbau-Unternehmen, die Saarberg AG, zu einem symbolischen Preis von einer DM an die Ruhrkohle AG verkauft wurde und sich das Unternehmen Saarstahl seit Jahren im Konkurs befand, haben wir einen derartigen Unternehmenswert und 750 Arbeitsplätze geschaffen. Ein Jahr später, zum Zeitpunkt der ersten Hauptversammlung im Mai 2000, hatte sich der Kurs gegenüber dem Ausgabekurs auf über 26 € mehr als verdoppelt.

Dazwischen lag aber auch im Sommer 1999 eine Abwärtsbewegung des Neuen Marktes, dem der Börsenkurs der IDS Scheer AG bis zu einem Tiefpunkt von 10,40 € folgte. Während dieser Zeit fühlte ich mich alles andere als wohl. Ständig wurde ich von besorgten Aktionären aus meinem Bekanntenkreis oder bei Veranstaltungen gefragt, wie sich der Kurs wohl entwickeln würde. Am intensivsten ist mir ein Taxifahrer in Erinnerung geblieben, der sich als Aktionär zu erkennen gab: „Ich habe Ihre Aktie bei 14,50 € gekauft, weil über Sie in der Zeitung immer so positiv berichtet wird, und nun steht der Kurs bei 12 €. Ich habe doch nicht so viel Geld und hatte gedacht, dass mein Geld bei Ihnen gut angelegt ist!"

Ihm zu erklären, dass ich den Kurs nicht bestimme und wegen der Insider-Regelungen auch keine Auskunft über meine Erwartungen geben darf, war nicht so einfach. Jedenfalls erfuhren wir sehr schnell, dass eine Aktiengesellschaft am Neuen Markt keine Gelddruckmaschine ist.

Am Abend unserer Börseneinführung machte ich mir aber über derartige Dinge noch keine Gedanken. Für unsere Börsenparty hatten wir für alle Mitarbeiter und Gäste der IDS T-Shirts mit dem Aufdruck „Going Public IDS Scheer AG 1999" anfertigen lassen; insofern bot der Anblick der tanzenden jungen Leute ein besonders lustiges Bild.

Es war deshalb für mich unverständlich, warum meine Stimmung eher verhalten und nachdenklich war. Ich spürte, dass mit dem Börsengang auch die vielleicht wichtigste Phase meines Lebens zu Ende gegangen war. Meine Gedanken streiften die letzten drei Jahre, die von dem Börsengang bestimmt waren.

Vorbereitung des Börsenganges

Bereits im Jahr 1996 hatten wir den Entschluss gefasst, an die Börse zu gehen. Allerdings geriet das Unternehmen im Frühjahr 1997 in eine schwierige Situation, auf die ich später noch eingehen werde, so dass wir den Börsengang verschoben. Im Jahr 1998 hatten wir aber das Unternehmen soweit restrukturiert, dass wir den Börsengang erneut diskutierten. An einem Sonnabendmorgen im Juni 1998 rief ich die zehn Mitglieder der Geschäftsführung zu einer Diskussion dieses Themas zusammen. Ich wollte, dass die gesamte Geschäftsführung eine verschworene Einheit bildet, um gemeinsam den Börsengang durchzuziehen. Dazu musste ich mich der Zustimmung aller Manager versichern. Ich spürte, wie die anfängliche Skepsis, ob wir es schaffen würden, in Begeisterung überging. Am Ende der Diskussion wusste ich, dass wir es geschafft hatten: Das Management der IDS war bereit, den Börsengang zu seiner eigenen Sache zu machen.

Die Vorbereitung des Börsenganges erforderte einen enormen Aufwand. Das interne Rechnungswesen unter der Leitung von Michael Ripplinger war monatelang damit beschäftigt, die Jahresabschlüsse der IDS und ihrer Tochtergesellschaften vom deutschen Bewertungssystem auf das vom Neuen Markt geforderte amerikanische System US-GAAP (Generally Accepted Accounting Principles) umzustellen. Daneben wurde die Rechtsform von der GmbH zur AG umgewandelt. Gleichzeitig musste die Geschäftsführung beziehungsweise nach der Umgründung zur AG der Vorstand mit weiteren Managern die „Story" des Unternehmens und die Analystenpräsentationen vorbereiten. In der Story werden die Vision des Unternehmens, seine Marktchancen, Produkte, Managementqualitäten und Partnerbeziehungen beschrieben, um den Investoren Anhaltspunkte für die Unternehmensentwicklung zu geben.

Weiterhin mussten die umfangreichen Verträge mit den Konsortialbanken und der ebenfalls umfangreiche Börsenprospekt erstellt werden. In dem Börsenprospekt werden neben den Marktchancen des Unternehmens auch alle Unternehmensrisiken dargestellt, so dass er sich teilweise wie ein Abschreckungsprospekt liest.

In diese Phase, in der das Management der IDS „rund um die Uhr" mit dem Börsengang beschäftigt war und dem Einführungstermin entgegenfieberte, platzte am 14. März 1999 das Statement von Oskar Lafontaine, des früheren Ministerpräsidenten des Saarlandes und gerade zurückgetretenen Bundesfinanzministers, zur Erklärung seines Abgangs:

> *„Das Herz wird noch nicht an der Börse gehandelt,*
> *aber es hat einen Standort. Es schlägt links."*

Man kann sich vorstellen, was ich von dieser Aussage hielt. Wer soll denn die deutsche Wirtschaft wieder nach vorne bringen, der jungen Generation eine neue Beschäftigungsperspektive eröffnen, wenn nicht die Unternehmer der „New Economy" mit ihrem Hang zum Börsenfieber? Auch die IDS wurde von dem Ministerpräsidenten Lafontaine gerne als Vorzeigeunternehmen des Saarlandes verwendet. Insofern empfand ich die negative Verwendung des Börsenbegriffes verletzend. Schließlich bekannten wir uns gerade mit Herz und Verstand dazu, unsere Arbeit und die Zukunftsaussichten des Unternehmens täglich von der Börse bewerten zu lassen.

Dass die Kursentwicklung keine garantierte Einbahnstraße ist, war uns sehr wohl bewusst. Der Börsengang war aber bei mir mit einer hohen emotionalen Erwartung verbunden. Schließlich war er die Krönung einer Vision und einer wichtigen Lebensphase. Die Gründung und strategische Führung der IDS war wohl das spannendste Erlebnis in meinem Leben und hat alle meine emotionalen und intellektuellen Fähigkeiten am stärksten gefordert. Da mein Name Bestandteil des Unternehmensnamens ist, wird nun quasi täglich mein Herz an der Börse gehandelt.

Die linkspopulistische Verbrämung der Börse passt nicht mehr in eine Zeit, in der immer mehr Menschen die Aktie als Spiel- und Vermögensobjekt entdecken. Inzwischen sind 13 Prozent der Deutschen Aktienbesitzer. So war es dann auch bemerkenswert, dass wenige Tage vor der Börseneinführung der IDS-Aktie das Sekretariat von Oskar Lafontaine bei mir anrief, um sich danach zu erkundigen, ob noch Aktien der IDS verfügbar seien.

Der Börsengang verändert

Der Börsengang hat das Unternehmen und mich nachhaltig verändert. Das Management des Unternehmens wird durch die vorgeschriebenen vierteljährlichen Veröffentlichungen der Ergebniszahlen ständig getrieben. Werden im ersten Monat eines Quartals die Planzahlen nicht erreicht, dann herrscht bereits Katastrophenalarm. In Emergency-Sitzungen werden kurzfristige Maßnahmen zur Sicherung des geplanten Vierteljahresergebnisses festgelegt.

Früher habe ich in meinen betriebswirtschaftlichen Vorlesungen immer die kurzfristige Fixierung von amerikanischen Unternehmen auf die Börsenveröffentlichungen als Nachteil gegenüber der eher langfristigen Ausrichtung deutscher Unternehmen herausgestellt. Inzwischen habe ich meine Meinung korrigiert. Das Management weiß natürlich genau, dass neben der Veröffentlichung kurzfristiger Ergebnisse auch die Ergebnisse des nächsten und der folgenden Jahre wichtig sind. Aus diesem Grunde müssen auch mittel- und langfristige Investitions- und Entwicklungsentscheidungen getroffen werden, um das kontinuierliche Wachstum des Unternehmens zu sichern. Dabei werden von der Börse auch Investitionen, die kurzfristig das Unternehmensergebnis belasten, durchaus positiv bewertet, wenn sie hinreichend erklärt werden und ihre erwarteten Wirkungen hinterher eintreten.

Insgesamt haben sich die stärkere Zahlenorientierung und die Mischung zwischen kurzfristigem Erfolgsdruck und mittel- und langfristiger Strategieentwicklung sehr gut bewährt.

Kurz nach dem Börsengang habe ich natürlich jeden Tag den Aktienkurs der IDS verfolgt. Inzwischen informiere ich mich noch höchstens zweimal in der Woche über den Stand. Da ich ohnehin an der Kursentwicklung kurzfristig nichts ändern kann, konzentriere ich mich lieber auf das Unternehmen selbst. Trotzdem interessiert mich natürlich die Kursentwicklung, und besorgniserregende Entwicklungen werden mir auch sofort zugetragen.

Da ich die IDS 1984 zunächst als einziger Gesellschafter gegründet hatte, übernahm ich kurzfristig pro forma die Geschäftsführung. Kurze Zeit nach der Gründung erhielt ich einen Brief des Wissenschaftsministers des Saarlandes, in dem er mich darauf hinwies, dass die Tätigkeit eines Geschäftsführers nicht mit der Position eines Universitätsprofessors zu vereinbaren sei. Gott sei Dank hatte ich aber bereits vorher meinen damaligen Assistenten Alexander Pocsay gebeten, der erste operative Geschäftsführer der IDS zu werden. Meine Rolle war seitdem die des Unternehmensgründers, Hauptgesellschafters und Beraters des Unternehmens. Natürlich war ich mehr als ein externer Berater. In der Anfangszeit war ich in viele Kundenprojekte eingebunden. Ich glaube auch sagen zu können, dass ich die wesentlichen strategischen Ausrichtungen des Unternehmens maßgeblich getrieben und gesteuert habe. Die Kombination von Alexander Pocsay mit seiner hohen sozialen Kompetenz nach innen und außen und seiner hohen operativen Umsetzungskraft sowie meiner eher strategisch ausgerichteten Sichtweise boten große Synergien.

Nach der Umwandlung der IDS in eine AG habe ich mit der Position des Aufsichtsratsvorsitzenden eine auch institutionell definierte Aufgabenstellung übernommen. Ferner besteht ein Beratervertrag, der meine über die Aufsichtsratstätigkeit hinausgehenden Tätigkeiten regelt.

Die neue rechtliche Position ändert aber mein Verhältnis zur IDS. Der Vorstand besitzt eine höhere rechtliche Zuständigkeit und muss sich auch für strategische Fragestellungen kompetent und zuständig machen. Ihn habe ich als Aufsichtsrat – wie der Name sagt – zu beaufsichtigen und zu beraten.

Darüber hinaus bin ich quasi der Außenminister der IDS, indem ich auf vielen internationalen IDS-Veranstaltungen Vorträge über Visionen unseres Produkt- und Leistungsspektrums halte, sowie zu neuen Entwicklungen der Informationstechnik als unabhängiger Experte aus meinem Forschungshintergrund berichte. Diese Aufgaben nehme ich gerne wahr. Sie ermöglichen es mir, das Unternehmen oder besser das gesamte Unternehmensnetzwerk von außen zu betrachten und viele Eindrücke über die internationalen Aktivitäten zu gewinnen, die ein Topmanager, der überwiegend in der Unternehmenszentrale arbeitet, nicht erhält. Gleichzeitig genieße ich es auch, einen Teil der Ernte in Form vieler internationaler Anerkennung einzufahren, die ich durch meine wissenschaftlichen Arbeiten und den Unternehmensaufbau gesät habe.

Das Leben verändert sich alle 13 Jahre

Bei der Emeritierungsfeier eines Professorenkollegen hatte vor kurzem der Festredner die These aufgestellt, dass sich das Leben in einem 13-Jahres-Rhythmus abspiele und daran die unterschiedlichen Lebensphasen des Jubilars aufgezeigt. Bereits während des Vortrages fing ich an, diese Einteilung auf mein eigenes Leben anzuwenden. Sie passte verblüffend.

Die erste 13-Jahres-Phase war die Schulzeit. Anschließend folgten 13 Jahre an der Universität Hamburg mit Studium der Betriebswirtschaftslehre, Promotion und Habilitation am Institut für Unternehmensforschung. In den nächsten 13 Jahren baute ich an der Universität des Saarlandes mein Forschungsinstitut auf und profilierte mich in der wissenschaftlichen Community durch die Anfertigung meiner wesentlichen wissenschaftlichen Bücher. Anschließend habe ich parallel zu meiner Universitätstätigkeit die IDS gegründet, die zum Zeitpunkt des Börsenganges rund 13 Jahre alt wurde. Die These mit dem 13-Jahres-Rhythmus scheint also bei mir zu stimmen.

Die letzte 13-Jahres-Phase war dabei sicher die intensivste in meinem Leben. Vielleicht haben die vorhergehenden 45 Jahre eher als Anlauf für die unternehmerische Tätigkeit gedient. Viele Fähigkeiten, die ich mir vorher erarbeitet habe, sind erst in dieser Zeit gefordert worden. Hinzugekommen sind Anforderungen an Einfühlungsvermögen in Personen und Situationen sowie an Stabilität gegenüber Stress und aggressiver Situationsbewältigung, die ich mir vorher nicht habe vorstellen können. Dass dies Spuren hinterlässt, ist unvermeidbar. Die hohe Stressbelastung führt bei mir zu einem Hunger nach persönlicher Freiheit im spärlich vorhandenen Freizeitbereich. Dies bedeutet auch Freiheit von zu engen persönlichen und emotionalen Bindungen. Wenn ich tagtäglich durch Termine, Reisepläne und Anforderungen von Mitarbeitern, Kunden und Geschäftspartnern gefordert werde, möchte ich nicht in meiner übrigen Zeit gesellschaftlichen Zwängen ausgesetzt sein, sondern mir dort Menschen und Betätigungen nach meinen persönlichen Interessen suchen. So bin ich abends lieber bei einem Burger in einem dunklen Jazz-Keller als bei einem feinen Menü in einem sterilen Nobelrestaurant.

Die Lebensphasen wurden bei mir auch durch unterschiedliche Partnerschaften begleitet. In der Studenten- und Ausbildungszeit an der Universität Hamburg führte ich eine Studentenehe. Während der anschließenden Aufbaujahre an der Universität Saarbrücken wandelte sie sich in ein Familienleben mit drei Kindern und zwei Hunden. In die Gründungszeit der IDS fiel die Trennung von meiner ersten Lebenspartnerin. Danach führte ich 13 Jahre eine kameradschaftliche und vertrauensvolle Partnerschaft mit erlebnisreichen und für mich neuen Erfahrungen. Ich entdeckte durch meine Lebensgefährtin Sigrid Kilger meine sportlichen Interessen wieder und lernte auf Abenteuerreisen große Teile der Welt kennen. Heute genieße ich mehr meine Unabhängigkeit.

Die Lebensphasen sind natürlich nicht exakt jeweils 13 Jahre lang gewesen, sondern haben sich auch überlappt und ineinander verzahnt. So bin ich auch nach der Gründung der IDS Universitätslehrer und Leiter meines Forschungsinstituts geblieben. Trotzdem hat aber die Intensität des Unternehmenswachstums meine Gedanken und mein Engagement gefangen genommen. Dies ist nicht zu Lasten meiner Universitätstätigkeit gegangen, vielmehr haben die vielen Erfahrungen in der Praxis auch meine Forschungs- und Lehrtätigkeit positiv beeinflusst. Jedoch ist die Risikobelastung, in der sich ein Unternehmer befindet, nicht zu vergleichen mit der eines Lehrstuhlinhabers. Deshalb sind hauptsächlich die Erfahrungen dieser Zeit der Anlass, meine Erlebnisse zu kondensieren und in diesem Buch weiterzugeben.

Kapitel II
Was macht Unternehmen gründen so sexy?

New Economy

Warum arbeiten junge Leute in High-Tech-Unternehmen freiwillig täglich bis tief in die Nacht und das auch am Wochenende, wo doch ihre Vätergeneration immer kürzere Arbeitszeiten erstritten hat?

Warum gelten plötzlich Jungunternehmer als Idole, obwohl über Jahrzehnte die gesicherte BAT IIa-Stelle als Studienrat, die Chefarztposition eines Krankenhauses oder die verbeamtete Juristenlaufbahn als Berufsideal galten?

Wieso ist plötzlich der Begriff Unternehmen positiv belegt, nachdem er doch von der 68-er Generation als Ausbund des Kapitalismus diffamiert wurde?

Es ist die hohe Lebensintensität, welche die High-Tech-Welt mit ihren Kämpfern, Innovatoren, Siegern und Verlierern ausstrahlt, die diese Einstellungen geändert hat. Trotz aller kalten Technik, das Spannendste an High-Tech sind ihre Menschen. Oder besser gesagt, die Eigenschaften, welche die High-Tech-Welt in Menschen hervorbringt.

Bevor wir aber auf die Menschen näher eingehen, müssen wir fragen, was das Besondere an den High-Tech-Unternehmen, insbesondere der „Dotcoms" gegenüber der traditionellen Wirtschaftswelt ist. Der Unterschied wird bereits durch ihre unterschiedlichen Bewertungsmaßstäbe deutlich. Traditionelle Unternehmen der Automobil-, Chemie- oder Maschinenbauindustrie werden an der Börse nach ihrer Gewinnträchtigkeit beurteilt. Der EBIT (Earnings Before Interest and Tax) bestimmt den Börsenkurs. Bei den „Dotcoms" zählen dagegen allein die Zukunftsaussichten: Umsatzwachstum und Wachstum der Kundenbeziehungen dominieren das kurzfristige betriebswirtschaftliche Gewinndenken. Der Börsenwert des Anbieters von Suchmaschinen im Internet „Yahoo!" ist höher als die Summe der Börsenwerte von BASF, Lufthansa und Volkswagen zusammen, obwohl seine Umsatz- und Gewinnzahlen weniger als ein Prozent der traditionellen Unternehmensgruppe beträgt.

Die Begriffe „Old Economy" und „New Economy" wollen es auf den Punkt bringen: Die neue Welt will (noch) anders funktionieren! Investoren verballhornen diese zwei Welten durch die Bezeichnung „click or brick", also Informationstechnik gegenüber altmodischen Backsteinbauten wie Fabriken oder Bürohäuser. Einen aggressiven Gegensatz zwischen New und Old Economy zu pflegen, ist natürlich Unsinn: Die alten Strukturen werden sich durch Verflechtung mit den neuen Strukturen modernisieren und die neuen Strukturen werden auf Erfahrungen und Ressourcen der etablierten Unternehmen angewiesen sein – auch wird das seriöse kaufmännische Verhalten sie einholen.

Trotzdem bleibt: High-Tech ist sexier als Old-Tech. Während noch vor einigen Jahren meine besten Doktoranden und Diplomierten zu den klassischen renommierten Unternehmen wie McKinsey, Bosch oder Daimler gingen, suchen sie heute junge Start-up-Unternehmen oder gründen selbst eines.

Dieses Lebensgefühl ist international verbreitet. Selbst in China ziehen Science Parks Unternehmensgründer an. Junge Leute wollen auch dort nicht mehr in staatlich geführten Unternehmen arbeiten, sondern selbst „Player" in der New Economy sein.

Neue Chancen für Unternehmen

Warum bietet das Internet die Chancen für neue Unternehmen?

Während die Informationstechnik in den achtziger und neunziger Jahren vor allem zur Rationalisierung der internen Unternehmensabläufe eingesetzt wurde, eröffnet das Internet völlig neue Geschäftsprozesse zwischen

Unternehmen und führt zu neuen Produktideen. Warum soll ein Lieferant seine Kundenaufträge noch einmal am Computer umständlich erfassen, wenn der Kunde per Internet den Auftrag selbst im System des Lieferanten anlegen kann? Aber nicht allein diese Rationalisierungsmöglichkeiten kennzeichnen die Internetanwendungen, sondern innovative Geschäftsprozesse ermöglichen es, dass junge Unternehmen in traditionelle Märkte eindringen können. Beispielsweise hat der Unternehmensgründer Michael Dell (Dell Computer) den Auftragserfassungsprozess für seine Personal-Computer drastisch vereinfacht, indem er anstelle des traditionellen langen Weges über Groß- und Einzelhandel direkt über das Internet mit dem Endkunden kommuniziert. Auch das elektronische Buchhandelsunternehmen „Amazon.com" verkauft ohne Handelsstufen über das Internet an seine Kunden. Beiden Unternehmen gelingt es dadurch, in etablierte Märkte einzudringen. Den bestehenden Unternehmen fällt es schwer, diese Geschäftsmodelle zu kopieren, da sie dadurch ihre traditionellen Handelspartner verärgern würden. Eine ideale Situation also für Start-up-Unternehmen.

Besonders innovativ wird das Internet aber für neue Produkte. Durch die Einrichtung von Wahlmöglichkeiten für Geschmack, Farbe, Beschriftung, Größe und Verpackung kann selbst eine kleine Konditorei ihre Angebote von bisher standardisierten Torten in kundenindividuelle Torten wandeln. Sie gestattet ihren Kunden über das Internet, die Torte individuell zu spezifizieren und ohne Zusatzkosten wird sie zum „Mass-customizer", also zu einem Anbieter von individualisierten Massenprodukten. Aber auch neue digitale Produkte werden bestehende Produkte verdrängen; durch das Downloaden von Musik aus dem Internet ist zum Beispiel die CD gefährdet.

In Internet-Companies kann man gar nicht kraus genug denken, um auf neue Produktideen zu stoßen. Selbst das Versenden von Düften über das Internet in Form von digitalisierten Rezepturen wird zu einem Geschäft. Kein Wunder, dass hier gerade noch unverbildete junge Menschen besonders kreativ sein können.

Also zurück zu den Menschen, die das High-Tech-Umfeld bestimmen.

Das hohe Interesse an den High-Tech-Matadoren wird vor allem durch das Zusammenwirken verschiedener emotional aufgeladener Faktoren wie Macht, Erfolg, Kampf, Geld, Börsenfieber, Jugend und Tempo bestimmt.

Erste Kontakte zur Informationstechnik

Ich hatte bereits Anfang der sechziger Jahre, als Student an der Universität Hamburg, Kontakt zu der gerade aufblühenden Informationstechnik bekommen. Der Umgang mit dem Computer änderte mein Leben und meine Ansichten. Der erste Computer, mit dem ich arbeitete, war ein Telefunken Großrechner TR 4 mit Batchverarbeitung. Batchverarbeitung bedeutet, dass man sein Programm als Lochkartenstapel im Rechnerraum abgab und dann zwischen zwei Stunden und zwei Tagen warten musste, bis die Ergebnisse als Papierausdruck ausgegeben wurden. Da die Abgabe eines fehlerhaften Programms sofort zu einer Zeitverzögerung führte – man musste nach Erhalt der Fehlerliste erst einmal eine Fehleranalyse und Korrektur vornehmen und dann auf die Ergebnisse des erneuten Laufes warten –, war die Fehlerfreiheit des Programms enorm wichtig. Kein Wunder, dass mir auch nachts ständig die Programme mit den Lösungsalgorithmen durch den Kopf gingen. Auch am Samstagvormittag fuhr ich von meiner Studentenwohnung über eine Stunde zum Rechenzentrum der Universität, um einen Fehler beheben zu können. Bei längeren Rechenläufen war es selbstverständlich, dass man auch während der Nacht im Rechenzentrum arbeitete, um bei einem auftretenden Fehler die Chance der sofortigen Behebung nutzen zu können, ohne in eine erneute Warteschlange mit anderen Benutzern eingereiht zu werden.

Eines Nachts wartete ich mit einem Studenten der Medizin auf unsere zugeteilten Rechenzeiten. Man konnte an dem Aufflackern der Transistoren des Rechners erkennen, ob er noch mit der algorithmischen Bearbeitung eines Programms beschäftigt war oder bereits zur Ausgabe überging. Da der Medizinstudent vor mir an der Reihe war, bereitete er sich langsam auf seinen Programmlauf vor, nachdem er gesehen hatte, dass sich das vorhergehende Programm dem Ende näherte. Er erhob sich mit seinem Kasten von Lochkarten, um sich aus dem Warteraum, von dem ein direkter Blickkontakt zum Rechnerraum bestand, in den Rechnerraum zu begeben. Beim Öffnen der Tür verhedderte sich sein Ärmel in der Klinke und der Kasten mit den Lochkarten schoss diagonal durch den Rechnerraum. Damit war sein Rechenlauf beendet, bevor er begonnen hatte, und ich konnte mit meinem Lauf anstatt nachts um vier bereits um drei Uhr beginnen.

Ein großes Bangen war immer, ob man mit seinem Programm vor Beginn des Eintreffens der Wartungstechniker um sieben Uhr morgens fertig sein würde, da dann der Rechner stillgelegt werden musste.

Dieser Kampf Mensch gegen Technik und auch des Menschen mit sich selbst, um sein Problem so exakt und fehlerfrei aufzubereiten, dass es von der Technik verstanden und verarbeitet werden kann, macht meines Erachtens bereits einen erheblichen Reiz der High-Tech-Welt aus. Er erklärt, warum jugendliche Computerfreaks stundenlang vor ihrem PC sitzen und dabei die Welt um sich herum vergessen. Der Kampf mit dem Computer erzeugt Siegesgefühle, wenn es einem gelingt, ein selbstgeschriebenes Programm zum ersten Mal als fehlerfrei zu testen, einen Fehler im Betriebssystem zu überlisten oder wenn man neue Funktionalitäten eines Programms entdeckt hat.

Den Übergang von der studentischen Programmierung zur professionellen Datenverarbeitung vollzog ich dann durch den Aufbau des computergestützten Systems zur Studentenverteilung.

Durch den seit Mitte der sechziger Jahre bestehenden Numerus clausus für Human- und Zahnmedizin suchten sich die Universitäten ihre Studenten individuell anhand der eingegangenen Studentenbewerbungen aus. Da sich Studenten an mehreren Universitäten bewarben, führte dies zu Mehrfachzusagen und deshalb zu nicht ausgenutzten Studienplätzen beziehungsweise chaotischen Nachrückverfahren.

Anfang 1966, ich war gerade frischgebackener wissenschaftlicher Assistent am Institut für Unternehmensforschung an der Universität Hamburg, fragte der Präsident der Westdeutschen Rektorenkonferenz bei meinem damaligen Kollegen Dieter Pressmar an, ob er ein Computersystem zur zentralen Studienplatzvergabe für Medizinstudenten entwickeln könne. Dieter Pressmar stellte daraufhin eine Gruppe interessierter Computerfreaks aus dem Umfeld des Rechenzentrums zusammen, und in Tag- und Nachtarbeit entwickelten wir neben unserer Universitätstätigkeit in ca. zwei Monaten das Verteilungssystem, aus dem später die ZVS, also die Zentralstelle für die Vergabe von Studienplätzen in Dortmund, entstand.

Für mich war die mehrjährige Arbeit an diesem System Weichen stellend: Ich hatte Zugang zur Massendatenverarbeitung. Anstelle von wenigen Beispieldaten für ein wissenschaftliches Optimierungsproblem mussten nun die Antragsdaten von 30.000 Bewerbern verarbeitet werden. Bei der logischen Prüfung der erfassten Daten traten unvorstellbare Fälle auf (Abiturzeugnisse ohne Noten, Durchschnittsnoten kleiner 0 usw.), die sich aufgrund unterschiedlicher Schultypen oder Zeugnisarten in- und ausländischer Schulen ergaben. Anstatt der Laboratmosphäre der Forschung mit selbstdefinierten Realitätsausschnitten musste nun das gesamte Realitätsspektrum bearbeitet werden.

Die klinische Welt der Wissenschaft mit ihrer teilweise naiven Vorstellung von der Realität verdeutlicht vielleicht eine Anekdote. Als der Leiter des Beirates des Rechenzentrums der Universität Hamburg, ein berühmter Mathematikprofessor, über den Antrag zur Anschaffung von Magnetspeicherbändern entscheiden sollte, fragte er nach ihrer Speicherkapazität. Als er erfuhr, dass pro Band rund zwei Millionen Zahlen gespeichert werden können, meinte er, dass dann wohl zwei Bänder für die Universität ausreichen würden. Dass große Organisationen Hunderte oder Tausende von Magnetbändern besaßen und zu ihrer Verwaltung sogar ausgeklügelte automatisierte Magazinsysteme einrichteten, war ihm fremd.

Da sich die abgelehnten Bewerber der Humanmedizin anschließend auf die Fächer Tiermedizin, Pharmazie, Biologie oder Psychologie stürzten, wurde der Numerus clausus von Semester zu Semester ausgeweitet und unser System immer mehr ausgebaut. Schließlich konnte es nicht mehr „nebenamtlich" von uns betrieben werden, sondern wurde in eine eigene Organisation, die ZVS, überführt.

Für mich und – wie ich glaube – auch für alle anderen Teammitglieder waren aber die Erlebnisse mit Teamarbeit, Massendaten, Verantwortung gegenüber Menschen, Verantwortung für die Fehlerfreiheit von Programmen, Terminstress und Kampf mit den Tücken der Technik eine lebenslang wirksame Erfahrung.

Die mehr introvertierte Sichtweise des Umgangs des Einzelnen mit den Möglichkeiten und Tücken der Technik wird in der High-Tech-Welt um die extrovertierte Sicht der Unternehmensgründungen ergänzt. Auch hier können Kampfeswillen geübt und Erfolgserlebnisse erzielt werden. Nun sind die Gegner aber Unternehmen der ganzen Welt. Werden beide Ebenen miteinander verbunden, der introvertierte Kampf mit der Technik und der extrovertierte Kampf auf Märkten, so potenziert sich dies zur High-Tech-Atmosphäre.

Competition auf allen Ebenen

Genauso wie sich bei den Unternehmensgründern im 19. Jahrhundert, also Menschen wie Robert Bosch, Werner von Siemens oder Gottfried Daimler, das introvertierte Tüftlertum mit dem Unternehmertum verband, erleben wir dies wieder in der High-Tech-Welt, dokumentiert durch die heutigen Gründer wie Bill Gates (Microsoft), Larry Ellison (Oracle), Steve Jobs (Apple), Andreas von Bechtoldsheim (Sun), Scott McNealy (Sun) oder Dietmar Hopp und Hasso Plattner (SAP). Das Spannende an High-Tech ist aber, dass diese Personen jetzt leben, während das Leben der Gründer des 19. Jahrhunderts inzwischen verblasst ist und sich ihre hinterlassenen Unternehmen zu unpersönlichen Großorganisationen entwickelt haben.

Competition in der High-Tech-Welt tobt sich zwischen diesen Personen häufig nicht nur auf den Märkten aus, sondern auch im Privatbereich. Geradezu sprichwörtlich sind die Hochseesegelregatten zwischen den Konkurrenten Hasso Plattner, Gründer von SAP, und Larry Ellison, dem Gründer von Oracle. Episoden, wie das Zeigen des nackten Hinterns („mooning") von Hasso Plattner gegenüber Larry Ellison bei einem nicht geklärten Überholmanöver, füllen nicht nur die High-Tech-Presse, sondern auch die Spalten von Gesellschaftszeitschriften und Magazinen. (Interessant sind dazu die Spiegel-Berichte und Leserbriefe in den Ausgaben 19/2000, S. 180ff; 22/2000, S. 12; 23/2000, S. 13.) Auch zwischen Hans-Georg Plaut, dem Gründer der gleichnamigen Unternehmensberatungsgesellschaft, und Hasso Plattner bestand eine freundschaftliche Rivalität, wer der bessere Autofahrer ist. Beide verfügten über einen Stall exklusiver Automobile. Hans-Georg Plaut konnte beim Kräftemessen auf dem Nürburgring auch seine Erfahrung als Autorennfahrer, der an der Mille Miglia teilgenommen hat, einsetzen.

Woher die hohe Aggressivität der High-Tech-Gladiatoren kommt, wird unterschiedlich interpretiert. Der Gründer des Unternehmens INTEL, Andy Grove, hat in seinem Buch „Only the paranoid survive" herausgestellt, dass gerade ihre Ängstlichkeit High-Tech-Unternehmer erfolgreich macht. Sie hilft ihnen, rechtzeitig drohende Gefahren, wie das Aufkommen neuer Wettbewerber, Änderung von Marktbedingungen, Verlust von wichtigen Partnern oder Kunden, zu wittern.

Es zeigt sich jedenfalls, dass in der von außen betrachteten kalten High-Tech-Welt die emotionale Intelligenz, also auch das Bauchgefühl, genauso wichtig ist wie die analytische Intelligenz. Die Akteure der High-Tech-Welt ähneln deshalb auch eher Leistungssportlern oder Medienstars. Der Gewinn eines Großauftrages gegen harte Konkurrenz wird gefeiert wie im Fußball ein wichtiger Sieg. Der Akquisiteur eines Großauftrages wird in E-Mails an alle Mitarbeiter des Unternehmens wie ein Held herausgestellt. Ich kenne viele High-Tech-Unternehmer und Manager, die Leistungssportler mit kämpferischem Ehrgeiz sind. Bauch und Verstand ergänzen sich. Ein Rennauto wird eben genauso mit dem Hintern gefahren wie mit dem Kopf.

Auch auf mich treffen wohl einige der genannten Eigenschaften zu. Natürlich bin ich ehrgeizig und kämpferisch, sonst hätte ich wohl mein gesichertes Universitätsleben nicht verlassen. Allerdings kämpfe ich eher aus der zweiten Reihe. Sollen sich doch die Stürmer ruhig müde laufen; währenddessen kann ich sie beobachten, ihre Stärken und Schwächen erfahren und dann immer noch aus der zweiten Reihe die Tore schießen. Auch meine Antennen zum Aufspüren von kritischen Situationen sind sehr weit ausfahrbar. In der Regel werde ich kaum von Negativmeldungen überrascht, sondern habe sie schon als Worst-case-Szenarien vorweggedacht. Angst als Vehikel zur Schärfung der Beobachtung und der Alarmsysteme ist deshalb positiv zu sehen. Angst wird aber gefährlich, wenn sie in ständiges Misstrauen und übertriebene Aggression gegenüber Partnern oder Mitarbeitern umschlägt.

Eine überzogene angstbezogene Aggressivität wird bei Hunden mit dem Begriff „Angstbeißer" besonders plastisch bezeichnet; eine Beschreibung, die auch auf Menschen übertragbar ist. Denn wie anders ist zu erklären, dass Bill Gates als der reichste Mann der Welt und Gründer des High-Tech-Unternehmens mit dem höchsten Börsenwert, ein Newcomer-Unternehmen wie Netscape mit Tricks, wie sie inzwischen gerichtsnotorisch sind, kaltzustellen versuchte, anstatt sich über die Innovationskraft eines neuen kleinen High-Tech-Bruders zu freuen und Kooperationen zu vereinbaren.

Geld alleine macht nicht glücklich ...

Dass Geld eine erotische Wirkung besitzt, ist seit Jahrtausenden unumstritten. Dadurch ist der High-Tech-Markt in seiner Attraktivität natürlich sofort ausgezeichnet. Er hat mit Bill Gates, Larry Ellison und weiteren einige der reichsten Menschen der Welt hervorgebracht. Auch in Deutschland sind die SAP-Gründer Milliardäre geworden. Und dies jeweils innerhalb weniger Jahre durch die Neugründung von Unternehmen, die es in kurzer Zeit zur Weltmarktführerschaft gebracht haben. Also „viel Geld verdienen in kurzer Zeit" ist ein wesentliches Anziehungsmerkmal der High-Tech-Industrie. Häufig hat man den Eindruck, dass das Maß zur Beurteilung von Geld fast verloren gegangen ist. Venture-Capital-Gesellschaften drängen jungen Gründern hohe Beträge auf, so dass diesen das Wort „Millionen" leichter über die Lippen geht, als ihren Eltern die Zahl „Tausend".

Auch die für Technologieunternehmen freundliche Börsenstimmung zeugt beim Börsengang IPO (Initial Public Offering) überhöhte Kapitalbeträge. Das durch einen Börsengang einem Unternehmen zufließende Geld wird deshalb oft geringschätzig als „IPO-Money" bezeichnet, mit dem Beigeschmack, dass dies nicht „ehrlich" verdient ist und deswegen auch leichtfertiger ausgegeben wird als das vergleichsweise mühselig durch die Geschäftstätigkeit verdiente Geld. Beliebtes Ziel des Geldausgebens vieler Börsenneulinge sind deshalb auch eher Marketing und Werbung als seriöse Investitionen der Produktentwicklung. Hier helfen freundliche Agenturen den jungen Unternehmern, ohne größeren Einsatz eigener Arbeitsleistung auch größte IPO-Summen schnell zu reduzieren.

Die Steigerung des Bekanntheitsgrads neuer Unternehmen ist sicher wichtig, reicht aber allein für ein stabiles Unternehmenswachstum nicht aus. Ich habe in den USA erlebt, wie junge Unternehmen allein mit Folien (conceptware) bei Investoren Millionenbeträge akquiriert haben, diese in Marketing investierten und nach dem Verbrauch des Geldes erneut die Investoren angingen. Diese standen vor dem Problem, weitere Millionen mit einer vagen Erfolgschance nachzuschießen oder das bisherige Geld sofort komplett abzuschreiben. Um zumindest eine Chance zu wahren, haben sie dann nachgeschossen. So können sich Unternehmen zwar eine Zeit lang, auch durchaus mehrere Jahre, über Wasser halten, wirklich erfolgreich werden sie aber dadurch nicht. Es gibt wahre Künstler auf diesem Gebiet, die selbst den Absturz ihres Börsenkurses noch positiv interpretieren, indem sie neue Mitarbeiter durch Stock Options locken und auf die enormen Steigerungsmöglichkeiten des Kurses bei der gegenwärtigen schlechten Ausgangslage hinweisen.

Junge Leute erzielen in High-Tech-Unternehmen sehr hohe Gehälter, der Umgang mit Headhuntern zur Überprüfung des eigenen Marktwertes wird zum Hobby. Erwartungen an hohe Ablösesummen bei einem Unternehmenswechsel erinnern an Sitten der Fußball-Bundesliga. Statussymbole wie teure Autos demonstrieren den wirtschaftlichen Erfolg.

Die Attraktivität von Geld mündet ein in das Börsenfieber. Der Ehrgeiz junger Unternehmensgründer macht sie anfällig gegenüber den Umwerbungen der Bankenszene. Banken, am Verdienst des Börsenganges interessiert, schmeicheln und locken mit astronomischen Unternehmenswerten. Nicht mehr ein Unternehmen für die Ewigkeit zu gründen ist plötzlich das Ziel, sondern ein Unternehmen an die Börse zu bringen und dann Kasse zu machen. Dieses Verhalten ist aus Amerika zu uns herübergeschwappt. Einerseits ist es positiv, dass Unternehmer nicht zwanghaft an ihr Unternehmen gefesselt sind. Vielmehr können sie, wenn sie ihre Idee in einen ersten Markterfolg umgesetzt haben, eine noch größere Hebelwirkung durch einen Verkauf an ein bereits etabliertes Unternehmen oder bei einem IPO durch die Übergabe an ein professionelleres Management erzielen. Sie können sich dann neuen Ideen widmen und neue Unternehmen gründen. Allerdings ist das Herzblut, das einen Gründer mit seinem Unternehmen verbinden sollte, bei einer solchen leichten Trennmentalität nicht besonders dickflüssig.

Unternehmer, die mehrfach hintereinander Unternehmen gründen, werden im angelsächsischen als „Serial Entrepreneurs" bezeichnet, also als „Serientäter-Unternehmer".

Mein Verhältnis zu Geld ist eher entkrampft. Natürlich bin ich auf den hohen Börsenwert der IDS stolz. Selbstverständlich genieße ich auch den Wert des Geldes bei der persönlichen Lebensführung. Trotzdem kann ich behaupten, meine wesentlichen Lebensentscheidungen nie nach Geldgesichtspunkten gefällt zu haben.

Ich stamme aus bürgerlichen Verhältnissen; mein Vater war selbstständiger Versicherungskaufmann und meine Mutter Handwerksmeisterin und

Inhaberin eines Hutgeschäftes. Geld hat in meinem Elternhaus am Mittagstisch durchaus eine wichtige Rolle gespielt, insbesondere erinnere ich mich an ernsthafte Diskussionen während der Sommerzeit, wenn das Geschäft meiner Mutter aufgrund der Saison schlecht lief. Seitdem habe ich hohe Achtung vor dem Unternehmertum. Ich habe von meiner Mutter gelernt, dass der Unternehmer selbst den Hundedreck vor der Ladentür entfernen muss. Ich weiß auch, dass es den Unternehmer adelt, wenn er sich für sein Unternehmen in Krisenzeiten kompromisslos einsetzt. Ich kenne die Situation, dass man den Lieferanteneingang benutzen muss, wenn man etwas für sein Unternehmen erreichen will.

Aus meinem Elternhaus habe ich ein durchaus kaufmännisches Verhältnis zu Geld übernommen. Andererseits klebe ich nicht daran. Luxus um des Luxus willen, also ohne konkreten Gebrauchsnutzen, interessiert mich wenig. Auch die Wahl des Professorenberufes habe ich aus fachlichen Neigungen und nicht aus dem Grund des Geldverdienens gewählt, dazu hätten schließlich bessere Alternativen bestanden.

Geld bedeutet für mich auch die Möglichkeit, Träume zu verwirklichen. Insofern ist es auch ein Mittel zur Kreativitätsentfaltung. Ich glaube, dass das kulturelle Mäzenatentum durch die High-Tech-Neureichen aufleben wird. Anzeichen sind bereits zu sehen. Einige Gründer der SAP unterstützen zum Beispiel Universitäten. Auch ich habe erste Schritte zur Unterstützung von Hochschulen unternommen.

Auch das Verhalten der IDS gegenüber Geld oder Gewinn ist eher konservativ. Sie gehört zwar mit ihren Produkten und Dienstleistungen zur New Economy, verhält sich dabei aber wie ein Unternehmen der Old Economy. So hat sie in jedem Jahr ihres Bestehens Gewinn erzielt. Ihr IPO-Geld ist konservativ angelegt, so dass dies wegen des niedrigen Finanzergebnisses sogar zu einer Glosse im Handelsblatt führte (vgl. Lückmann, R.: IDS Scheer – Bescheidenheit ist eine Zier ...; Handelsblatt-Artikel vom 15. Mai 2000). Aber immerhin hat sie das IPO-Geld erhalten, und durch fallende Börsenkurse von Übernahmekandidaten haben wir seinen Wert mehr gesteigert, als es durch höhere Bankzinsen möglich gewesen wäre. Die im Jahre 1999 von der IDS in so genannte Commercial-papers der Philip Holzmann AG angelegten 10 Millionen DM, die Ende 1999 aufgrund der Möglichkeit eines Konkurses von Holzmann plötzlich gefährdet waren, sind deshalb fast ein Treppenwitz und auch nur durch die Empfehlung unserer damaligen Anlageberater zu erklären.

Die Bezeichnung eines „Serial Entrepreneurs" trifft auf mich inzwischen auch zu. So bin ich neben der IDS an drei weiteren Unternehmen wesentlich beteiligt (imc GmbH, ISS GmbH und JET Online GmbH). Alle drei Unternehmen sind – wie die IDS – aus meinem Institut hervorgegangen, so dass ich einen engen fachlichen Bezug zu den Leistungen der Unternehmen habe.

Wenn man einmal ein Unternehmen gegründet und erfolgreich gemacht hat, dann ist die Wiederholung fast ein Kinderspiel. Man braucht sich nur an zwei Grundsätzen zu orientieren: Man muss in Wachstumsmärkte investieren und in hochqualifizierte, unternehmerisch begabte Personen. Selbst wenn der anfängliche Business-Plan und die anfängliche Produktpositionierung noch nicht ausgereift sind, stört dies beim Zutreffen der grundsätzlichen Qualitätsanforderungen an Markt und Personen nicht. Gute Manager erkennen schnell, wenn sie sich in eine Marktnische verirrt haben und können sich korrigieren, wenn der Markt grundsätzliche Wachstumschancen beinhaltet. Keines meiner Unternehmen hat nach zwei Jahren der Gründung noch ausschließlich die Leistungen angeboten, für die sie einmal gegründet worden sind. Deshalb ist der bei Gründungswettbewerben geforderte Business-Plan zwar eine gute Fingerübung in Betriebswirtschaftslehre, seine Umsetzung sollte aber nicht stur verfolgt werden.

Globalität erfordert Mobilität

Die High-Tech-Welt ist global. Softwareprodukte können nur auf Dauer erfolgreich sein, wenn sie sich international durchsetzen. Deshalb gründen bereits kleine deutsche Unternehmen ausländische Niederlassungen, arbeiten mit ausländischen Partnern zusammen, haben internationale Kunden oder verlegen gar ihren Firmensitz ins Silicon Valley.

Für Unternehmensberater oder Softwareexperten ist Spaß an der Mobilität deshalb lebensnotwendig. Man arbeitet gleichzeitig in einem Projekt in Europa und in Südamerika, fliegt zu einem Kundenakquisitionstermin nach Japan und zur Fachmesse in die USA – und das alles in einem Monat.

Selbst wenn man häufig auf einer Reise in ein neues Land nicht mehr als den Flughafen und das Hotel sieht, bekommt man doch neue Eindrücke durch die anders denkenden und handelnden Menschen. Junge Mitarbeiter haben deshalb häufig schon mehr von der Welt gesehen und eine tiefere internationale Lebenserfahrung, als die Elterngeneration durch ihre Aufenthalte in ausländischen Feriengettos.

Für mich hat die Internationalisierung einen besonderen Reiz. So fliege ich pro Jahr mindestens fünfmal in die USA, zweimal nach Asien, nach Südamerika und natürlich mehrmals in europäische Länder. Häufig geschieht dies auch auf Einladungen ausländischer Organisationen. So wurde ich beispielsweise mehrfach von dem japanischen ERP-Council (ERP = Enterprise Resource Planning = unternehmensweite betriebswirtschaftliche Anwendungen), das sich mit der Anwendbarkeit von ERP-Standardsoftware in japanischen Unternehmen befasst, zu Vorträgen und Seminaren eingeladen. Hierbei stand die Frage im Vordergrund, ob die in Japan vorherrschenden eigenentwickelten Informationssysteme durch Standardsoftware abgelöst werden können. Die Annahme europäischer Standardsoftware stößt dabei auf Vorbehalte, wird aber inzwischen akzeptiert.

Ich verbinde die Reisen auch mit einem intensiveren Kennenlernen der Menschen. Es ist eben ein Unterschied, ob man ein Land aus der virtuellen Atmosphäre eines Ferienclubs oder durch Menschen in ihrer üblichen Umgebung kennen lernt. Einen Vortragstermin in Tokio mit einer Bergwanderung auf den Gipfel des Mount Fuji und einem Besuch in einem traditionellen japanischen Badehaus zu verbinden, ist deshalb eine gelungene Kombination von Business, Sport und Kultur.

Auch die Banken machen mit

Die High-Tech-Märkte werden nicht nur durch die High-Tech-Unternehmen selbst bestimmt, sondern auch von Unternehmen und Personen, die sich mit ihren Leistungen um sie scharen. Dies sind zum Beispiel Markt- und Finanzanalysten, die junge Unternehmen beobachten und beraten, wenn sie an die Börse gehen. Auch Presseagenturen, Wirtschaftsprüfer und Rechtsanwälte haben sich auf Start-up-Unternehmen spezialisiert. In diesen Kontakten wird das schon ausgeprägte Wunschdenken der Jungunternehmer nach Erfolg und Reichtum durch die Erzählungen besonders erfolgreicher Börsenstorys noch verstärkt. Analysten und die mit ihnen zusammenarbeitenden Banken besitzen ein Interesse an neuen Kandidaten, um sie bei der Börseneinführung gegen hohes Honorar zu begleiten. Häufig treffen sich bei den Personen die gleichen Charaktere, und die Finanzwelt ist vom High-Tech-Fieber angesteckt. Eine eindrucksvolle Szene für die Atmosphäre der Finanzwelt war für mich der riesige Computersaal im obersten Stockwerk des Goldman & Sachs-Hochhauses am Rockefeller Plaza in New York. Hier platzieren mehrere Hundert Mitarbeiter weltweit Aktienemissionen. Wie mir ein Topmanager sagte, erkennt er bereits an dem Geräuschpegel der Hunderte von Tastaturen, ob eine weltweite Hausse oder Baisse besteht.

Viele der sich als Experten gebärdenden Markt- und Finanzanalysten sind selbst noch jung und von der gleichen Unternehmermentalität wie die durch sie betreuten Jungunternehmer. Dies potenziert wiederum die Atmosphäre des Spekulierens und Diskutierens großer Summen. Natürlich bleibt diese Geldorientierung nicht auf die Unternehmensgründer beschränkt, sondern umfasst fast alle Mitarbeiter. Mitarbeiter verlangen immer mehr, und das ist gut so, an dem wirtschaftlichen Erfolg ihres Unternehmens beteiligt zu werden. Großzügige Mitarbeiterbeteiligungsmodelle sind zwar in Deutschland noch nicht weit verbreitet und auch steuerlich noch sehr kompliziert, sie werden aber immer mehr von den USA auf Deutschland übertragen. Hier liegt gerade auch der Vorteil junger Start-up-Unternehmen. Sie können ihren am Unternehmen beteiligten Mitarbeitern leicht eine Vervielfachung des eingesetzten Kapitals versprechen, während bei etablierten Großunternehmen eine solche Steigerung des Börsenkurses nahezu undenkbar ist. Dies führt dann zu der Konsequenz, dass kleinere Start-up-Unternehmen das Management von Großunternehmen abwerben können.

Insgesamt hat dieses fiebrige Umfeld von Geld und Börse die Werteskala bei der Berufswahl hochqualifizierter junger Menschen verändert.

Generationssprünge

Eines der wichtigsten Merkmale für die Attraktivität von High-Tech ist auch ihre Jugendlichkeit. Wir erleben zurzeit Generationssprünge. Als ich die IDS gründete, war ich 43 Jahre alt. Heutige Unternehmensgründer, die zu Börsenstars werden, sind 25 bis 30 Jahre alt. Sie verhalten sich bei Fernsehinterviews wie geschulte Stars des Showbusiness. Gerade bei den „Dotcom"-Unternehmen wird die Generation der Vierziger praktisch übersprungen. Diejenigen, die mit dem Computer schon aufgewachsen sind, wechseln wie selbstverständlich in die Internetwelt. Die der Jugend zugeschriebenen Eigenschaften wie Spontaneität, Optimismus, Mut bis zur Bedenkenlosigkeit zählen gerade in diesem Umfeld. Gründer eines „Dotcom"-Unternehmens können auf dem Hinflug zu einem Bankengespräch nach Hamburg noch ihr Unternehmen im Versicherungsmarkt positionieren und auf dem Rückflug der Meinung sein, doch besser Leistungen für die Konsumgüterindustrie anzubieten. Nur der Wille, im Internetbereich ein Unternehmen zu gründen, bleibt bestehen.

Das sympathisch-offene und teilweise naive Verhalten mancher New-Economy-Unternehmer zeugt von einem Selbstverständnis als Angehöriger einer neuen Kaste. Auswüchse sind dann Äußerungen wie: „In Frankreich haben wir als neuen Leiter unserer Landesgesellschaft einen 22-jährigen Studienabbrecher eingestellt. Er macht einen tollen Job." Auch ich bin der Meinung, dass unsere junge Generation nicht zu lange in veralteten Ausbildungsorganisationen verharren sollte, allerdings können eine abgeschlossene Ausbildung und solide Geschäftserfahrung auch im E-Business nicht schaden.

Nicht nur Spontaneität bei Entscheidungen ist verbreitet, sondern auch das Verhalten wird aus der vorhergehenden Lebensphase des Studiums nahtlos übernommen. Man arbeitet kameradschaftlich in Teams, Hierarchien sind noch unbekannt, man duzt sich, das Privatleben wird mit dem Berufsleben verknüpft, das heißt, das Team, das während der Woche zusammenarbeitet, trifft sich auch sonnabends auf den Partys. Unter PC wird nicht nur ein Personal-Computer verstanden, sondern auch die Nahrung, welche die High-Tech-Welt am Leben erhält: Pizza und Cola. Es gilt der Spruch: Wenn der nächtliche Pizzadienst ausfällt, ist die zeitgerechte Fertigstellung der Computerprogramme zur CeBIT gefährdet. E-mailen und elektronische Terminplanung sind selbstverständlich. E-Mails werden selbst innerhalb eines Arbeitsraumes von einem Arbeitsplatz an den anderen verschickt. Sicher gibt es demnächst die Meldung von dem ersten per E-Mail gezeugten Baby.

Dieses Verhalten führt zu einer Kastenbildung. Man fühlt sich elitär und grenzt sich von der älteren Generation ab. Um so wichtiger ist es deshalb, dass sich die erfahrene Generation mit der Gründerszene verbindet. Schließlich hat sie ihr viel zu bieten. Sie hat bereits Krisen erlebt und zu bewältigen gelernt – eine Erfahrung, die in der Euphorie der Jungen bisher keine Rolle gespielt hat. Deshalb sind Business-Angel-Netzwerke so wichtig. Ein Business Angel stellt eben nicht nur Geld zur Verfügung, sondern auch seine unternehmerische Erfahrung und kann damit Situationen besser beurteilen und kritische Momente von einem jungen Unternehmen abhalten.

Der Kontakt zur High-Tech-Welt mit ihrer Jugendlichkeit und ihrem Tempo hält jung. Dies ist – neben der Chance zum Geldverdienen – ein zweiter Nutzen für Business Angels.

Trotz der Besonderheit der jungen High-Tech-Generation mit ihrem Tempo im Denken und Umorientieren werden viele traditionelle Werte hochgehalten. An meinem Institut und auch in meinen Unternehmen herrscht geradezu eine Epidemie an Hochzeiten und Kindergeburten. Auf unserem jährlichen Sommerfest wimmelt es von Kinderwagen schiebenden High-Tech-Vätern. Der Bestand unserer Gesellschaft scheint also durch High-Tech nicht gefährdet zu sein.

Glitzerwelt

Aufregend an der High-Tech-Welt sind auch ihre Events. Jährliche Kundenveranstaltungen der großen Hardware- und Softwarehäuser ziehen mehrere Tausend Teilnehmer an. Neben dem Fachprogramm steht auch das abendliche Beiprogramm im Zentrum.

Die bekannten Messen wie die CeBIT mit ihren abendlichen Standfesten sind Treffpunkte der durch Erfolgsdruck elektrisierten Menschen.

Wenn ich an solchen Messen und Konferenzen teilnehme, weiß ich schon im Voraus, an welchen Mitarbeiter ich mich wenden muss, um Tipps und Eintrittskarten für die heißesten Events zu erhalten. Schließlich gibt es genug spannende Fragen zu verarbeiten:

- Wird das im letzten Augenblick fertiggestellte Produkt vom Kunden angenommen?
- Kommt man dem Konkurrenten zuvor?
- Sind die Analysten begeistert?
- Haben sich die vielen Wochenend- und Nachtschichten für die Entwickler gelohnt?

Diese Spannung verlangt nach Auflösung. Der Auftritt internationaler Rockstars bei Großkundenveranstaltungen der High-Tech-Industrie gehört deshalb zum Standardprogramm.

Der Umgangston zwischen den Geschlechtern ist kameradschaftlich unkompliziert. Die von der High-Tech-Welt angezogenen jungen Frauen empfinden das Klischee des Männerlebens mit seiner Unabhängigkeit, seiner Mobilität und seiner Erfolgsorientierung als attraktiv. Man arbeitet in den Projekten in gemischten Teams und achtet sich gegenseitig aufgrund fachlicher und persönlicher Fähigkeiten. Gleichberechtigung ist keine Frage von Quoten und Bestimmungen, sondern ergibt sich durch die professionelle Leistung.

Alles zusammengenommen: Macht, Geld, Jugend, Internationalisierung, Mobilität, Events und Spannung erzeugen in der High-Tech-Welt eine hohe Lebensintensität, die mit kaum einer anderen Lebensform zu vergleichen ist.

Kapitel III
ARIS – ein internationaler Produkterfolg aus der Forschung

Bevor ich meine Erfahrungen mit Unternehmensgründungen in allgemeiner Form zusammenfasse, möchte ich die konkrete Erfolgsstory unserer Produktentwicklung „ARIS-Toolset" schildern. Produktentwicklung und -vertrieb sind Kernaufgabe jedes Unternehmens und auch Treiber der Unternehmensentwicklung in der High-Tech-Welt. Deshalb beginne ich mit diesem Thema. Das fachliche Umfeld des Produktes wird soweit einbezogen, wie es zum Verständnis erforderlich ist. Der Leser sollte sich von einigen wenigen technischen Begriffen nicht abschrecken lassen. Falls ihn diese dennoch stören, kann er auch zu dem nächsten Kapitel springen und anschließend auf das Kapitel III zurückkommen.

Die Anfangsidee entscheidet

Erfolgreiche High-Tech-Produkte müssen innovativ sein. Ihre Entwickler sind deshalb per se Forscher oder arbeiten zumindest forschungsnah. Es ist deshalb auch nicht verwunderlich, dass Unternehmen wie IBM oder Lucent Technologies große Forschungslaboratorien unterhalten, aus denen mehrere Nobelpreisträger hervorgegangen sind. Mit den Ressourcen dieser Forschungsinstitute können Forschungseinrichtungen der deutschen Universitäten kaum mithalten. Trotzdem könnte man auch hier mehr Forschungsergebnisse in innovative Produkte überführen als bisher. Mit dem Softwaresystem ARIS-Toolset ist es uns gelungen, aus Forschungsideen einen weltweiten Produkterfolg zu machen. ARIS steht für „Architektur integrierter Informationssysteme". Heute setzen rund 2.500 Unternehmen aus aller Welt über 20.000 ARIS-Toolsets zur Dokumentation und Optimierung ihrer Geschäftsprozesse ein. Die Konzeption wird im E-Business, in dem Geschäftsprozesse komplexer Unternehmensnetze gesteuert werden müssen, noch mehr an Bedeutung gewinnen.

Das Wichtigste an einem erfolgreichen Produkt ist eine tragende Grundidee. Nur wenn diese vorhanden ist, kann ein Produkt über längere Zeit bestehen. Dies ist bei dem ARIS-Toolset die Idee der Geschäftsprozessoptimierung durch Informationssysteme.

Die Idee für ARIS reifte in mir zwischen 1980 und 1992.

Es ist eine meiner wichtigsten Erfahrungen, dass Innovationen nicht plötzlich vom Himmel fallen, sondern einen langen konzeptionellen Vorlauf mit Irrwegen und Zweifeln benötigen. Häufig werden Unternehmen deshalb auch erst mit ihrem zweiten oder dritten Produktansatz erfolgreich. Dies war auch bei ARIS der Fall, so dass ich einige Entwicklungsstufen schildern möchte.

Aus meinen Vorlesungen an der Universität Saarbrücken wuchs die Erkenntnis, dass wegen der schnellen Innovationswellen der Informationstechnik Ausbildungsinhalte, die sich zu eng an die technische Entwicklung hielten, für die Universitätsausbildung, die schließlich längere Halbwertzeiten haben sollte, ungeeignet sind. Deshalb suchte ich nach Methoden, betriebswirtschaftliche Inhalte von Informationssystemen so darzustellen, dass sie von konkreten Informationstechniken unabhängig sind. Allerdings sollten sie einen Bezug zur Technik behalten, damit sie leicht in Computersysteme umgesetzt werden konnten.

Als ersten Versuch dazu verwendete ich die Datenmodellierung. Dies bedeutet, dass solche Objekte eines Informationssystems, die durch Attribute beschrieben werden können (also zum Beispiel Kunden durch ihre Adresse und Zahlungsziele beziehungsweise Artikel durch Preis und Lagerbestand), aus einem Fachgebiet erkannt und mit ihren Beziehungen untereinander in grafischer Form dargestellt werden. In meinem ersten, 1978 veröffentlichten Lehrbuch zur Wirtschaftsinformatik habe ich deshalb auch diese Methode bereits zur Beschreibung von Informationssystemen eingesetzt. In meinen Vorlesungen habe ich die Modelle immer mehr ausgebaut und in einer Neuauflage des Buches „Wirtschaftsinformatik" 1988 zu einem umfassenden Datenmodell eines Industriebetriebes ausgeweitet. Das Datenmodell war dem Buch als DIN-A1-Poster beigefügt und viele Informationsmanager haben es in ihren Büros zur grafischen Demonstration der Integrationsproblematik eines Unternehmens aufgehängt.

Die weitreichende Vision sollte aber neben der Dokumentation von betriebswirtschaftlichen Inhalten sein, aus den Modellen nahezu automatisch die Software zu konfigurieren. Dies würde bedeuten, dass der Benutzer, zum Beispiel der Leiter der Logistik in einem Unternehmen, der seine Organisation ändern möchte, lediglich seine Modelle ändern muss, und die Software würde sich automatisch an die neue Organisation anpassen. Die anfängliche Vision ist auch heute noch aktuell. Sie ist von uns durch die Zusammenarbeit mit der SAP weitergetrieben worden und wird bei E-Business-Anwendungen durch die Verbindung der heutigen ARIS-Modelle mit der Software von Intershop oder mit Workflow-Systemen immer weiter realisiert.

Unser erstes Anwendungsunternehmen, das Interesse an der praktischen Erprobung der Datenmodelle zeigte, war der PKW-Produktbereich von Daimler. Ich hielt mehrere Vorträge vor dem Informationsmanagement und mein Institut erhielt einen Forschungsauftrag zur Entwicklung eines Datenmodells für den Beschaffungsbereich.

Datenmodelle

Ich war überzeugt, dass Datenmodelle eine stabile und ausreichende logische Beschreibung für Informationssysteme sein würden. Deshalb bemühte ich mich, die Unternehmensleitung der SAP in Walldorf davon zu überzeugen, ihr komplexes R/2-System durch ein Datenmodell zu dokumentieren.

Standardsoftware wurde zur damaligen Zeit weitgehend durch technische Begriffe beschrieben. Die Gründer der Softwarehäuser waren meistens IT-Experten, die ihre technischen Kenntnisse auf bestimmte Gebiete wie Buchhaltung oder Beschaffung anwendeten. Entsprechend standen bei ihnen auch die technischen Aspekte der Systeme im Vordergrund.

Der spätere Benutzer der Software, also zum Beispiel der Leiter einer Buchführungsabteilung oder des Einkaufs, kannte sich aber in dieser

Technikwelt nur schwer aus. Aus diesem Grunde bestand ein großer Abstand zwischen der betriebswirtschaftlichen Denkweise der Anwender und der eher technisch orientierten Denkweise der Entwickler der Informationssysteme. Datenmodelle sollten deshalb eine Verständigungsbrücke zwischen beiden Gruppen bilden. In mehreren Sitzungen versuchte ich um 1991/92, die Vorstände der SAP davon zu überzeugen, ihre Systemdokumentation durch Datenmodelle benutzernäher auszurichten. Sie würden damit auch einen internationalen Vorsprung erzielen, weil bis zu dem Zeitpunkt kein anderes größeres Softwaresystem eine derartige Dokumentation bot. Trotz erheblicher Skepsis der SAP-Vorstände – sie reichten von der Furcht vor einer Preisgabe ihrer Softwareinhalte an die Konkurrenz bis zu einer generellen Skepsis gegenüber den einzusetzenden Methoden – beauftragten sie mich schließlich doch mit einem entsprechenden Modellierungsprojekt. Hätten die Vorstände gewusst, worauf sie sich damit einließen, hätte sich wahrscheinlich ihre Skepsis noch verstärkt.

In meinem Lehrbuch zur Wirtschaftsinformatik hatte ich ein Modell mit rund 400 Datenbegriffen und Beziehungen entwickelt und hier fürchtete ich bereits, dass der Detaillierungsgrad zu tief und das Modell aus den Fugen geraten war. Bei der praktischen Entwicklung des SAP-Modells zeigte sich aber, dass die Wirklichkeit noch wesentlich komplexer war als ich es mir vorgestellt hatte. Es entstand ein Modell, das aus Tausenden von Datenobjekten und Beziehungen bestand. Der wesentliche Grund dafür ist, dass die Wirklichkeit durch eine Vielzahl von Varianten eines Begriffes geprägt ist. Während ich in meinem Modell beispielsweise lediglich *ein* Datenobjekt zur Kennzeichnung eines Beschaffungsauftrages eingeführt hatte, musste das SAP-System Datenobjekte für unterschiedliche Beschaffungsarten vorsehen, also zum Beispiel für einen Beschaffungsauftrag eines Standardproduktes und einen Auftrag, bei dem das Produkt erst gemäß dem Kundenwunsch gefertigt werden muss. Insgesamt ließen sich so leicht 15-20 Varianten eines Beschaffungsauftrages entdecken. Da sich die Varianten verschiedener Objekte miteinander kombinieren ließen, ergaben sich die vielfältigsten Tatbestände. Entsprechend hoch war der Modellierungsaufwand.

Die vielen neu eingestellten Entwickler der SAP für das gerade entstehende R/3-System konnten anhand des Datenmodells aber viel leichter in ihre Aufgaben eingewiesen werden. Auf einem Titelfoto des amerikanischen IT-Magazins „Datamation" vom 15. März 1993 waren der SAP-

Vorstand Hasso Plattner und der damalige CEO der SAP Nordamerika, Klaus Besier, mit großen Postern des Datenmodells zu sehen. Die Modelle dokumentierten den Innovationsgehalt des R/3-Systems und waren deshalb auch gutes Marketingmaterial.

Die Datenmodelle wurden in abstrahierter Form quasi zum Logo des R/3-Sytems und Ausschnitte hingen als Bilder in vielen SAP-Büros in der ganzen Welt.

Allerdings merkte ich bald, dass Datenmodelle allein zum Systemverständnis für einen Anwender nicht ausreichen. Sie enthalten gegenüber den früheren rein technischen Begriffen wie Datensätzen, Dateien, Datenfeldbeschreibungen, Transaktionscodes und Benutzeroberflächen zwar bereits mehr betriebswirtschaftlichen Inhalt, allerdings verstanden viele Anwender die abstrakte Sprache eines Datenmodells nicht. Außerdem kann man einem Datenmodell nicht den eigentlichen auszuführenden betriebswirtschaftlichen Ablauf entnehmen.

Geschäftsprozessmodelle bringen mehr Einsicht

Die erweiterte Sicht für den Anwender stellen deshalb Geschäftsprozesse dar. Ein Geschäftsprozess beschreibt den gesamten Ablauf von Vorgängen wie Auftragsabwicklung, Beschaffung von Material oder Einstellung eines Mitarbeiters. Ich hatte bereits in meinem 1984 erschienenen Buch, das ich etwas ketzerisch „EDV-orientierte Betriebswirtschaftslehre" nannte, auf die Möglichkeiten der Informationstechnik zur Unterstützung einer geschäftsprozessorientierten Organisation hingewiesen und mit den Vorgangskettendiagrammen ein erstes praktikables Verfahren zu ihrer Dokumentation vorgestellt. Die amerikanischen Autoren Hammer und Champy hatten dann 1994 in ihrem Weltbestseller „Business Reengineering – Die Radikalkur für das Unternehmen" dem Business Process Reengineering zu einem großen international diskutierten Thema verholfen. Auch unser wichtigster Anwender der Datenmodelle, der PKW-Bereich von Daimler, wollte die Modelle um Geschäftsprozessinhalte ergänzen.

Wir experimentierten am Institut bereits mit entsprechenden Modellierungsmethoden und entwickelten Prototypen von Softwarewerkzeugen zur Modellierungsunterstützung. Aus diesem Grunde war dann naheliegend, auch der SAP vorzuschlagen, neben den Datenmodellen zusätzlich die in dem R/3-System enthaltenen Geschäftsprozesse zu dokumentieren.

Leider ritt mich hierbei der Teufel, als ich dies bei einer SAP-Tagung in Karlsruhe in einem Vortrag vor über Tausend Teilnehmern, einschließlich des Vorstands der SAP, in fordernder Diktion vorschlug. Wahrscheinlich dachte ich noch an die vielen Diskussionen, die ich bezüglich der Datenmodelle durchstehen musste und erhoffte mir ein einfacheres Spiel durch eine prägnante Forderung. Ich glaube aber, dass ich bei meinem Freund Hasso Plattner eher das Gegenteil erreicht habe, so dass noch einmal die intensiven Einzeldiskussionen losgingen. Aber endlich wurde doch ein Projekt zur Entwicklung einer Methode zur Prozessmodellierung des SAP-Systems aufgesetzt.

Dem Geschäftsprozess auf den Grund gehen

In der Zwischenzeit hatte ich mich damit beschäftigt, aus den Erfahrungen der Datenmodellierung zu lernen und das Problem grundsätzlicher anzugehen. Ich wollte nicht eine bereits vorhandene Methode übernehmen, sondern erst einmal nachdenken, wie das betriebswirtschaftliche Problem der Geschäftsprozessorganisation grundsätzlich zu beschreiben ist. Hierbei ist das ARIS-Konzept entstanden, das ich 1991 zum ersten Mal in einem Buch veröffentlichte.

In dem ARIS-Konzept werden verschiedene Sichten auf einen Geschäftsprozess gerichtet, um ihn ganzheitlich zu erfassen. Dies sind einmal die Organisationssicht, um die an einem Geschäftsprozess beteiligten Arbeitsplätze und Organisationseinheiten zu beschreiben, dann die in dem Geschäftsprozess verwendeten Datendokumente, die auszuführenden Funktionen sowie die Produkte und Dienstleistungen, die in einem Geschäftsprozess erzeugt werden. Diese unterschiedlichen Aspekte greifen dann in einer zentralen Steuerungssicht ineinander.

Da für große praktische Anwendungen auch DV-Werkzeuge erforderlich sind, um die Modelle erstellen und verwalten zu können, verstärkten wir unsere Forschungen auch auf diesem Gebiet.

Bei der Datenmodellierung konnten wir uns noch auf kommerziell angebotene CASE-Tools stützen (CASE = Computer Aided Software Engineering). Diese dienten dem Programmierer zur Dokumentation der fachlichen Anforderungen eines zu entwickelnden Systems. Bei der Prozessmodellierung waren diese Werkzeuge nicht anwendbar. Die Forschungsarbeiten waren deshalb die direkte Keimzelle des späteren ARIS-Toolset.

In meiner ersten Naivität – und Forscher sind am Anfang eines Forschungsfeldes immer naiv, sonst würden sie keine großen Aufgaben angreifen können – hatte ich meinem damaligen Assistenten Wolfram Jost auf einem Blatt Papier die Aufgabe skizziert, in vier Monaten bis zur CeBIT des nächsten Jahres einen Prototypen für ein entsprechendes Modellierungstool zu erstellen. Es sollte außerdem noch Elemente der Künstlichen Intelligenz beinhalten. Parallel zu diesem Forschungsprojekt wurden dann weitere Forschungsgruppen mit der Aufgabe betraut, Ansätze zur benutzerfreundlichen Navigation in gespeicherten Geschäftsprozessmodellen zu erarbeiten und Tools zur grafischen Darstellung zu entwickeln. In der Spitzenzeit waren etwa acht Mitarbeiter des Instituts mit derartigen Projekten beschäftigt. Keines dieser Projekte wurde durch öffentliche Gelder gefördert. Allerdings wurde das wissensbasierte Beratungssystem durch eine Kooperation mit dem zentralen Bereich der Logistik der Siemens AG in Deutschland und von der IDS unterstützt.

Erste ARIS-Prototypen

Im Jahr 1992 waren die Prototypen auf einem vorzeigbaren Stand. Wir wussten, wie man Geschäftsprozesse modellieren sollte und welche Anforderungen Tools zu ihrer Unterstützung erfüllen mussten. Uns war aber auch klar, dass die Weiterentwicklung der Prototypen nicht mehr Sache eines Forschungsinstitutes sein konnte, sondern in eine kommerzielle Produktentwicklung einmünden müsste. Da diese praktische Umsetzung der Ideen aus den Prototypen erhebliche Geldmittel erforderte, versuchte ich, diese durch Kooperationspartner bereitzustellen. Ich führte Gespräche mit der Siemens AG und mit der IBM in München. Beide Unternehmen winkten aber ab, da sie bereits selbst genug Prototypen im eigenen Haus hätten, die auf eine Umsetzung warteten. Sie wären zwar bereit gewesen, ein fertiges Produkt von ihrem Vertrieb hinsichtlich seines Markterfolges testen zu lassen, nicht aber in eine Produktentwicklung zu investieren.

Entwicklung des ARIS-Toolset

Da damals die IDS bereits gegründet war, bemühte ich mich darum, die Entwicklungsgruppe des Institutes zum Wechsel zur IDS zu motivieren. Die IDS war damals mit sieben Jahren noch recht jung, hatte keine großen finanziellen Rücklagen und war deshalb einem Investitionsschub für eine Produktentwicklung nicht gerade positiv aufgeschlossen. Trotzdem konnte ich das Management überzeugen.

Die IDS hatte bereits Erfahrungen in der Softwareentwicklung gesammelt, da sie einige Jahre zuvor mit der Entwicklung eines Fertigungssteuerungssystems begonnen hatte. Auch hier war die Entwicklungsgeschichte ähnlich verlaufen. An meinem Institut wurde ein Forschungsprojekt zur computergestützten dezentralen Steuerung von Industriebetrieben bearbeitet, dessen Ergebnisse hinterher von einem kommerziellen Softwarehaus realisiert werden sollten. Dieses stieg aber während der Projektlaufzeit aus, so dass wir unsere Forschungsideen nicht mehr umsetzen konnten. Um sie zu retten, bewog ich die IDS dazu, in die Produktentwicklung einzusteigen. Daraus entstand das international erfolgreiche Softwareprodukt FI-2, wobei FI für Fertigungsinsel steht und die „2" dafür, dass es sich um eine Neuentwicklung im Anschluss an den Prototypen des Instituts handelte.

Da Forschungsprototypen keine Anforderungen an Stabilität, Dokumentation, Weiterentwicklungskonzept und Gängigkeit der technischen Plattformen erfüllen müssen, konnten sowohl bei dem Produkt FI-2 als auch dem ARIS-Toolset nur die Ideen genutzt werden, nicht aber die bereits vorhandenen Softwarekomponenten. So ist in keinem Softwareprodukt der IDS auch nur eine Zeile Programmiercode eines am Institut erstellten Prototypen enthalten. Vielmehr musste jeweils alles neu entwickelt werden.

Die ARIS-Neuentwicklung war von vornherein mit einem wesentlich größeren Aufwand geschätzt worden als die FI-2-Entwicklung.

Erprobungspartner

Mit unserem Projektpartner Daimler diskutierten und erprobten wir jeden Entwicklungsschritt des ARIS-Toolset. Mir war klar, dass die konzeptionelle Zusammenarbeit mit der SAP zur Geschäftsprozessmodellierung noch erfolgreicher sein würde, wenn wir auch dort eine geeignete Tool-Unterstützung bereitstellen könnten. Insofern war der Anreiz gegeben, mit der von der IDS entwickelten ersten Version des ARIS-Toolset auch die SAP zu überzeugen. Die SAP führte gerade einen weltweiten Auswahlprozess zur Einführung eines entsprechenden Modellierungswerkzeuges durch und entschied sich am Ende für unser ARIS-Produkt, obwohl es in der ersten Version noch nicht alle Anforderungen eines professionellen Software-Tools erfüllte. Aber es war von vornherein auf die Problemstellung der Geschäftsprozessmodellierung ausgerichtet und sein hoher Innovationsgrad überwog die noch vorhandenen Mängel. Durch die engen Partnerschaften mit der SAP und Daimler wurden immer mehr Anforderungen erarbeitet, so dass das ARIS-Produkt bald eine hohe Funktionalität bereitstellte.

Der generelle Organisationstrend zur Prozessorientierung und die Zusammenarbeit mit den Partnern, der hohe Innovationsgrad des ARIS-Produktes sowie das hohe Engagement der Entwicklungsgruppe waren rückblickend seine Erfolgsfaktoren.

Der einsetzende Verkaufserfolg von ARIS hat es der IDS ermöglicht, sich international zu profilieren und insgesamt eine Vorbildfunktion für Produktentwicklungen aus der Forschung einzunehmen.

Der Erfolg von ARIS hat auch die Dienstleistungen der IDS beflügelt. Da die IDS mit ARIS über eine eigene computergestützte Beratungsmethode verfügte, besaß sie plötzlich einen „Unique Selling Point (USP)", der ihr auch bei großen Kunden zu beachtlichten Projekterfolgen verhalf.

Skepsis und Widerstände

Der Verkaufserfolg von ARIS stellte sich allerdings nicht über Nacht ein. Als der Entwicklungsleiter Dr. Wolfram Jost und ich das Konzept einer computergestützten Organisationsberatung 1992 im Hotel Bayerischer Hof in München der Presse und Vertretern von großen Beratungshäusern vorstellten, überwogen Skepsis bis Ablehnung. Die Berater befürchteten, dass die Rationalisierungswirkung der Projektarbeit ihre wirtschaftlichen Interessen beeinträchtigen würde, und die Presse konnte den Sachverhalt noch nicht richtig einschätzen. Wir waren von unserem Ansatz aber überzeugt; schließlich können die Unternehmensberater nicht ihren Kunden den Einsatz von Computern empfehlen, selbst aber wie jeher nur mit Papier und Bleistift oder mit Filzschreiber auf braunem Packpapier arbeiten.

Das Thema greift

Meine Aufsätze zur papierlosen Beratung in den Zeitschriften „Information Management" und der „Computerwoche" erzielten dann hohe Aufmerksamkeit.

Das Thema hatte also gegriffen.

Mit der ersten Version des ARIS-Toolset tingelten wir zu möglichen Kunden, um sie durch Präsentationen zu überzeugen. Die SAP half uns, auf Roadshows in den wichtigsten Großstädten Deutschlands unsere Ideen zu präsentieren. Wir stellten Vertriebsmitarbeiter ein, und schrittweise bauten wir den Bekanntheitsgrad von ARIS auf. Mein ARIS-Buch, in dem ich das Konzept beschrieben hatte, wurde zu einem Bestseller in der Fachwelt. Eine nahezu kostenlose Überlassung des ARIS-Toolset an Hochschulen erhöhte die Verbreitung in der akademischen Welt und begünstigte die Rekrutierung von mit ARIS bereits vertrauten Hochschulabsolventen.

Internationalisierungsschritte

Der enge Kontakt zu Hochschulen hat auch bei der Internationalisierung geholfen. Hochschullehrer, die ARIS in der Forschung und Lehre einsetzten, gründeten – auch durch mein Beispiel motiviert – in Russland, der Türkei, Slowenien und anderen Ländern kleine Vertriebs- und Beratungsunternehmen. In den USA gründeten wir 1995 eine eigene Tochtergesellschaft, um den ARIS-Vertrieb selbst steuern zu können. Später kamen Tochtergesellschaften oder Joint Ventures in Japan, Singapur, Korea und Brasilien hinzu.

So wuchs in weniger als fünf Jahren um das ARIS-Toolset ein internationales Netzwerk von Tochtergesellschaften und Vertriebspartnern. Heute, im Jahr 2000, umfasst es 120 Partner in über 30 Ländern.

Diesen Gründungen bot sich die Chance, sich durch das methodische Vorgehen mit ARIS von den großen Beratungshäusern abzusetzen.

In vielen Vorträgen und Seminaren auf internationalen Tagungen präsentierte ich die Konzeption von ARIS. Parallel wurden meine ARIS-Bücher in mehrere Sprachen wie Englisch, Französisch, Portugiesisch, Polnisch, Tschechisch, Chinesisch und Japanisch übersetzt.

Trotz der internationalen Verbreitung meiner Bücher ist aber die Multiplikation meiner Ideen durch das ARIS-Softwaresystem noch höher. Insofern ist die Umsetzung von Forschungsideen in Produkte gegenüber der traditionellen Buch- und Zeitschriftenpublikation ein wirksamer und spannender Vertriebskanal wissenschaftlicher Ergebnisse.

Analystenreports

Besonders wichtig für den internationalen Erfolg von ARIS waren die positiven Beurteilungen durch Analystengesellschaften, insbesondere der Gartner Group. Analystengesellschaften beobachten die High-Tech-Märkte, Produkte und Unternehmen und schreiben darüber „Reports", die von Anwendungsunternehmen abonniert werden.

Die Kontaktpflege zu den Analysten ist sehr wichtig. Nur wenn sie über alle Neuentwicklungen informiert sind, können sie diese auch bewerten. Die Geschäftsführung der IDS in Deutschland, unserer Tochtergesellschaft in den USA und auch ich wenden deshalb erhebliche Zeit für Diskussionen mit Analysten auf.

Insbesondere in den USA richten sich viele Unternehmen bei ihren Hard- und Softwareentscheidungen an den Beurteilungen der Analysten aus. Besonders bekannt ist die Vierfeldermatrix der Gartner Group, bei der nach den Kriterien Visionsbreite und Umsetzungsfähigkeit (jeweils in „gering" und „hoch" unterschieden) Produkte beziehungsweise ihre Hersteller bewertet werden. In der ersten Studie 1995 wurden wir bereits im „upper right corner" als visionär und mit einer starken Umsetzungskraft bewertet. Ein Jahr später verbesserte sich die Bewertung, und das ARIS-Toolset wurde als das international führende Produkt dieses Marktes bewertet.

Jede Ländergründung ist anders

Wenn man lediglich die Ergebnisse der Internationalisierung von ARIS im Zeitraffertempo aufzählt, so klingen sie wie ein folgerichtiger und reibungslos ablaufender Prozess. Betrachtet man dagegen jede einzelne Ländereinführung näher, so steht praktisch hinter jedem neuen Partner oder jeder neuen Niederlassung eine komplette Story voller Zufälligkeiten und menschlicher Beziehungen. So beruhte zum Beispiel die Gründung unseres brasilianischen Joint Venture auf einem Besuch zweier deutschstämmiger brasilianischer Geschäftsleute im Jahr 1989 auf unserem Stand auf der Industriemesse in Hannover. Wir präsentierten dort unseren gerade entwickelten Fertigungsleitstand FI-2. Die zwei Besucher waren Vater und Sohn und fragten mich, ob ich nicht Interesse hätte, einen Gastvortrag in Brasilien zu halten. Sie würden dort sehr eng mit Universitäten und der Regierung zusammenarbeiten und suchten Kontakt zu deutschen Universitäten und Technologieunternehmen. Natürlich nahm ich die Einladung gerne an und besuchte anschließend auf einer Vortragstournee mehrere brasilianische Universitäten und Technologiezentren. Meine Kontaktpartner gehörten zu der einflussreichen Industriefamilie Mangels, und der Sohn leitete ein kleines Softwarehaus auf dem Gebiet der Industrieautomatisierung. Das Softwarehaus wurde dann einer unserer ersten Vertriebspartner für unser Leitstandsystem FI-2 und anschließend auch für die ARIS-Software. Später erwuchs daraus ein Joint Venture.

Die Kontakte zu brasilianischen Universitäten wurden auch für mein Forschungsinstitut genutzt. So haben wir regelmäßig Studenten mit der Universität Rio de Janeiro sowie der Universität Carlos ausgetauscht. Darunter war eine Gruppe von zehn brasilianischen Ingenieuren, die während eines halben Jahres einen CIM (CIM = Computer Integrated Manufacturing = computerintegrierte Planung und Steuerung der Fertigung)-Prototypen eines Fertigungssystems an meinem Institut studiert haben, um ihn dann an der Universität Rio de Janeiro aufzubauen.

Unsere Geschäftskontakte zu Korea verliefen ebenfalls über persönliche Kontakte aus der Universität. Im Sommer des Jahres 1994 erhielt ich Besuch von dem südkoreanischen Professor Hong, der in Frankfurt am Main Wirtschaftsinformatik studiert hatte, nun aber in der Nähe von Seoul als Professor lehrte. Er eröffnete mir, dass er bereits während seines Studiums in Deutschland mit meinen Lehrbüchern gearbeitet habe und nunmehr interessiert sei, das ARIS-Konzept auch in Korea einzuführen. Er hatte bereits enge Kontakte zu einem koreanischen Beratungshaus aufgebaut, das interessiert war, unsere Beratungsmethoden zu übernehmen. So entstand auch hier aus dem universitären Hintergrund unser Anfangskontakt, der sich später zu einem Joint Venture vertiefte.

Auch unser Joint Venture in Singapur startete mit einem Universitätskontakt. Im Jahr 1996 besuchte mich der Direktor des Forschungsinstitutes Gintec, Dr. Frans M. A. Carpay, ein ehemaliger Manager von Philips in Holland, der nun das von Regierungsmitteln finanzierte Technologieinstitut in Singapur leitete. Er hatte von der IDS gehört und war daran interessiert, aus seinem Forschungsinstitut ein ähnliches Unternehmen auszugründen. Mehrere seiner Mitarbeiter wollten sich daran beteiligen. Aufgrund der gleichen Herkunft der IDS wäre deshalb ein Joint Venture besonders interessant. Nach mehreren Informationsbesuchen in Singapur und mehreren Testseminaren für potenzielle Kunden haben wir dann die konkrete Firmengründung beschlossen.

Genauso, wie der reiche Humus unserer deutschen Forschungslandschaft zu einer stärkeren Produktumsetzung genutzt werden kann, gilt dies auch für die bestehenden ausländischen wissenschaftlichen Kontakte. Deutschland war für viele Jahre ein Mekka zur Ausbildung ausländischer Wissenschaftler. Diese Kontakte zu nutzen ist von höchster Wirksamkeit. Die deutschen Universitäten verlieren gegenwärtig eher an internationaler Attraktivität, so dass es wichtig ist, die noch bestehenden Netzwerke zu nutzen, bevor sie sich auflösen.

Durch Fehlschläge nicht entmutigen lassen

Man darf sich bei der Eroberung neuer Märkte nicht scheuen, Fehlschläge zu riskieren. So erinnere ich mich sehr gut an mein erstes ARIS-Seminar in Tokio im Jahr 1996. Wir besaßen kaum Kontakte zu Japan und hatten das Seminar lediglich über Adresslisten der Deutschen Industrie- und Handelskammer in Tokio angekündigt. Als ich erwartungsvoll den Seminarraum in einem großen internationalen Hotel betrat, fanden sich gerade fünf Teilnehmer ein, darunter noch zwei offizielle Vertreter der Industrie- und Handelskammer. Zwar trudelten im Laufe der nächsten halben Stunde noch zwei weitere Teilnehmer ein, dafür waren aber auch bereits zwei andere eingeschlafen. Das Einschlafen während Vorträgen oder sogar während größerer Gesprächsrunden ist in Asien allerdings nichts Ungewöhnliches. Wenn jemand vom Schlaf übermannt wird, dann ist das eben ein elementares körperliches Bedürfnis, dem man sich fügen muss. Es gilt deshalb auch als ungehörig, einen schlafenden Nachbarn aufzuwecken. Nur wusste ich das damals noch nicht und empfand die Situation als frustrierend.

Auch andere Fehlschläge haben uns nicht entmutigt: Pressegespräche, bei denen gerade ein oder zwei Teilnehmer erschienen, oder Vortragsveranstaltungen, die aus Mangel an Teilnehmern abgesagt werden mussten.

Das Durchhalten hat sich aber gelohnt. Heute werde ich von vielen internationalen Organisationen eingeladen und kann vor weit über 150 Teilnehmern ein Seminar halten.

Insgesamt ist der mühevolle Weg der Internationalisierung bei Softwaresystemen ein Muss. Der deutschsprachige Raum ist zwar groß genug, um für ein kleineres Softwareunternehmen einen interessanten Absatzmarkt zu bieten, auf die Dauer reicht er aber nicht aus. Sofern an einer Softwareidee wirklich etwas interessant ist, wird sie auch von international arbeitenden Softwarehäusern wahrgenommen.

Da Softwareideen kaum schützbar sind, können sie von den großen Anbietern kopiert werden. Diese besitzen dann aber eine größere Marktpräsenz, können ihre höhere „Economies of Scale" nutzen und schließlich durch ihre Produkte sogar den ursprünglichen Innovator wieder vom Markt verdrängen.

Kapitel IV
Unternehmen gründen ist nicht schwer ...

Das Gründungskapital ist kein Problem

Man braucht als Unternehmensgründer heute nicht einmal mehr 50.000 DM als Stammeinlage zur GmbH-Gründung, da Banken und eine Vielzahl von öffentlichen oder halböffentlichen Institutionen wie Starterzentren, Gründerinitiativen von Industrie- und Handelskammern oder Gründerzentren von Kommunen und Ministerien einem potenziellen Unternehmensgründer nicht nur mit Rat, sondern auch finanziell zur Seite stehen. Es gibt Gründerwettbewerbe, bei denen bereits eine zehnseitige Antragsskizze für eine Unternehmenskonzeption prämiert werden kann. Da ich mehrfach Mitglied der Jury von Gründungswettbewerben war, weiß ich, dass die Ideen nicht einmal besonders originell sein müssen, um prämiert zu werden. Allerdings ist eine solche Prämie dann umgekehrt auch nicht eine besonders respektable Auszeichnung. Häufig werden die bei einem Wettbewerb eingegangenen Anträge von einer Verbandsorganisation vorbegutachtet. Dann entscheiden quasi Sachbearbeiter, die selbst in ihrem Leben keinerlei unternehmerische Erfahrungen gesammelt haben, über die Qualität des Business-Konzeptes.

Deshalb kann man sagen: Jeder prämierte Unternehmensgründer sollte sich über diesen Erfolg freuen, jeder nichtprämierte Teilnehmer sollte sich aber auch nicht entmutigen lassen. Ich kenne Start-up-Unternehmen, die sehr erfolgreich geworden sind, obwohl sie bei einem solchen Wettbewerb durchfielen. Wie dem auch sei, das zur Unternehmensgründung notwendige Mindestkapital ist heute kein Engpass mehr.

Dies war bei der Gründung der IDS im Jahr 1984 noch nicht so einfach. Ich musste die 50.000 DM aus meinen mageren Ersparnissen bestreiten.

Motivation und Anlass zur Unternehmensgründung

Warum gründet jemand eigentlich ein Unternehmen? Die Erklärungen reichen vom reinen Geldstreben bis hin zu altruistischen Zielen. Häufig wird auch die Herkunft aus einer Unternehmerfamilie als Motivationsfaktor genannt. Sicher ist im konkreten Fall die Motivation ein Gemisch aus unterschiedlichen Motiven. Der berühmte Wirtschaftswissenschaftler Josef Alois Schumpeter, der sich im 20. Jahrhundert mit dem Unternehmertum auseinander setzte, unterschied zwischen Pionier- und Nachahmerunternehmern. Pionierunternehmer entwickeln innovative Produkte, Nachahmerunternehmer setzen bereits bekannte Produktideen in große Markterfolge um.

Eigentlich hatte ich ja mit meiner Berufswahl des Universitätsprofessors eher eine Beamtenlaufbahn in Kauf genommen. Trotzdem war der Wille zur Selbstständigkeit, zum unternehmerischen Gestalten wollen, immer vorhanden.

Um dafür einen entsprechenden organisatorischen Rahmen zu schaffen, wuchs in mir der Gedanke, ein eigenes Unternehmen zu gründen. Vielleicht war dies aber auch nur der Anlass und erklärt nicht alle Motive. Sicher hat auch die Möglichkeit eines größeren Ressourcenwachstums und damit einer größeren Machtentfaltung eine Rolle gespielt, sicher auch der Ehrgeiz, nicht nur weißes Papier beschreiben zu können, sondern auch zu zeigen, dass man in der Lage ist, durch konkrete Projektarbeit die Realität zu gestalten. Auch war mir klar, dass Softwareprodukte aus einem Universitätsinstitut heraus nicht entwickelt werden können. Da an meinem Institut aber bereits viele Produktideen entwickelt worden waren, wollte ich diese auch umsetzen und benötigte dazu eine passende organisatorische Umgebung. Insofern kam eine Mischung aus vagen Vermutungen, konkreten Anlässen und tieferliegenden Motiven zusammen, die den Schritt der Unternehmensgründung bewirkten.

Ich glaube, dass es bei jeder Unternehmensgründung ein ähnliches Gemisch aus persönlichen Zielen und äußeren Gelegenheiten gibt. Es ist aber letztlich unerheblich, welche Motive und Anlässe bestehen; wichtig ist das Ergebnis: Ob eine Konzeption für eine dauerhafte Unternehmensentwicklung gefunden wird und ob die in ihr arbeitenden Menschen Verdienstmöglichkeiten und Freude an ihrer Selbstverwirklichung finden.

Meine Vorkenntnisse zur Führung eines Unternehmens waren auf meine akademische betriebswirtschaftliche Ausbildung und meine Fachkenntnisse aus Forschungsprojekten mit der Industrie beschränkt. Ich glaube deshalb auch nicht, dass praktische Unternehmenserfahrungen für die Gründung eines Unternehmens unbedingte Voraussetzung sind. Schließlich kann man alles auch „on the fly" erlernen, auf jeden Fall dann mit mehr Druck und Motivation.

In der Geschäftsidee liegt die Innovation

Wichtiger als Kapital und Motivation sind die Geschäftsideen der Gründer. Diese bringen die Innovationskraft der Gründer zum Ausdruck und damit auch ihre Einordnung als Pionier- oder Nachahmerunternehmer. Als Erstes muss entschieden werden, ob das Unternehmen mehr standardprodukt- oder mehr dienstleistungsorientiert ausgerichtet sein soll. Bei einer „Standard-Product-Company" stellt sich als Nächstes die Frage nach der Finanzierung der Produktentwicklung. Hier reichen dann natürlich die zur Gründung erforderlichen Mindestbeträge nicht mehr aus, sondern es muss ein mittelfristiger Finanzierungsplan aufgestellt werden. Bei Dienstleistungen kann dagegen ein Start-up-Unternehmen vom ersten Tag an profitabel sein. Dies gilt insbesondere, wenn das Unternehmen mit einem fest zugesagten Kundenauftrag gegründet wird.

Der Vorteil einer Product-Company ist, dass nach einer erfolgreichen Produktentwicklung, zum Beispiel eines Softwaresystems, eine schnelle und nahezu unbegrenzte Wachstumsmöglichkeit in Umsatz und Gewinn besteht. Bei einer Service-Company ist dagegen das Wachstum eng mit dem Wachstum der Mitarbeiterzahl des Unternehmens verbunden und deshalb wegen der auftretenden Management- und Integrationsprobleme wesentlich schwerfälliger.

Die IDS wurde 1984 zunächst als Beratungsunternehmen gegründet. Grundlage war das innovative Y-CIM-Konzept, um Industrieunternehmen im integrierten Einsatz der Informationstechnologie in Produktion und Logistik zu unterstützen. Ich hatte das Y-CIM-Modell Anfang der achtziger Jahre in Zeitschriften veröffentlicht und 1987 in meinem Buch „CIM – Der computergesteuerte Industriebetrieb" zu einem Gesamtkonzept zusammengefügt, das zu einem wissenschaftlichen Bestseller wurde.

Die IDS ist von Anfang an profitabel gewesen, da sie keine Durststrecken für Softwareentwicklungen durchzustehen hatte. Zwei bis drei Jahre nach der Gründung haben wir aber mit der Entwicklung des Fertigungssteuerungssystems FI-2 und später mit dem ARIS-Toolset auch die Software-Produktion aufgebaut. Die Entwicklungsaufwendungen haben wir vollständig aus dem Cash Flow der Dienstleistungen finanziert.

Für die Aufnahme von Produkten spricht nicht nur das dadurch mögliche schnellere Wachstum, sondern vor allem, dass mit Produkten ein Unternehmen eine stärkere Identität erhält. Während Dienstleistungen, selbst wenn sie auf neuen Konzepten aufbauen, schnell zu Commodities werden, weil sie leicht kopierbar sind, kann man Produkte werblich und marketingtechnisch stärker herausstellen. Produkte erhalten einen Namen, man kann für sie Prospekte erstellen, sie können auf Messen wie der CeBIT präsentiert werden und werden bei Analystenuntersuchungen und in Fachzeitschriften miteinander verglichen, kurz, sie sind ein stärkeres Aushängeschild für ein Unternehmen.

Mit der größeren Chance zu Umsatz- und Gewinnwachstum ist bei Produkten natürlich auch ein größeres Risiko verbunden.

Ich rate deshalb allen potenziellen Unternehmensgründern, Produkte und Service gleichermaßen als Leistungsfelder zu definieren. Mit den Beratungsleistungen kann das Unternehmen sofort profitabel sein und unterhält vom ersten Tag an Kundenbeziehungen. Bei einer reinen Produktorientierung muss dagegen während der Entwicklungszeit, die im High-Tech-Umfeld leicht mehrere Jahre umfassen kann, lediglich nach innen gearbeitet werden. Kundenkontakte können noch nicht stattfinden und das gesamte Unternehmen ist bis zur Fertigstellung des Produktes erst einmal nach außen weitgehend abgeschottet. Dadurch besteht die Gefahr, dass Änderungen des Marktes nicht wahrgenommen werden und noch an dem Entwicklungsziel festgehalten wird, wenn sich die Marktsituation bereits verändert hat.

Bei einer gleichzeitigen Durchführung von Dienstleistungen bleibt dagegen ständig das Ohr am Markt, und alle Veränderungen werden sofort wahrgenommen und können auf die Produktentwicklung einwirken. Sollte sich im Worst-case-Fall herausstellen, dass die anfängliche Produktidee obsolet geworden ist, zum Beispiel weil ein Konkurrent mit einer ähnlichen oder sogar besseren Konzeption zuvorgekommen ist, können die Dienstleistungen aufrecht erhalten werden. Sie können sogar, wenn man gezwungen ist, die Eigenentwicklung einzustellen, auf den erfolgreicheren Konkurrenten ausgerichtet werden, so dass der Dienstleistungsbereich des Unternehmens mit dem Erfolg des Konkurrenten wachsen kann und somit das Unternehmen insgesamt erfolgreich bestehen bleibt.

Das Unternehmen kann anschließend ergänzende Produkte zu dem Grundprodukt des Konkurrenten entwickeln und dabei sogar seine Produktkompetenz aufrecht erhalten.

Insgesamt bin ich deshalb skeptisch, wenn Unternehmensgründer lediglich eine Produktidee haben und über eine längere Zeit erst einmal erhebliche Investitionsmittel für deren Entwicklung benötigen.

Nicht nur bei der IDS, sondern auch bei den anderen Unternehmen, bei denen ich als Gründer oder Business Angel beteiligt bin, bestehe ich deswegen auf einer gleichermaßen Produkt- und Service-Orientierung. So hat die imc GmbH zunächst Software für „Computer-Based-Training-Systeme" als Auftragsentwicklungen für Unternehmen angeboten und Beratungen für den Aufbau unternehmensinterner Ausbildungskonzepte entwickelt. Mit den Erlösen wurde dann die Entwicklung des Standard-Softwaresystems CLIX, einer Lernplattform für Corporate Universities, finanziert.

Die ISS GmbH startete ihr Geschäft ebenfalls mit Auftragsentwicklungen für 3D-Oberflächen und investiert die Erlöse nun in die Entwicklung von Standardkomponenten.

Die JET Online GmbH entwickelt elektronische Marktplätze für Unternehmen und ist damit auch im ersten Schritt serviceorientiert. Auch sie wird anschließend in das Produktgeschäft einsteigen.

Auswahl der Gründungspartner

Ich kenne kaum ein High-Tech-Unternehmen, bei dem nach zehn Jahren die anfänglichen Gründer noch das Unternehmen leiten. In der Regel ist die anfängliche Gründergemeinschaft aufgrund von konzeptionellen Meinungsverschiedenheiten oder unterschiedlichen persönlichen Interessen auseinander gebrochen. In vielen Fällen führt dies zum Scheitern des gesamten Unternehmens. Nur Unternehmen, in denen sich unter den Gründern mindestens *eine* sehr starke Persönlichkeit befindet, können solche Krisen überwinden. Hieraus ergibt sich, dass die Zusammensetzung des Gründerteams von essenzieller Bedeutung ist. Hierbei sind nach meiner Erfahrung folgende Regeln zu beachten:

1. Die Anzahl der Gründer sollte nicht größer als vier sein, da sonst von vornherein zu viele unterschiedliche Meinungen und Interessen bestehen.

2. Ist einer der Gründer der wesentliche Initiator, Ideenträger und auch am stärksten unternehmerisch begabt, so muss er darauf drängen, die Mehrheit der Anteile zu erhalten. Alle Gründer aus falschem Kameradschaftsgeist gleichmäßig zu beteiligen, obwohl von vornherein feststeht, dass ihr anfänglicher und damit auch wahrscheinlich späterer Beitrag zum Unternehmen unterschiedlich ist, wird tödlich sein. Nach kurzer Zeit wird sichtbar werden, dass Engagement und Arbeitsbelastung eben nicht dem Anteilsverhältnis entsprechen, und es besteht der erste Anlass für ein Zerbrechen des Teams.

Die IDS wurde von mir 1984 zunächst als alleinigem Anteilseigner gegründet. Nach einem halben Jahr entschloss ich mich aber, einen hauptamtlichen Geschäftsführer einzusetzen und weitere Mitarbeiter meines Institutes zu bewegen, zur IDS überzuwechseln. Ihnen sagte ich dabei auch eine Beteiligung zu. Alexander Pocsay, der die Geschäftsführung übernahm, wurde mit zehn Prozent beteiligt, zwei weitere Mitarbeiter mit jeweils fünf Prozent. Auch hier zerbrach später das Team, indem Alexander Pocsay und ich uns von den anderen Gesellschaftern wegen bestehender Meinungsverschiedenheiten über die Art der Unternehmensführung trennten.

Die Zusammensetzung der Gründer nach unterschiedlichen fachlichen Interessen ist ebenfalls wichtig. „Nur Techniker" schaffen eine Unternehmensgründung nicht, wenn nicht mindestens ein Gründungsmitglied auch ein ausgeprägtes vertriebliches und kaufmännisches Interesse besitzt. Die unterschiedlichen Interessen müssen beileibe nicht der formalen fachlichen Ausbildung zu entnehmen sein. Bei einem Spin-off-Unternehmen meines Institutes, der ISS GmbH, hat ein Gründer mit der Ausbildung als Diplom-Kaufmann die Leitung der Softwareentwicklung übernommen, während der Gründer mit einer Informatikausbildung mehr den Vertrieb und das Marketing steuert.

Mach Du nur einen (Business-) Plan ... (nach Bert Brecht)

Ein Business-Plan enthält eine mehrjährige zahlenmäßige und inhaltliche Beschreibung der geplanten Unternehmensentwicklung. In ihm sind das Leistungsspektrum definiert und die Aussichten sowie die Positionierung des Unternehmens innerhalb des Marktes dargestellt. Der Ressourcenbedarf in Form von Mitarbeitern und apparativen Ausstattungen wird beschrieben und darauf aufbauend Schätzungen über Umsatz, Kosten, Finanzbedarf und wirtschaftliches Ergebnis dargelegt. Konkrete Beispiele und Vorgehensweisen zum Aufbau von Business-Plänen sind der vielfältigen Literatur zu Unternehmensgründungen zu entnehmen. Zusätzlich werden von vielen Hochschulen, Gründungsinitiativen und Volkshochschulen Kurse zur Erstellung von Business-Plänen angeboten.

Wenn ich mich mit Unternehmensgründern über ihre Pläne unterhalte, so liefert der Business-Plan zwar eine gute Diskussionsgrundlage, ist für mich aber für die Erfolgsbeurteilung des Unternehmens nicht von größerer Bedeutung. Im High-Tech-Umfeld verlaufen die Marktentwicklungen so schnell, dass ein auf drei Jahre ausgelegter Business-Plan in der Regel keine Chancen hat, in der veranschlagten Form realisiert zu werden. Die für mich wesentlicheren Kriterien sind deshalb die Wachstumsaussichten des Marktsegmentes, in dem das Unternehmen tätig sein will, der Innovationsgrad der Anfangsidee, weil er etwas über die generellen Ideenfähigkeiten der Gründer aussagt, und die Managementqualifikation der Gründer. Sind diese drei Voraussetzungen positiv zu beurteilen, kann eigentlich nichts schief gehen. Der Business-Plan ist deshalb in meinen Augen mehr eine formale Absicherung für Banken oder Venture-Capital-Geber.

Ich hatte jedenfalls bei der Gründung der IDS keinen formalen Business-Plan aufgestellt. Dafür stimmten aber intuitiv die drei genannten Hauptfaktoren. Die IDS stand am Anfang des IT-Consulting-Booms und konnte deswegen mit ihm wachsen; mit dem Y-CIM-Modell war eine eigenständige innovative Idee vorhanden, und die Gründer waren unternehmerisch ausgerichtet.

Auch bei den drei anderen Spin-off-Unternehmen des IWi, an denen ich beteiligt bin, stimmen diese Voraussetzungen.

Bei der imc GmbH gehört der Web-basierte Bildungsmarkt zu den stärksten Wachstumsfeldern im E-Business. Die Erfahrungen aus den Forschungsprojekten des IWi zur computergestützten Lehre garantieren die Innovationsfähigkeit, und die drei geschäftsführenden Gesellschafter, Dr. Wolfgang Kraemer, Frank Milius und Dr. Volker Zimmermann, sind ausgesprochen unternehmerisch begabt.

Die ISS GmbH ist Spezialist in dem wachsenden Markt multimedialer 3D-Anwendungen und baut auf den langjährigen Forschungen des Instituts im Bereich der Virtual-Reality-Systeme auf. Die zwei geschäftsführenden Gesellschafter, Dr. Stefan Leinenbach und Mirko Jerrentrup, waren Mitglieder des VR-Forschungsteams am Institut und sind ebenfalls unternehmerisch sehr begabt.

Die JET Online GmbH arbeitet im explodierenden B2B- und B2C-Markt. Die drei geschäftsführenden Gesellschafter Thomas Feld, Mark Göbl und Michael Hoffmann haben in Forschungsprojekten zu diesen Gebieten gearbeitet und sind innovativ. Auch sie verfügen über hohe unternehmerische Fähigkeiten.

Der erste Kunde bestimmt die Entwicklung

Der erste Kunde eines Start-up-Unternehmens ist von großer Bedeutung. Er kann einerseits die Entwicklungsrichtung des Unternehmens bestimmen. Das junge Unternehmen ist engagiert, idealistisch und möchte den ersten Kunden zufrieden stellen. Dies weiß natürlich auch der Kunde; vielleicht spekuliert er gerade auf dieses Engagement, wenn er ein junges Unternehmen beauftragt. Jedenfalls kann er durch immer neue Anforderungen an die Produktentwicklung oder an das Resultat einer Beratungsleistung die Forderungen innerhalb eines fest vereinbarten Budgets nach oben treiben. Hier muss das Gründungsunternehmen teuflisch aufpassen, dass es nicht über den Tisch gezogen wird.

Andererseits kann der erste Kunde aber auch ein Glücksfall sein. Ist er selbst ein Innovator, so wird er durch die neuartigen Ideen des jungen Unternehmens angesprochen, und es treffen sich kongeniale Partner. Die Ideen des einen treiben die Ideen des anderen. Ist der Kunde dann noch in der kaufmännischen Abwicklung des Projektes fair, kann das Start-up-Unternehmen einen enormen Entwicklungsschub bekommen. Allerdings besteht auch die Gefahr, dass es die innovative Einstellung des Kunden zu stark verallgemeinert und hinterher für das entwickelte Produkt keinen breiten Markt besitzt.

Es ist jedoch typisch, dass erfolgreiche High-Tech-Unternehmen auch nach zehn oder zwanzig Jahren immer noch von ihren ersten Kunden schwärmen und auf die partnerschaftliche Zusammenarbeit stolz sind. Häufig sind persönliche Freundschaften zu den Mitarbeitern des Kunden entstanden. Während der Projektzeit wurde zusammen Sport getrieben oder es wurden andere Freizeiterlebnisse geteilt.

Auch bei der IDS hatten wir Glück mit unseren ersten Kunden, die auch heute noch mit uns zusammenarbeiten. Zu ihnen gehören die Fischerwerke in Tumlingen, Kaeser Kompressoren in Coburg, die SAP, Daimler und Mannesmann.

Gerne erinnere ich mich an die Akquisition einer der ersten Beratungsaufträge. Ein Vorstandsvorsitzender, der neu in ein Großunternehmen eingetreten war, bat mich um Rat für seine Informationsstrategie. Das Unternehmen, das aus mehreren großen Produktbereichen bestand, war heillos zerstritten und brauchte dringend eine einheitliche IT-Konzeption. Nachdem ich meine grundsätzlichen Überlegungen den versammelten Vorständen der Produktbereiche vorgetragen hatte, machten wir eine Erfrischungspause. Als ich zur Toilette ging, traf ich dort den besagten Vorstandsvorsitzenden, und er teilte mir gleichsam „nebenbei" mit, dass er mich mit dem Projekt beauftragen werde. Hieraus ist dann eine mehrjährige intensive Projektarbeit zu beider Nutzen entstanden.

Wie bereits bei der ARIS-Entwicklung geschildert, haben bei deren Entwicklung die Partner SAP AG und der Produktbereich PKW von Daimler durch Michael Lapp erhebliche partnerschaftliche Beiträge geliefert. Für die Entwicklung unseres Fertigungsleitstandes FI-2 waren die Fischerwerke in Tumlingen und insbesondere der Leiter Informationssysteme Alfred Haas innovative und faire Partner.

Kapitalgeber sind nicht ungefährlich

Sind für Investitionen in die Produktentwicklung oder auch für die Finanzierung des schnellen nationalen und internationalen Wachstums erhebliche Geldmittel erforderlich, so ist die Aufnahme von Fremdkapital bei einem Start-up-Unternehmen unausweichlich. Da die klassischen Beleihungsgrundlagen für Banken, an die sie auch gesetzlich gebunden sind, bei Start-up-Unternehmen weitgehend versagen, haben viele Banken Venture-Capital-Gesellschaften gegründet. Aber auch von Banken unabhängige Venture-Capital-Gesellschaften stehen bereit, um Start-up-Unternehmen zu finanzieren. Es kann kein allgemein gültiger Rat für den Umgang mit solchen Institutionen gegeben werden. Es ist vielmehr die persönliche Einschätzung der Unternehmensgründer bezüglich der Seriosität und der Ziele der Venture-Capital-Geber entscheidend, mit welchem Haus und mit welchen Personen sie eine enge Verbindung eingehen möchten.

Mein genereller Eindruck ist aber: Venture-Capital-Gesellschaften sind auf einen kurzfristigen Erfolg ausgerichtet; sie möchten, dass sich ihr eingesetztes Geld in drei, spätestens fünf Jahren vervielfacht. Dafür bieten sie einem jungen Unternehmen ihr Netzwerk zur Unterstützung an. Beispielsweise können sie das Unternehmen mit ausländischen Unternehmen verknüpfen, die eine schnellere Internationalisierung ermöglichen oder können den Eintritt zu größeren Kunden erleichtern.

Bereits die Kontaktpflege zu Venture-Capital-Gesellschaften ist nützlich. Bei Präsentationen und Diskussionen erhalten die Unternehmensgründer wertvolles „Feedback" über ihre Konzepte. Eine Venture-Capital-Gesellschaft aus den USA hat einmal auf eigene Kosten, ohne bisher mit uns konkrete Geschäftsbeziehungen aufgenommen zu haben, eine Marktanalyse für unser ARIS-Produkt angefertigt. Sie wurde uns kostenlos überlassen, obwohl ich zu einer Beteiligung nicht bereit war.

Die Vorteile von Venture-Capital-Geld müssen sehr genau gegen den Verlust an Eigenbestimmung über die Unternehmensstrategie abgewogen werden.

Besonders wirksam für den Unternehmenserfolg sind meines Erachtens Finanzmittel von Business Angels. Hierbei kommt es ebenfalls auf die persönliche Vertrauensbasis an. Business Angels sind Persönlichkeiten, die selbst aktiv an der Entwicklung des Unternehmens beteiligt sein wollen und sollen. Wenn hier die Chemie nicht stimmt, wird ein Business Angel zum Teufel.

Das erste Büro zeigt die Selbstständigkeit

Für ein neu gegründetes Unternehmen ist natürlich das erste Büro eines der wichtigsten Kennzeichen der Selbstständigkeit. Hat man bisher quasi nebenher bereits einen Auftrag bearbeitet, so ist dies entweder in Form einer „Schwarzarbeit" neben dem bestehenden Beruf oder im privaten Arbeitszimmer durchgeführt worden. Das erste offizielle Büro zeigt dagegen die Eigenständigkeit des Unternehmens. Starterzentren, die den Universitäten angegliedert sind, Innovationszentren oder Science Parks bieten gute Gelegenheiten, preisgünstige Büroräume zu mieten und gleichzeitig auch einen engen Kontakt zu gleichgesinnten Unternehmen aufzubauen. Da das Wachstum des Unternehmens in diesen Zentren begrenzt ist, ist es aber nur eine Bleibe auf Zeit.

Die anfängliche Feilscherei um den Quadratmeterpreis der Miete wird bereits nach wenigen Wochen von den ernsthafteren Sorgen um den nächsten großen Kundenauftrag oder die Einstellungsentscheidung von Mitarbeitern überwogen. Aus diesem Grund darf eine noch so großzügige Förderung von Mieten und Nebenkosten für die Bedeutung des Unternehmenserfolges nicht überschätzt werden.

Viel wichtiger ist die Organisation des Büros. Die Nähe zu allgemein zugänglichen Kantinen für die Mitarbeiter, ein Angebot von Dienstleistungen wie Frisör, Fitness-Studio oder Pizzadienst sind mindestens so wichtig wie der Quadratmeterpreis.

Die Organisation des Büros betrifft auch Infrastrukturmaßnahmen wie Telefonnetz, die Bereitstellung von Computernetzdiensten bis hin zur kaufmännischen Infrastruktur von Buchführung, Lohnabrechnung und Steuerzahlung.

Der beste Rat an Start-up-Unternehmen besteht darin, einen möglichst großen Teil der Infrastruktur „outzusourcen". In Amerika werden Komplettservices angeboten, das heißt, mit dem Mieten eines Büros werden auch sämtliche kaufmännische Dienstleistungen (Buchhaltung, Steuerermittlung, Lohnabrechnung usw.) abgedeckt. In Deutschland ist dies noch nicht verbreitet. Trotzdem bleibt: Die kaufmännische operative Betreuung eines Start-up-Unternehmens sollte soweit wie möglich an einen Steuerberater mit angeschlossenem Buchführungsservice abgegeben werden.

Bei uns war unser Steuerberater Matthias Holzer von der ersten Stunde dabei. Er ist praktisch mit der IDS in seiner Qualifikation zu Börseneinführung, internationale Unternehmensgründungen oder Mitarbeiterbeteiligungsmodelle „mitgewachsen".

Bei der IDS war das erste Büro eine in der Nähe der Universität angemietete Wohnung, bestehend aus zwei Zimmern, Küche und Bad. Als nach kurzer Zeit die Schreibtische auch im Bad Einzug hielten, wurde eine neue Stätte gesucht. Diese war dann gleich über zwei Stockwerke erweiterbar. Nach wenigen Jahren war die IDS auf vier Standorte in Saarbrücken verteilt. Dies hat zu erheblichen Kommunikationsproblemen geführt. Insofern ist bei der Wahl des Bürostandortes auf dessen Ausbaufähigkeit zu achten.

Die Suche nach leicht zu verstehenden Fetischen für das Wachstum von High-Tech-Unternehmen verleitet viele Unternehmen zum ständigen Bauen als sichtbarem Zeichen ihres Erfolges. Wachstum durch fortlaufende Errichtung neuer Bürogebäude zu demonstrieren ist insbesondere in Deutschland sehr beliebt. Davon profitieren auch Politiker: Können sie doch damit der heimischen Bauindustrie den Satz „High-Tech schafft Low-Tech" plastisch demonstrieren und die beliebten Spatenstich-, Richtfest- und Einweihungszeremonien pressewirksam zelebrieren.

Auch wir haben 1992 beschlossen, ein eigenes Bürogebäude zu erstellen. Wir hatten damals weniger als 200 Mitarbeiter, legten das Gebäude aber auf eine Kapazität von 450 Mitarbeitern aus. In der Zeit hatten wir ausgerechnet unsere erste Wachstumskrise, auf die ich später noch eingehen werde. Es gehörte deshalb schon mehr als Mut dazu, dieses Projekt zu starten. Die sorgfältige Planung unseres Architekten Professor Bernhard

Focht und unseres Projektsteuerers Helmut Huber zusammen mit dem Engagement von Sigrid Kilger ersparten uns unliebsame Überraschungen, so dass wir Ende 1995 unser schönes Bürogebäude kosten- und zeitgerecht beziehen konnten.

In den USA kommt kein High-Tech-Unternehmen auf die Idee, selbst zu bauen. Hier werden Büroräume samt Ausstattung und Service komplett gemietet, um sich bei einem starken Wachstum durch Gebäudewechsel ständig anpassen zu können. Außerdem wird die knappe Managementkapazität nicht auf fachfremde Aufgaben wie „Baubetreuung" verschwendet. In den USA dominieren deshalb Finanzdaten wie Umsatz, Gewinn, Börsenkurs und Marktkapitalisierung als Erfolgsfetische.

Der erste Mitarbeiter

Wenn auch zunächst die ersten Projekte von dem Gründerteam selbst bearbeitet werden, irgendwann ist der Zeitpunkt erreicht, dass die ersten Mitarbeiter eingestellt werden müssen. Hier entstehen dann automatisch zwei Klassen – einmal die Gründer als Kapitaleigner und dann die angestellten Mitarbeiter. Dieser Schritt muss deshalb sensibel gestaltet werden. Den angestellten Mitarbeitern muss klar verdeutlicht werden, dass es ein Unterschied ist, ein Unternehmen zu gründen oder von einem bestehenden Unternehmen eingestellt zu werden. Die Ideen, Initiativen und Risikobereitschaft der Gründer schaffen besondere Rechte, die ein später Eingestellter nicht mehr automatisch beanspruchen kann, auch wenn seine Beiträge für das Unternehmen noch so groß sind.

Das Problem wird nur bei den ersten Mitarbeitern deutlich. Um es zu glätten, können beispielsweise Studenten, die zunächst halbtags bei dem Start-up-Unternehmen tätig sind, nach ihrem Examen in ein Vollzeitbeschäftigungsverhältnis hinüberwechseln. Sie haben sich dann bereits mit ihrem Arbeitsplatz angefreundet, haben bereits den Mitarbeiterstatus in ihrem Studentenjob kennen gelernt und sind von Arbeitsklima und Tätigkeitsfeld begeistert, so dass der Statusunterschied zu den Gründern kaum bemerkt wird.

Kritisch wird aber die Phase, wenn erfahrene Mitarbeiter aus der Praxis übernommen werden sollen. Sie haben dann unter Umständen ein höheres

Erfahrungspotenzial als die Unternehmensgründer, werden aber trotzdem in ihrem Status benachteiligt. Hier hilft die Aussicht auf einen geplanten Börsengang, bei dem ein Mitarbeiterbeteiligungsmodell geplant ist, auch diese Mitarbeiter zu gewinnen.

Kapitel V
... Unternehmen erfolgreich machen dagegen sehr

Die Gründung eines Unternehmens ist lediglich der Startschuss für die weite Wegstrecke, es erfolgreich zu machen und langfristig zu stabilisieren. Die Gründer machen sich in ihrer anfänglichen Euphorie und Konzentration auf den Start kaum realistische Vorstellungen über die Länge und die Schwierigkeiten dieses Weges. Ohne auf umfängliche empirische Untersuchungen zu Unternehmensentwicklungen einzugehen, möchte ich ein von Wilhelm Heinrich Kister übernommenes simples Modell verwenden, das auf wichtige Phasen der Unternehmensentwicklung verweist. Es lautet:

$$1, 10, 100, 1000, ...$$

Die Zahlen kennzeichnen Jahresumsätze in Millionen DM. In den Zehnerpotenz-Sprüngen drücken sich jeweils tiefgreifende Änderungen des Unternehmens in Managementanforderungen, Unternehmenskultur, Kundenverhalten und Marktpräsenz aus. Der Sprung über jede dieser Hürden geht jeweils auf Leben und Tod. Ist sich das Management über die Anforderungen der nächsten Hürde nicht im Klaren und bereitet sich das Unternehmen nicht genügend darauf vor, ist die Gefahr des Scheiterns hoch. Es nimmt immer wieder Anlauf und fällt zurück. Dies frustriert Mitarbeiter, die geplanten wirtschaftlichen Ergebnisse werden nicht erreicht und es beginnt zu kriseln. Konsequenzen sind dann: Das Unternehmen wird aufgekauft, oder es gerät in den Konkurs. Manchmal können Unternehmen zwar über längere Zeit in einer Phase verharren und sich dort scheinbar stabilisieren. Allerdings ist dies in den High-Tech-Märkten außerordentlich schwierig:

Statische Unternehmen ohne Wachstum sind per se Übernahmekandidaten, selbst wenn es ihre wirtschaftliche Situation noch nicht erzwingt.

Mir sind diese Entwicklungsphasen erst während des Entwicklungsprozesses der IDS bewusst geworden. In Abbildung 1 ist die Umsatzentwicklung und in Abbildung 2 die Mitarbeiterentwicklung der IDS von der Gründung in 1984 bis zum Jahr 2000 angegeben. Die Zahlen für das Jahr 2000 sind dabei meine persönlichen Schätzwerte. Die Entwicklungsphasen sind ebenfalls eingetragen. Wie zu sehen ist, sind wir zwei Jahre (1996 und 1997) erfolglos gegen die Hundert-Millionen-Umsatzhürde angelaufen, ohne sie zu erreichen. Erst nachdem wir gemerkt hatten, dass unsere Managementstruktur der nächst größeren Unternehmensklasse nicht gewachsen war, und wir entsprechende Restrukturierungen vorgenommen hatten, schafften wir den Sprung spielend. Diese Entwicklung wird im nächsten Kapitel „Krisenmanagement" noch vertieft geschildert.

In diesem Kapitel werde ich den einzelnen Sprüngen des Hürdenlaufs folgen und auf wesentliche Änderungen der Anforderungen eines Unternehmens eingehen.

Phase I: Bis 1 Mio. DM Umsatz

Bis zu einem Jahresumsatz von einer Millionen DM besteht ein dienstleistungsorientiertes High-Tech-Unternehmen aus vier bis fünf Mitarbeitern, also im Wesentlichen aus dem Gründerteam. Das Unternehmen wird von ganz wenigen Kundenprojekten dominiert. Alle Mitarbeiter sind in diese Projekte eingebunden. Eine Unterscheidung zwischen Gründern und ersten Mitarbeitern findet in der täglichen Arbeit kaum statt. Betriebswirtschaftliche Überlegungen zu Steuermodellen, Planzahlen, Vertrieb oder Kostenrechnung sind lästig und werden gegenüber den interessanten technischen Herausforderungen der Projektarbeit eher verächtlich behandelt.

Dabei ist gerade jetzt strategisches Denken angesagt. Nur wenn die Phase I als Sprungbrett genutzt wird, können die nächsten Hürden überhaupt erreicht werden. Ein wichtiges Sprungbrett ist, die kundenorientierte Projektarbeit zur Entwicklung von Standardprodukten zu nutzen. Dies gilt gleichermaßen für Dienstleistungs- als auch für ausgesprochene Produktunternehmen.

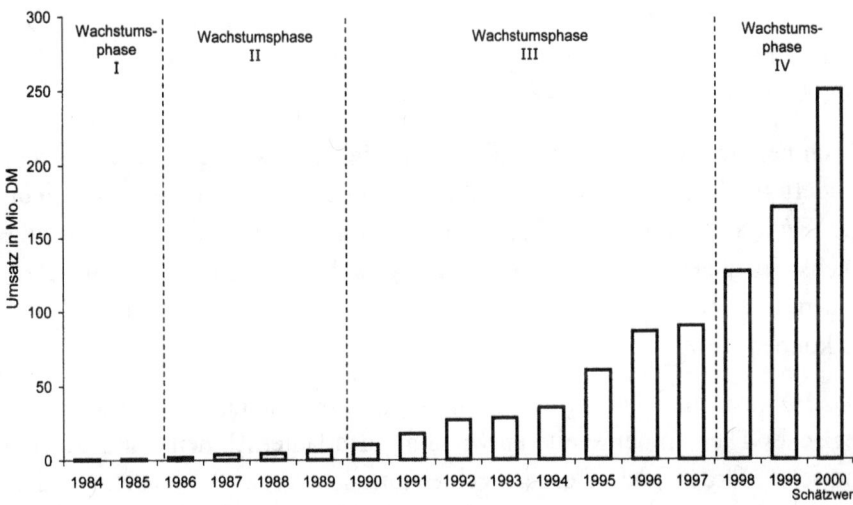

Abbildung 1: Umsatzwachstum der IDS Scheer AG

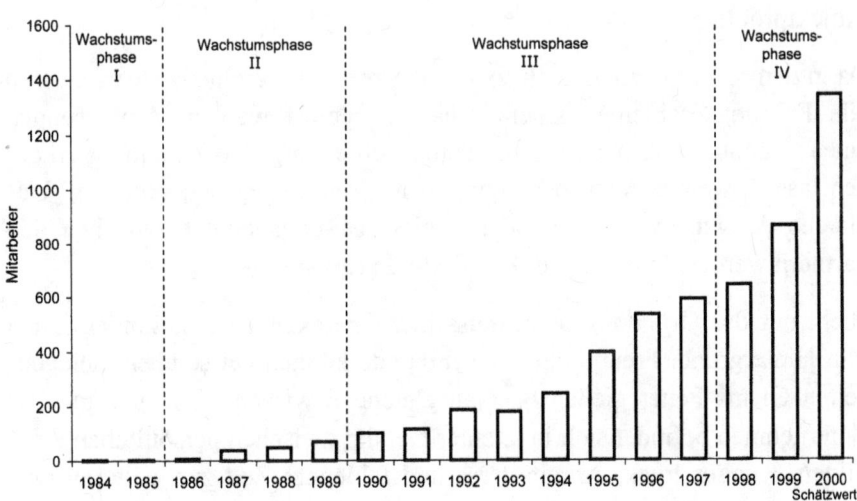

Abbildung 2: Personalwachstum der IDS Scheer AG

Entwickelt das Unternehmen Software, so kann es aus den kundenorientierten Softwarekomponenten Schritt für Schritt standardisierte Softwarekomponenten entwickeln. Hierzu ist natürlich eine entsprechende Softwarearchitektur einzusetzen, damit die bei der Standardsoftware erforderliche Erweiterbarkeit, Anpassbarkeit und professionelle Dokumentation gewährleistet sind.

Auch bei Beratungsprojekten gilt es, ein Profil zu schaffen. Es muss verhindert werden, dass Kundenprojekte das Unternehmen von einem beliebigen Fachgebiet auf das nächste ziehen. Vielmehr muss das Ziel sein, die Dienstleistungen zu fokussieren und die Fachkompetenzen gezielt aufzubauen, um bei Akquisitionen auch mit größeren Wettbewerbern mithalten zu können.

Das Herausziehen aus der täglichen Projektarbeit und die Diskussion strategischer Themen der Weiterentwicklung des Unternehmens sind psychologische Hürden und erfordern echte unternehmerische Weitsicht. Hinzu kommt, dass das gegründete Unternehmen in eine teuflische Schere geraten kann. Der Erfolgsdruck, der auf den ersten Projekten lastet, lässt kaum Zeit für Akquisitionsbemühungen um Nachfolgeprojekte, geschweige denn für die Weiterentwicklung der internen Kompetenzen durch Ausbildungs- und Informationsmaßnahmen. Damit kreist das gesamte Unternehmen um Projektprobleme.

Da in dem Unternehmen noch so gut wie keine Hierarchie besteht, müssen alle Führungsprobleme kameradschaftlich gelöst werden. Anweisungen eines Gründungspartners, die im Tonfall eine Vorgesetztenhaltung erkennen lassen, werden nicht oder nur mit Murren entgegen genommen. Ungleiche Aufgabenverteilung oder ungleiches Engagement zwischen den Partnern werden Anlass erster Konflikte und Auseinandersetzungen.

Nicht nur das Gründungsteam muss hier Charakter zeigen, sondern auch sein Hintergrund. Freundinnen und Freunde können bei solchen Gelegenheiten Öl ins Feuer gießen oder ausgleichend wirken. Kurz gesagt: Das Unternehmen befindet sich in latenter Gefahr, zwischen persönlichen Konflikten, Kundendruck, Arbeitsstress und fehlender Zeit zur weiteren Orientierung zerrieben zu werden.

Es gibt also genügend Gründe, dass Unternehmen in dieser Phase bereits scheitern oder aber in dieser Größenklasse verharren und damit zu einem „Handwerksbetrieb" mit Ausbesserungscharakter werden, um nicht zu sagen degenerieren. Auf jeden Fall sind die anfänglichen großen Blütenträume dann ausgeträumt.

In einem Zeitschriftenartikel habe ich diese erbarmungslose Jagd einmal mit dem Lauf frischgeschlüpfter Seeschildkröten vom Sandstrand ans rettende Wasser verglichen. Die am Strand geschlüpften Schildkröten müssen in wenigen Minuten das Meerwasser erreichen, ohne dabei von Vögeln oder Waschbären gefressen zu werden. Nur ein kleiner Prozentsatz erreicht die Wassergrenze, aber dann beginnt natürlich ebenfalls ein weiterer dauerhafter Überlebenskampf im Wasser.

Bei der IDS haben wir die Schwierigkeiten der Phase I unproblematisch gemeistert. Durch die Projektarbeit am IWi waren die Mitarbeiter geübt und hatten auch erste Kundenprojekte erfolgreich abgewickelt. Das Gründungsteam war durch meinen Anteil in Höhe von achtzig Prozent sowie von Alexander Pocsay mit zehn Prozent und den zwei weiteren Gründern mit je fünf Prozent klar strukturiert. Unser Forschungshintergrund lieferte ständig neue Ideen, so dass von einer konzeptionellen Ausblutung keine Rede sein konnte.

Nahezu alle diese Möglichkeiten besitzen auch Start-up-Unternehmen aus Forschungsinstituten, bei denen nicht ein Universitätsprofessor an der Gründung beteiligt ist. Beispielsweise können die Gründer weiterhin mit ihrem Herkunftsinstitut verbunden bleiben, indem sie eine Promotion anstreben (ob sie dann später abgeschlossen wird, ist relativ unerheblich) oder engen persönlichen Kontakt zu Mitarbeitern von Lehrstühlen als Know-how-Quellen unterhalten. Häufig genügt bereits eine kleine Diskussion am Rande einer Party, um auf neue Ideen zu kommen beziehungsweise eine Idee gegen kritische Argumente zu prüfen.

Im Normalfall sollte die Hürde zur nächsten Phase bereits im ersten Jahr der Unternehmensgründung überschritten werden.

Phase II: Bis 10 Mio. DM Umsatz

In dieser Phase wächst das Unternehmen von vier bis fünf Mitarbeiter auf vierzig bis fünfzig. Dieses Wachstum verändert das Unternehmen total. Viele Ereignisse, die später bei einem großen Unternehmen zur Normalität gehören, werden zum ersten Mal durchlebt und lösen Enttäuschung, Entsetzen oder auch übermäßige Freude und Hochstimmung aus. In gewisser Weise ist es für die Gründer die schönste Zeit der Unternehmensentwicklung. Man wird vom Erfolg getragen, entwickelt unternehmerisches Selbstbewusstsein, das Unternehmen wird als eigenständiges Wesen betrachtet und man spricht fast zärtlich von ihm wie von einem Kind oder einem Lebenspartner. Wie für Eltern das eigene Kind das schönste und klügste ist, ist für Unternehmensgründer das eigene Unternehmen das aussichtsreichste Unternehmen der Welt. Man kann sich gar nicht vorstellen, dass es Menschen gibt, die das Unternehmen nicht kennen und nicht in gleichem Maße Anteil an seiner Entwicklung nehmen wie man selbst.

Wachstum der Leistungsfelder

Um wachsen zu können, müssen zusätzliche Ressourcen aufgebaut und die Leistungsfelder ausgeweitet werden.

Der Ressourcenaufbau betrifft vor allem die Einstellung neuer Mitarbeiter. Dieser ist dann für Start-up-Companies auch im Wettbewerb mit größeren Unternehmen möglich, wenn sie bei Bewerbern ihre Argumentationsvorteile wie flache Hierarchie, enger Kontakt zur Forschung, Erfolgsorientierung und Aussicht auf Mitarbeiterbeteiligung bei einem späteren IPO nutzen. Eine weitere Akquisitionsbasis besteht, wenn die Unternehmensgründer über ein Netzwerk zu ihren ehemaligen Studienkollegen verfügen. Sind diese als Assistenten an der Universität verblieben, können Kontakte zu Studienabgängern geknüpft werden. Sind sie bereits in der Praxis und enttäuscht worden, können sie für das neue Unternehmen interessiert werden.

Das Leistungsspektrum kann durch neue regionale Märkte und/oder durch zusätzliche Leistungsinhalte ausgeweitet werden.

Bei Erweiterung des geografischen Marktes fallen zusätzliche Kosten, insbesondere Reisekosten an. Dies ist ein Nachteil gegenüber örtlich ansässigen Wettbewerbern. Der Kunde akzeptiert diese zusätzlichen Kosten nur, wenn er die Leistungen vor Ort nicht in der gleichen Qualität erhält. Also ist die Innovationsrate des Unternehmens und damit ihr USP (Unique Selling Point) ausschlaggebend.

Neue Leistungsinhalte müssen erarbeitet und den Kunden überzeugend vermittelt werden. Das Überzeugen der Kunden ist aber schwierig. Schließlich werden die neuen Leistungen erst entwickelt, und es bestehen noch keine praktischen Erfahrungen. Dies führt dazu, dass den Kunden ständig Erfahrungen mit Projekten vorgespielt werden müssen, die man noch nicht hat. Dies gelingt nur bei einem hohen Einsatz: Fehlende Erfahrungen müssen durch extreme Lernfähigkeit und nächtelange Vorbereitungszeiten ausgeglichen werden. Die ständige Furcht ist die Aufdeckung des „Kaisers neuer Kleider". Es erfordert schon an Dreistheit grenzenden Mut, sich als Fachmann für eine neue Branche wie zum Beispiel Bankbetriebe auszugeben, wenn man mit deren Produkten bestenfalls als Konsument zu tun hatte, oder Beratungsleistungen auf dem betrieblichen Anwendungsgebiet des Controllings anzubieten, obwohl das eigene Spezialgebiet bisher ausschließlich die Produktionssteuerung war. Bei jeder Akquisitionspräsentation bangt man dann, ob die kurz zuvor angelesene Kompetenz hält. Vor vielen solcher Kundenpräsentationen habe ich die Unternehmen deshalb bei Krämpfen auf ihren Toiletten kennen gelernt.

Mit der IDS-Entwicklung haben wir die Leistungsfelder gleichzeitig geografisch und inhaltlich ausgeweitet.

Da das Saarland nur eine geringe Kundenbasis bietet, mussten wir sofort die Regionen ausdehnen und auch früh mit der Internationalisierung beginnen.

Auf der inhaltlichen Ebene starteten wir mit IT-basierten Industrielösungen. Hierbei stand die Fertigungsindustrie im Vordergrund – dann bauten wir Kompetenzen in der Papier-, Luft- und Raumfahrtindustrie sowie in der Automobilindustrie auf. Im Jahr 1992 spürten wir den Nachteil dieser engen industriellen Ausrichtung. Die Industrie fiel in ein Konjunkturtief und stoppte IT-Investitionen. Wozu braucht man ausgetüftelte Planungs- und Steuerungsverfahren, wenn die Produktionskapazitäten ohnehin nicht ausgelastet sind?

Wir versuchten deshalb, unsere Leistungen in Richtung von Dienstleistungsbranchen wie Banken, Versicherungen und öffentlichen Unternehmen auszuweiten. Dabei machten wir aus der Not eine Tugend. Wir übertrugen unsere Erfahrungen in der Beherrschung industrieller Geschäftsprozesse und später unsere ARIS-Methode auf die Dienstleistungsbranchen und konnten deshalb gleich mit Ideen starten, die für diese Branchen neu waren.

Inzwischen sind Begriffe wie „Service Engineering" in aller Munde. Dienstleistungsunternehmen werden selbst immer mehr mit (Informations-) Technik durchdrungen und müssen wie die Industrie ihre Geschäftsprozesse „ingenieurmäßig" gestalten, planen und steuern. Insofern waren wir auf dem richtigen Weg.

Dies klingt heute alles klar und einfach, in Wirklichkeit war diese Strategieänderung mit vielen Diskussionen und anstrengenden Präsentationsvorbereitungen verbunden. Aber am Ende war es ein großer Schritt vorwärts auf dem Wachstumspfad.

Am günstigsten ist der Aufbau eines neuen Geschäftsfeldes, wenn dies selbst gerade startet und Erfahrungen (noch) nicht der Differentiator zwischen Wettbewerbern sind. Dies konnten wir 1993/94 mit dem Einstieg in das SAP-R/3-Projektgeschäft nutzen. Das R/3-System wurde in der neuen Client-Server-Architektur betrieben und Erfahrungen aus der Implementierung des Großrechner-basierten R/2-Systems konnten nur bedingt übertragen werden. Deshalb waren unsere engagierten jungen Consultants gegenüber älteren, „erfahreneren" Professionals der Konkurrenz eher im Vorteil.

Das erste Organigramm

Während in der Phase I quasi hierarchielos im Team gearbeitet wird, ist bei einem Unternehmen mit zwanzig oder dreißig Mitarbeitern eine Strukturierung unumgänglich. Es müssen klare Aufgaben definiert und Verantwortungen verteilt werden. Im ersten Schritt betrifft dies die Definition der unterschiedlichen Produktfelder, zum Beispiel Beratungen für Industrie- und Dienstleistungsunternehmen sowie bei Softwareprodukten die Trennung von Entwicklung und Marketing/Vertrieb. Auch die eher kaufmännischen Funktionen wie Rechnungswesen und Personalbetreuung müssen zugeordnet werden.

Diese Strukturierung bedeutet anschließend, dass auch die Mitarbeiter einer definierten Organisationseinheit zugeordnet werden müssen. Damit wird für die Führungsebene ihre Personalverantwortlichkeit sichtbar. Da die Anzahl zugeordneter Mitarbeiter häufig als ein Indikator für die Bedeutung eines Managers angesehen wird, ergeben sich daraus natürlich auch Reibungspunkte. Der Kampf um einzelne Mitarbeiter, die besonders prestigeträchtig sind, ist ebenfalls nicht unüblich.

Die ersten Zahlen

In der Anfangsphase kennen die Unternehmensgründer noch jedes einzelne Projekt, und es überwiegt im Unternehmen auch die Diskussion inhaltlicher Fragen. Mit wachsender Unternehmensgröße dominieren immer stärker die Zahlen.

Als ich zum ersten Mal den Rat hörte: „Du musst das Unternehmen mehr nach Zahlen führen", war ich eher konsterniert. Schließlich stehen doch unsere Visionen und Ideen im Vordergrund und nicht nackte Umsatz- und Renditezahlen, hinter denen das eigentliche inhaltliche Anliegen verschwindet.

Die Dominanz der Zahlen muss aber akzeptiert werden, sonst schafft ein Start-up-Unternehmen nicht den nächsten Wachstumssprung. Dies bedeutet gleichzeitig, ständig in Relationen zu denken wie: Steigerung des Umsatzes im Vergleich zum Vorjahr, Steigerung des Personalbestandes im Vergleich zum Vorjahr, Umsatz pro Mitarbeiter und natürlich auch der Gewinn. Ist die Entwicklung positiv, dann macht ihre Verfolgung auch Spaß.

Ich habe die monatlichen Umsatzzahlen jeweils grafisch auf einem DIN-A4-Blatt eingetragen und zu Jahreskurven verbunden. Der Kurvenverlauf innerhalb eines Jahres zeigte die Saisonfigur und den Wachstumstrend. Ich konnte sehen, ob die im ersten Halbjahr eingestellten Mitarbeiter im zweiten Halbjahr bereits ihren geplanten Umsatzbeitrag leisteten oder nicht. Als Faustregel für den Saisonverlauf in der High-Tech-Industrie gilt, dass sich der Umsatz eines Jahres zu vierzig Prozent auf das erste Halbjahr und zu sechzig Prozent auf das zweite Halbjahr verteilt und innerhalb des zweiten Halbjahres wiederum vierzig Prozent auf das dritte und sechzig Prozent auf das vierte Jahresquartal. Der senkrechte Abstand zwischen den Kurven machte den Vergleich der Monatswerte zu den Vorjahreswerten deutlich. Wir machten uns zum Prinzip, dass wir jeweils den höchsten Monatsumsatz eines Jahres (in der Regel der Novemberumsatz) als Untergrenze für die Monatsumsätze des Folgejahres ansetzten.

Die Zahlen der ersten sechs Jahre konnte ich in dasselbe Blatt eintragen. Durch das Wachstum reichte dann die Blatthöhe nicht mehr aus und ich musste ein weiteres Blatt ankleben. Ab dann wurde das Anfügen neuer Blätter zu einer rituellen Handlung am Neujahrstag. Schließlich glichen die aneinandergeklebten Blätter einer Ziehharmonika. Heute habe ich sie in Glas gerahmt und kann daran die Entwicklungsgeschichte der IDS verfolgen wie ein erwachsener Mensch sein Körperwachstum an den während der Kindheit an den Geburtstagen am Türrahmen angebrachten Kerben der Körpergröße.

Bei den „Dotcom"-Unternehmen stehen im Augenblick betriebswirtschaftliche Kennzahlen sozusagen auf dem Kopf. Unternehmen werden nach dem Wachstum ihrer Kundenkontakte, ihres Umsatzes und ihrer Marktausweitung beurteilt, nicht aber nach betriebswirtschaftlichen Kennzahlen wie Gewinn und EBIT. Diese Entwicklung kann aber nur von kurzer Dauer sein und wird schon schnell wieder von der betriebswirtschaftlichen Realität eingeholt werden. Es ist zum Teil den „Dotcom"-Gründern bereits anzusehen, wie sie Abschied von ihrem elitären Selbstbewusstsein nehmen und in eine bescheidenere und realistischere Rolle hineinwachsen.

Pressearbeit muss gelernt sein

Der Bekanntheitsgrad eines jungen Unternehmens lässt sich durch eine gezielte Pressearbeit wesentlich steigern. Natürlich kann ein Unternehmen Anzeigen in Fachzeitschriften schalten, allerdings sind diese Maßnahmen sehr teuer und ihr Erfolg unsicher. Viel besser ist es deshalb, das Image durch Beiträge in Fachzeitschriften aufzubauen und zu verbreiten. In der Regel sind Fachzeitschriften gerne bereit, Artikel, die nicht werblich ausgerichtet sind, zu aktuellen Themen zu akzeptieren. Dies bedeutet, dass das Topmanagement bei solchen Themengebieten, in denen das Unternehmen fachlich führend ist, bestrebt sein muss, Vorträge auf Tagungen und Seminaren anzubieten und diese zu entsprechenden Fachartikeln auszuarbeiten.

Um die Artikel schnell und richtig platzieren zu können, ist dazu der Kontakt zu den Redaktionen und Redakteuren herzustellen. Ein vereinbarter Redaktionsbesuch, um das Unternehmen mit seinen Themengebieten vorzustellen, kann ein wertvoller Einstiegspunkt in eine länger andauernde Zusammenarbeit sein. Selbstverständlich sind auch hier Rückschläge hinzunehmen. Wichtig ist nur, dass das Ergebnis stimmt. Abgelehnte Beiträge oder abgelehnte und verschobene Pressetermine sollten nicht entmutigen. Häufig dauert es eine längere Zeit, bis aus einem ersten Kontakt ein Interviewwunsch oder die Anfrage nach einem Artikel resultieren.

Meines Erachtens wird eine offene Informationspolitik von Journalisten honoriert. Wenn man ständig misstrauisch darüber nachdenkt, ob ein Journalist eine Neuigkeit vielleicht zu frühzeitig veröffentlichen wird und man deswegen die restriktive Haltung in einem Interview von vornherein betont, wird er das Interesse verlieren. Andererseits will der Journalist auch seine Informationsquelle weiter nutzen und sie nicht verärgern. Deshalb wird er den Wunsch, eine aktuelle Neuigkeit nicht vorzeitig zu veröffentlichen, in der Regel respektieren. Es wird dann sozusagen „off the record" gesprochen.

Finden sich tatsächlich in einem Artikel falsche oder unfreundliche Darstellungen, sollte man es sich sehr genau überlegen, diese massiv zu dementieren. Der Journalist fühlt sich angegriffen, wenn man ihn auf Fehler hinweist, und dies wird sicher seine Bereitschaft, den Gesprächspartner wieder zu suchen, reduzieren. Es gilt eben auch hier: Man muss die Gesamtwirkung beachten. Ist die grundsätzliche Richtung der Veröffentlichungspolitik positiv, so können kleine Ausrutscher oder Missverständnisse nicht schaden.

Geradezu ein Glücksfall ist es natürlich, wenn man Journalisten für die eigene Vision begeistern kann und sie sozusagen Anteil an den Ideen und am Wachstum des Unternehmens nehmen. Dann werden sie dies auch in ihrer Berichterstattung durchscheinen lassen.

Die gegenwärtige Aufgeschlossenheit der Presse gegenüber Start-up- und High-Tech-Unternehmen ist ungemein hoch. Bei einer kurzen Durchsicht des Wirtschaftsteils von Zeitungen kann man sich davon überzeugen, dass der Anteil der Berichterstattung über junge Unternehmen gegenüber den etablierten Großunternehmen wesentlich gestiegen ist. Da es für junge Unternehmen zu teuer ist, spezielle Mitarbeiter für die Pressearbeit einzustellen, liegt die Pressearbeit in den Händen der Unternehmensleitung. Dies ist aber auch eine Chance, weil Journalisten damit ihre Wichtigkeit bestätigt bekommen. Sie sind es gewohnt, auch bei Großunternehmen Kontakt zur Topmanagement-Ebene zu haben und nicht vorwiegend von Pressereferenten betreut zu werden.

Durch die enge Zusammenarbeit mit Journalisten und Presseagenturen, insbesondere Heidrun Haug in Tübingen, war die Pressearbeit der IDS von Anfang an professionell. Dies zahlte sich später bei der positiven und umfassenden Berichterstattung zum Börsengang sehr aus.

Durch Blut waten können

Zeigt sich bei der Unternehmensentwicklung, dass einzelne Gründer die eingeschlagene Entwicklung nicht mitmachen wollen oder können, so muss man sich von ihnen trennen. Es ist schwer, einen Unternehmensgründer in einer untergeordneten Mitarbeiterposition zu halten, weil dies mit seinem Status als Gesellschafter kollidiert. Folglich gibt es nur zwei Alternativen: Entweder die Gründer wachsen mit dem Unternehmen auch in ihrer Persönlichkeit, oder sie müssen das Unternehmen verlassen.

Gründe für das Zurückbleiben der Persönlichkeit eines Gesellschafters gibt es genügend: Es kann einmal die fehlende inhaltliche Weiterentwicklung sein – dann hat man sich in der fachlichen Kapazität des Gründers geirrt. Es können Defizite im Engagement und Ehrgeiz sein, die zu einem unausgewogenen Arbeitseinsatz zwischen den Gründern führen, oder der Gesellschafter hat mehrfach seine Planziele gröblich verfehlt.

Als ich zum ersten Mal den Satz hörte: „Wenn Du Dein Unternehmen erfolgreich weiterwachsen lassen willst, dann ist es normal, dass Du durch Blut waten musst", ahnte ich, was auf mich zu kommen würde.

Ein Trennungsgespräch mit einem Mitgründer ist alles andere als angenehm. Wichtig ist, dass in den Gesellschafterverträgen für das Ausscheiden von Mitgesellschaftern feste Regelungen getroffen werden, so dass kein Streit über den Wert der zurückgegebenen Anteile auftreten kann. Sind dagegen derartige Regelungen nicht vorgesehen und hat das Unternehmen bereits erheblich an Wert gewonnen, so kann die Auszahlung eines Gesellschafters das Unternehmen in große Liquiditätsprobleme führen.

Die schwierige Situation eines Trennungsgesprächs ist einfacher, wenn der Gründer, von dem die Initiative ausgeht, eine deutliche Mehrheit der Geschäftsanteile besitzt. Bei einer Unternehmensgründung unter anteilsmäßig Gleichgestellten muss sich dagegen eine Gruppe der Gründer erst einmal in dem Entschluss zusammenfinden und dann quasi eine Verschwörung anzetteln.

Die ersten Kündigungen schmerzen

Als zum ersten Mal ein Mitarbeiter der IDS kündigte, empfand ich dies als eine persönliche Beleidigung. Ich konnte mir gar nicht vorstellen, dass jemand unser Unternehmen verlassen wollte, wo wir doch an der völligen Erneuerung von Unternehmensstrukturen arbeiteten. Dies hohe Ziel und damit die Gemeinschaft der Wissenden zu verlassen, grenzte für mich an Verrat.

Dabei gibt es natürlich gerade bei jungen Menschen vielfältige persönliche Gründe für einen Unternehmenswechsel, die nichts mit dem Zufriedenheitsgrad mit der gegenwärtigen Beschäftigung zu tun haben. Typisch sind Umzüge zu einer entfernt wohnenden Freundin oder einem Freund und der Wunsch nach Aufnahme einer Auslandstätigkeit. Trotzdem erinnere ich mich an die erste Kündigung noch heute. Dies kennzeichnet die starke Konzentration der Gedankenwelt und des Wertgefühls auf das eigene Unternehmen.

Solche Vorgänge wirken aber nur beim ersten Mal schockierend, später werden sie trotz allen Bedauerns über den Weggang einzelner wichtiger Mitarbeiter doch mehr zu einem statistisch kalkulierbaren Ereignis. Kündigungen von Mitarbeitern werden in einer Fluktuationsrate statistisch verfolgt und nur dann, wenn diese Fluktuationsrate sich oberhalb des Branchendurchschnitts bewegt, besteht Anlass zu einer echten Besorgnis über die Kündigungsentwicklung.

Genauso wie die erste Kündigung von einem Mitarbeiter ein einschneidendes Ereignis ist, ist es auch die erforderliche Kündigung eines Mitarbeiters aus Sicht des Unternehmens. Ein solcher Schritt fällt den Vorgesetzten, die ihn zum ersten Mal gehen müssen, sehr schwer. Deshalb werden diese Entscheidungen häufig hinausgezögert. Man überlegt noch einmal hin und her, wie man dem Mitarbeiter eine neue Chance geben könnte, indem zum Beispiel sein Verantwortungsfeld neu definiert wird, aber im Endeffekt weiß man doch bereits sehr früh, dass alle diese Versuche zum Scheitern verurteilt sind.

Es hat gar keinen Zweck, bei einem Kündigungsgespräch auf die Fehler des Mitarbeiters einzugehen – hier werden nur unnötige Wunden zugefügt. Am günstigsten ist es, sich in freundschaftlicher Weise von dem Mitarbeiter zu trennen, so dass er hinterher ein positiver Botschafter für das Unternehmen bleibt. Das Interesse dazu ist von seiner Seite aus vorhanden, da er ja schließlich eine Zeit lang in dem Unternehmen verbracht hat und seine Arbeit auch mit einem Erfolg verbinden möchte.

Sehr gut eignet sich der einprägsame Spruch: „Du bist gut, wir sind gut – nur passen wir leider nicht zusammen." Hiermit wird keinerlei schmutzige Wäsche gewaschen und beide Parteien können sich auf die finanzielle und administrative Abwicklung in freundlicher Atmosphäre konzentrieren.

Verläuft eine Kündigung durch das Unternehmen nicht so friedlich, sondern führt sie zu einem Arbeitsprozess, so kann auch dieses erste Ereignis seine Spuren hinterlassen. Jedenfalls erinnere ich mich noch sehr gut an unseren ersten Fall, bei dem Alexander Pocsay zum Arbeitsgericht bestellt wurde und er von diesem Termin völlig entnervt zurückkehrte, da alle die Dinge, die er dem Mitarbeiter beim Kündigungsgespräch in positiver Form gesagt hatte, um ihn für seinen weiteren Lebensweg nicht zu entmutigen, ihm nun plötzlich als Argumente für die Unberechtigung der Kündigung entgegengehalten wurden. Aber auch diese Situationen muss man durchstehen, und sie werden bei nachfolgenden Fällen bereits durch freiwillige Vereinbarungen vermieden.

Vor Innovatoren wird gewarnt

Obwohl die Start-up-Company durch eine Innovation erfolgreich wurde und auch weiterer Ideen bedarf, sind zu viele Innovatoren auch von Übel. Schließlich kommt es nicht nur darauf an, neue Ideen zu produzieren, sondern sie müssen auch verwirklicht werden. Die Unternehmensleitung muss deswegen darauf achten, dass diejenigen, die eine neue Idee präsentieren, auch für deren Verwirklichung gerade stehen.

Die Innovatoren müssen deshalb nicht nur den Neuigkeitsgrad der Idee begründen, sondern auch genaue Angaben über den erforderlichen Entwicklungsaufwand und die Einführungszeiten machen können. Auch ist der Nutzen der Idee gegenüber der bereits bekannten Technologie sorgfältig darzustellen. Schwierig ist die Kontrolle von Innovationen, wenn sie lediglich in eine Teilkomponente eines Produktes eingehen. Hierdurch verändert sich meist nicht grundlegend der Markterfolg, sondern es wird lediglich eine neue technische Plattform ausprobiert. Hier können die ehrgeizigen Pläne von Software Engineers ein Unternehmen leicht in Gefahr bringen. Wenn die empfohlene Technologie zwar den elegantesten und zukunftsweisenden Weg verspricht, aber noch nicht hinreichend erprobt ist, so kann ihre Instabilität später das gesamte Produkt gefährden. Es nützt auch nichts, wenn der Promoter später nach einem Misserfolg das Unternehmen verlässt, er hinterlässt auf jeden Fall den Scherbenhaufen, den dann andere aufräumen müssen.

Das Topmanagement muss deshalb trotz aller neuen Aufgaben so viel technisches Verständnis und insbesondere so viel Risikobewusstsein für technische Entwicklungen bewahren, dass es solchen Gefahren entgehen kann.

Wachstumsfreuden

Aber nicht nur schwierige Ereignisse treten in Phase II auf, sondern auch viele schöne Erlebnisse. Mit dem Wachstum des Unternehmens steigt sein geografischer Aktionsradius. Hiermit sind interessante Reisetätigkeiten verbunden, und es wird ein neuer Lebensstil mit mehr Großzügigkeit erfahren. Leihwagen einer Größenklasse, die über die des eigenen Privatautos hinausgeht, werden zum selbstverständlichen Transportmittel.

Hotels werden einer dem Business entsprechenden Kategorie ausgesucht, kurz: Das Lebensgefühl wächst gegenüber dem früheren Studentenstatus in eine höhere Luxusklasse. Die Frage, ob eine Reise per Flugzeug unternommen wird, wird nicht nach den Kosten entschieden, sondern nach dem Terminkalender.

Der erste Umzug von der anfänglichen provisorischen Unterkunft des Unternehmens in ein großzügigeres Büro bahnt sich an. Eine neue technische Infrastruktur zeigt den qualitativen Unterschied zur Gründungsphase.

Mit dem Wachstum des Unternehmens wächst auch die Auftragsgröße und die Größe der Geschäftspartner. Akquisitionspräsentationen werden vor hochrangigen Gremien gehalten; der Zugang zu edlen Vorstandsetagen macht auch die eigene Bedeutung bewusst. Es ist ein stolzes Gefühl, gegen namhafte Konkurrenten bei einem renommierten Kunden ein Großprojekt akquiriert zu haben.

Auf die private finanzielle Sphäre schlägt der Unternehmenserfolg für die Gesellschafter nicht durch. Sie verdienen zwar ein branchenübliches Gehalt, Gewinnanteile werden aber nicht ausgeschüttet, sondern verbleiben im Unternehmen und werden den Gesellschafterkonten gutgeschrieben. Diese Gesellschafterkonten werden frühestens beim Börsengang oder bei Aufnahme neuer Gesellschafter in die Privatsphäre übertragen.

Das Unternehmen kann sein Wachstum bei Messeauftritten demonstrieren; die Ausstellungsstände werden von Jahr zu Jahr größer und mit stolzgeschwellter Brust präsentiert.

Das Unternehmen erfährt aufgrund seines Wachstums öffentliche Aufmerksamkeit, und die Presse beginnt über Erfolgsmeldungen zu berichten. Das alles sind Erfolgsindikatoren, die für die Unternehmensgründer wichtiger sind als finanzielle Aspekte.

Auch die Politik interessiert sich. Bei den üblichen Messerundgängen wird der Erfolg des Unternehmens von der politischen Prominenz wohlwollend wahrgenommen. Gleichzeitig können auch Förderungsmöglichkeiten für die Schaffung von Arbeitsplätzen in Anspruch genommen werden. Hieran sollte man allerdings keine zu großen Erwartungen hegen, denn es gibt festgelegte Regelungen, die häufig in bürokratisch aufwendigen Verfahren beantragt werden müssen. Was nützt es dem Unternehmen, wenn es eine Förderung benötigt, diese aber erst zwei Jahre nach der Antragstellung gewährt wird? In der Regel ist dann die Hilfe für den Antragsfall nicht mehr notwendig, auch wenn sie natürlich trotzdem gerne für neue Investitionen entgegengenommen wird.

Insgesamt ist die Phase II die Zeit des Erwachsenwerdens. Die anfänglichen romantischen Vorstellungen einer Unternehmensgründung werden durch die Realität sowohl positiv als auch negativ verändert. Die Unternehmensleitung erfährt, dass ein Unternehmen keine Maschine zum Geldverdienen ist, sondern dass vielfältige menschliche Probleme und Härtesituationen durchzustehen sind. Der Stress fordert seinen Tribut, Diskussionen mit Lebenspartnern müssen Freiräume für die unternehmerische Betätigung schaffen. Wird diese Phase aber erfolgreich durchlaufen, blitzen zum ersten Mal Gedanken an einen Börsengang auf.

Phase III: Bis 100 Mio. DM Umsatz

Beim Wachstum des Unternehmens von 10 auf 100 Millionen DM Umsatz steigt die Mitarbeiterzahl von 40-50 auf 400-500. Diese Phase wird immer mehr zur Phase des Managements. Das Management muss zeigen, dass es sich aus der anfänglichen projektbezogenen Arbeit zur systematischen Planung und Steuerung des Ressourceneinsatzes und der Produktfelder wandeln kann. Die noch stark emotional geprägten Erlebnisse der ersten Zeit werden immer mehr durch kühle Analysen und Entscheidungen ersetzt. Die Erfolgserlebnisse des Einwerbens eines neuen Projektes oder der Produktionsstart eines Systems bei einem Kunden werden fast nur noch statistisch registriert.

Das Management wird stattdessen immer stärker mit Negativmeldungen beschäftigt. Kundenreklamationen, Zeitüberschreitung bei Entwicklungsprojekten, Kostenprobleme, unerwartete Kündigungen gehören zum Tagesgeschäft. Ich habe es spaßeshalber mit der Beschäftigung bei der Müllabfuhr verglichen: Die negativen Geschehnisse werden nach oben gespült und müssen von der Unternehmensleitung beseitigt werden, die reibungslos laufenden Tätigkeiten benötigen dagegen ihr Eingreifen nicht.

Vom Unternehmensgründer zum Profi-Manager

Die Metamorphose vom idealistischen Unternehmensgründer zum professionellen Topmanager geschieht natürlich nicht von alleine. Die schwerste Herausforderung ist das Loslassen. Genauso, wie man als Eltern akzeptieren muss, dass ein Kind erwachsen wird und sich der elterlichen Fürsorge und damit auch Bevormundung entzieht, um seinen eigenen Weg zu gehen, müssen die Gründer es auch mit dem Unternehmen halten. Dies bedeutet, dass der Topmanager nicht mehr glauben darf, in jedes Projekt hineinreden zu können und über jede Einzelheit eines Projektes informiert sein zu müssen. Ist sein Schreibtisch überladen, so bedeutet dies, dass er ständig noch mit einzelnen Vorgängen zu tun hat, ja sie praktisch an sich zieht und sie dann letztendlich doch nicht durchführen kann. Damit verzögert er nicht nur Entscheidungen und Abläufe, sondern er demotiviert auch die nachgeordnete Managementebene. Wenn diese bereits sorgfältige Arbeit geleistet hat und immer damit rechnen muss, dass von oben in ihre Entscheidungen hineinregiert wird, wird sie sich beim nächsten Mal weniger Mühe geben, da ihre Arbeit ja ohnehin nicht richtig anerkannt wird.

Die zweite wichtige Aufgabe bei der Weiterentwicklung ist die Konzentration des Topmanagers auf die für ihn wichtigen Tätigkeiten. Es ist eine gute Übung, einmal systematisch den Terminkalender durchzugehen und bei jeder einzelnen Eintragung zu fragen, ob der Termin wirklich selbst wahrgenommen werden muss oder ob er nicht auch genauso gut von einem Mitarbeiter ausgeführt werden kann. Ich habe jedenfalls erlebt, dass allein dieser einfache Test wahre Wunder dabei vollbringt, eine Fehlleitung von Zeit und Kapazitäten offenzulegen.

Was sind denn nun die wesentlichen Aufgaben des Topmanagers? An erster Stelle steht die Akquisition und Beurteilung neuer Mitarbeiter. Im High-Tech-Umfeld ist die Qualität der Mitarbeiter der wichtigste Erfolgsfaktor. Gute Menschenkenntnisse und Erfahrungen bei Einstellungsinterviews verhindern Fehlentscheidungen. Das Topmanagement muss deshalb die Personalgespräche selbst führen. Es ist natürlich nicht einfach, in kurzer Zeit, etwa im Verlauf von zwei Stunden, die fachliche und persönliche Eignung eines Menschen zu erfassen. Zur Interviewtechnik gibt es zwar umfangreiche Literatur und Beratungsunterstützung, häufig helfen aber auch einfache Hinweise. Wichtig ist es zum Beispiel, die Gründe für den Wechsel eines Bewerbers zu erfahren oder auch die Motivation, sich gerade auf die anstehende Position zu bewerben. Bei Führungspersönlichkeiten ist auch die Frage nach der Wirkung in der vorhergehenden Position interessant. Die Frage, welche Spuren der Bewerber in seiner vorhergehenden Position hinterlassen hat, kann Sprachlosigkeit, aber auch interessante konzeptionelle Ideen offenbaren.

Es gibt naturbegabte Manager, deren Charisma es leicht macht, Mitarbeiter zu begeistern und für die Ziele des Unternehmens zu gewinnen. Personalführung lässt sich aber auch lernen. Die Motivation von Mitarbeitern durch Anerkennung, Eingehen auf persönliche Probleme und planmäßige Verfolgung ihrer Karrierewege ist unabdingbar. Ein Personalgespräch muss absolute Priorität haben; Störungen durch Telefonanrufe und Ähnliches sind tödlich. Der Mitarbeiter bereitet sich schließlich auf das Gespräch vor, hat auch Ängste oder besondere Erwartungen, kurz: Er ist emotional aktiviert. Wird diese Stimmung durch ein angeblich wichtiges Telefongespräch abrupt unterbrochen, empfindet er dies als eine Missachtung seiner Persönlichkeit.

Die Erlebnisse des Topmanagers bei Einstellungen und Karrieregesprächen ersetzen den Verlust an Personenkontakten in der konkreten Projektarbeit. Hier dominiert immer mehr das Zahlendenken. Projekte müssen zeitlich und kostenorientiert gesteuert werden. Eine bereits frühzeitig eingetretene Zeitüberschreitung kann später kaum noch aufgeholt werden.

Den monatlichen Zahlen über geleistete fakturierbare Leistungstage und Produktumsätze muss entgegengefiebert werden. Dieses Denken darf aber nicht nur das Topmanagement beherrschen, sondern muss auf die nachgeordneten Managementebenen der Bereichs- und Projektleitung übertragen werden.

Wenn auch die konkrete Projektarbeit für das Topmanagement in den Hintergrund rückt, so ist der Kundenkontakt weiterhin eine wichtige Aufgabe. Dieser bezieht sich aber im Wesentlichen auf die Mitarbeit in Steeringkomitees, um bei entscheidenden Projektsitzungen eine fast neutrale Funktion gegenüber dem Projektteam einzunehmen. Der Kunde möchte einen hierarchisch adäquaten Gesprächspartner haben, um in kritischen Situationen den Entscheider über Ressourceneinsatz, konzeptionelle Änderungen sowie Preisprobleme am Tisch zu haben.

Ich habe erlebt, dass mich Vorstände von großen Unternehmen am Samstagabend oder bereits morgens um 6.30 Uhr zu Projektbesprechungen zitiert haben. Dies ist ohne Murren als Spielregel hinzunehmen, schließlich ist der Vorstand des Kunden selbst bereit, einen solchen Termin wahrzunehmen. Er kennzeichnet damit die Bedeutung der Situation und selbstverständlich hat dies dann der „Lieferant" zu akzeptieren.

Bei solchen Gesprächen werden in der Regel die Rollen von Kunde und Lieferant nicht ausgespielt. Es geht vielmehr darum, gemeinsam ein Problem zu lösen. Dass jeder zum Schluss, wenn die fachliche Lösung gefunden wurde, bei der Diskussion der wirtschaftlichen Fragestellungen Federn lassen muss, ist von vornherein klar. Dies darf aber die Gesprächsatmosphäre bei der fachlichen Diskussion nicht beeinflussen. Ansonsten wären die Partner von Anfang an auf die Sicherung der besten Ausgangsposition für die kaufmännischen Verhandlungen konzentriert und würden die fachlichen Lösungsalternativen vernachlässigen.

Diese Ausführungen sollen nicht den Charakter des Buches verändern und es zu einem Managementleitfaden werden lassen. Sie sollen lediglich zeigen, welche neuen Probleme und Verhaltensweisen für ein anfängliches Start-up-Unternehmen auftreten und welche Anforderungen an Fingerspitzengefühl gegenüber Mitarbeitern und Kunden hinzukommen.

Bei der High-Tech-Industrie sind auch Vorstände von etablierten Großunternehmen bereit, junge Topmanager mittlerer Unternehmen als adäquate Gesprächspartner zu akzeptieren, wenn sie das entsprechende fachliche und persönliche Format besitzen. Diesen Anforderungen muss der Manager mit einem entsprechenden Auftreten gerecht werden. Es betrifft auch Benehmen und Kleidung. Gewisse Grundkenntnisse der Ess- und Trinkkultur sind unerlässlich. Das Tragen von Freizeitkleidung in Business-Situationen mag für junge Leute vor zehn Jahren noch interessant gewesen sein, heute sind dagegen die Yuppies in ihrem gedeckten Zweireiher Dressman-gerecht gekleidet wie ein Bundeskanzler oder Außenminister.

Aus der Anfangszeit der IDS erinnere ich mich an zwei Mitarbeiter, die gemeinsam nur *einen einzigen* professionellen Anzug besaßen und deshalb nie am gleichen Tag zu Präsentationen antreten konnten. Auch sind wir einmal während eines wichtigen Anfangsprojekts als sechsköpfiges Team zu einem Projektstart nach München geflogen; an das Erscheinungsbild der in Zottelmänteln, Jeans und Pullovern quasi als „Polonaise Blankenese" auftretenden Mitarbeiter erinnere ich mich noch heute nur ungern.

Manager in aufstrebenden Unternehmen sollten sich nicht scheuen, die hier nur angetippten Anforderungen gezielt zu erarbeiten. Hierzu können Managementseminare besucht werden, die mit Persönlichkeitstraining und Schulungen in der Mitarbeiterführung verbunden sind. Wir haben jedenfalls mit solchen Seminaren, die wir gezielt für das gehobene Management durchgeführt haben, gute Erfahrungen gemacht.

Auch Coaching hat sich bei uns bewährt. Coaching bedeutet, dass externe erfahrene (ehemalige) Manager den eigenen leitenden Managern zur Diskussion von Entscheidungsproblemen oder Verhandlungssituationen zur Verfügung stehen. Auch die kritische Nachbereitung von solchen Sitzungen ist lehrreich. Die eigenen Manager können somit von den Erfahrungen des Coachs profitieren. Für die IDS-Manager hat Friedhelm Flachmeyer, ehemaliger Geschäftsführer der Unternehmensberatung KPMG, erfolgreich als Coach gearbeitet. In der Anfangsphase der IDS waren für mich Hans Heitele, ehemaliger Manager der Nixdorf Computer AG und später Wilhelm Heinrich Kister, ehemaliger Vorsitzender der Geschäftsführung von DEC, hilfreiche Coaches.

Noch mehr Organisationsstruktur

Das Mitarbeiterwachstum in Richtung zwei- bis dreihundert Mitarbeiter erfordert eine strengere Strukturierung des Unternehmens. Während in der Phase I lediglich die Hierarchiestufen der Geschäftsleitung, der Projektleiter und der Projektmitarbeiter erforderlich waren, muss nun das Unternehmen tiefer gegliedert werden. Dies ist einerseits erforderlich, um Mitarbeitern erweiterte Karrieremöglichkeiten zu verschaffen, andererseits, um die Komplexität des Unternehmens beherrschbar zu machen.

Die Einführung von zusätzlichen Hierarchiestufen muss bei High-Tech-Unternehmen allerdings genau überlegt werden. Eine tiefere Organisationsstruktur unterstützt Mitarbeiterinteressen, sie kann aber auch demotivierend wirken. Gerade flache Unternehmensstrukturen geben dem einzelnen Mitarbeiter das Gefühl einer größeren Entscheidungsfreiheit. Dies darf auf keinen Fall verloren gehen. Die Einführung von Strukturen schafft dagegen klarere Verantwortungsbereiche, die durch Vorgabe- und Ergebniszahlen zu steuern sind.

Organisieren heißt immer strukturieren, und strukturieren heißt Komplexität reduzieren.

Die Bearbeitung einer komplexen Aufgabe, zum Beispiel das Schreiben eines Buches, einer Dissertation, einer Seminararbeit oder eines Projektberichtes wird deshalb auch nie ohne eine vorhergehende Gliederung, also Strukturierung, angegangen. Erst dann, wenn man ein komplexes Problem in kleinere Einheiten gegliedert hat, lassen sich diese leichter übersehen, und das Problem ist insgesamt lösbar. Diesem Prinzip folgt auch die Gliederung von Unternehmen.

Die nun zu überlegenden Maßnahmen verändern das Unternehmen nachhaltig. Sie sind deshalb auch nicht mit routinemäßigen Reorganisationen vergleichbar, wie sie häufig bei Großunternehmen jeweils am Jahresende durchgeführt werden. Hier gehen viele Mitarbeiter rechtzeitig in Deckung, um ja nicht negativ aufzufallen. Es ist eine Reorganisation nach dem Bild eines Krähenschwarms, der sich auf einem Baum niedergelassen hat, dann durch das Händeklatschen eines Passanten aufgeschreckt wird und hochfliegt, um anschließend den Baum wieder zu besetzen. Von außen sieht der Baum genauso aus wie vorher: Zwar sitzt nicht jede Krähe wieder an ihrem ursprünglichen Platz, aber im Prinzip hat sich nichts geändert.

Bei unserer Überlegung gilt es dagegen, Voraussetzungen für den nächsten Wachstumsschub zu schaffen. Wichtige organisatorische Gliederungskriterien sind die Verantwortlichkeiten für Auslandsmärkte, Partner, Großkunden, Branchen und unterschiedliche Leistungsfelder. Diese Organisationskriterien stehen nicht nebeneinander, sondern durchdringen sich. Dies ist der Grund dafür, dass es unendlich viele Möglichkeiten gibt, ein Unternehmen zu strukturieren.

Deshalb sind Organisationsdiskussionen jederzeit leicht vom Zaun zu brechen und beliebig lange durch Pro- und Contra-Argumente zu füttern. Es gibt auch keine optimale Organisation, sondern nur eine zweckmäßige. Ändert sich der Zweck, zum Beispiel durch eine neue Unternehmensstrategie, ändern sich auch die Anforderungen an die Unternehmensstruktur.

Sträflich wirkt sich eine personenbezogene Organisation aus. Das heißt, dass nicht Organisationskriterien die Überlegungen bestimmen, sondern Personeninteressen. Beispielsweise möchte man einen Mitarbeiter, der seiner Aufgabe nicht gewachsen ist, schonen und erfindet für ihn eine gleichwertige Alibifunktion. Dies wird ihn aber trotzdem frustrieren und leistungsstärkere Mitarbeiter verärgern.

Obwohl derartige Ratschläge altbekannt sind, wird es nicht gelingen, ihnen immer zu folgen. Man muss sich aber der möglichen Konsequenzen und auch der erforderlichen Korrekturmöglichkeiten bewusst sein.

Zahlen, Zahlen, Zahlen

Der anfängliche Fachbezug des Unternehmers und die interessante Personenbezogenheit werden immer mehr durch Zahlen dominiert. Diese müssen möglichst aktuell und vollständig bereitgestellt werden. Projektleiter, die ihre fachliche Aufgabe im Vordergrund sehen, werden die Meldung der eingesetzten Ressourcen und Leistungstage anfänglich nur widerwillig zeitgerecht melden. Deshalb muss die Notwendigkeit der wirtschaftlichen Kontrolle des Unternehmens in überzeugenden Gesprächen jeder einzelnen Führungsperson bis hinunter zum Projektmitarbeiter vermittelt werden.

Im Grunde gibt es zwei Arten von Managern: Die eine Gruppe erfüllt ihre Zahlen nahezu geräuschlos und die andere produziert aufwendige Erklärungen für negative Abweichungen.

Wir verwendeten von der Gründung der IDS an ein Projektsteuerungssystem (sinnigerweise PROST genannt), das Ressourceneinsatz, Leistungstage und damit auch die Auslastung der Ressourcen monatlich erfasste. Zunächst waren diese Ergebnisse in der zweiten Woche eines Monats für den jeweiligen Vormonat verfügbar.

Heute gelingt es uns, am ersten Arbeitstag eines neuen Monats die wesentlichen Leistungsdaten des abgelaufenen Monats verfügbar zu haben. Bis dorthin war es aber ein langer Weg. Es ist bezeichnend, dass Tochterunternehmen, die sich noch in der Entwicklungsphase I oder II befinden, die Bummelanten bei der Rückmeldung sind, während das viel größere Kernunternehmen die Zahlen am schnellsten liefert; hier hat sich eben deren Notwendigkeit mittlerweile überzeugend durchgesetzt.

Bewunderer, Gegner, Neider

Erfolgreich wachsende Unternehmen sind „in". Sie werden vom Bundespräsidenten über Bankenorganisationen bis hin zu Unternehmensverbänden für ihre Wachstumsgeschwindigkeit ausgezeichnet und öffentlich vorgestellt. Dies ist für die Unternehmen ein willkommener und kostenloser Schub zur Steigerung des Bekanntheitsgrades. Die IDS und auch die imc sind jeweils vom Bundespräsidenten für ihr schnelles Wachstum ausgezeichnet worden.

Aber auch persönliche „Bewunderer" gibt es. Sie helfen, manche Wunden des beschwerlichen Tagesgeschäftes zu überdecken. Ich habe mich jedenfalls stets über einführende Worte bei Vorträgen gefreut, in denen auf meine unternehmerische Leistung positiv hingewiesen wurde. Dies gilt besonders, wenn sie aus dem Kreis meiner Hochschulkollegen auf wissenschaftlichen Veranstaltungen kamen.

Mit wachsender Größe wird ein Unternehmen natürlich auch immer mehr als Konkurrent erkannt. Großunternehmen des gleichen Marktes haben vielleicht anfangs das Start-up-Unternehmen freundlich und sogar schulterklopfend wahrgenommen, dies ändert sich aber, sobald sie gegen das Unternehmen eine Projektakquisition verloren haben. Nun muss in Kauf genommen werden, dass Konkurrenten auf die noch vergleichsweise geringe Unternehmensgröße mit Bemerkungen wie „instabil" oder „wenig erfahren" gnadenlos hinweisen. Auch Verdrehungen bis hin zu Verleumdungen sind möglich. Dies ist aber nun einmal Teil des Spiels und muss ohne größere Empörung akzeptiert werden.

Bei mir kam hinzu, dass natürlich die Verbindung der IDS zu meinem Forschungsinstitut von der Konkurrenz kritisch betrachtet wurde. Dies führte zum Beispiel dazu, dass von einem saarländischen Konkurrenten Briefe an die Industrie- und Handelskammer, den Wissenschaftsminister des Saarlandes und den Bundesforschungsminister geschrieben wurden, um auf angebliche Interessenverquickungen zwischen meinen Tätigkeiten hinzuweisen. Gott sei Dank haben sich jeweils die Vertreter der Industrie- und Handelskammer und auch des saarländischen Wissenschaftsministeriums hiervon nicht beeinflussen lassen und sich zu meiner unternehmerischen Weiterentwicklung von Forschungsinhalten bekannt. Mir selbst sind aber diese persönlich geführten Angriffe durchaus nahegegangen und haben mir unruhige Nächte verursacht.

Ärgerlich, wenn auch nicht ohne Komik, war ein 1993 von einem Josef Reindl verfasster Beitrag in den „Saarbrücker Heften", einem kritischen Intellektuellenblatt, das sich aber nicht scheut, öffentliche Subventionen, zum Beispiel von der Stadt Saarbrücken, entgegenzunehmen. Mitherausgeber und Mitglied der Redaktion der Zeitschrift war auch ein Saarbrücker Professor der Informatik.

Unter dem originellen Titel

„CIMCIPZIPCADCAMCIDAMJIT"

erschien ein mehrseitiges Pamphlet gegen die Technologietransferleistungen der angewandten Forschungsinstitute im Saarland mit besonderer Zielrichtung gegen mich. Die Technologiepolitik habe „der hiesigen Wirtschaft nicht nur nicht genützt, sondern eher geschadet". Computergestützte Systeme werden als „Folterwerkzeuge" bezeichnet, der ganze Artikel wimmelt von Ausdrücken wie „Bornierung", „Schiffbruch" oder „Dromologen" (Dromologie ist laut Lexikon die Theorie der Geschwindigkeit und Beschleunigung). Einen Eindruck verschafft folgender Auszug:

> *„Statt nun die Aggression gegen den CIM-Professor zu richten, dessen Computerarchitektur offensichtlich Schrott ist bzw. nur in einer klinischen, von allen Widrigkeiten des Lebens gereinigten Laboratmosphäre funktioniert, zweifeln die betrieblichen Planer und Ingenieure an ihrer Intelligenz und ihrem Auffassungsvermögen und greifen in ihrer Not zum Telefonhörer oder zum Fax-Gerät. Und siehe da: Der Herr Professor aus Saarbrücken, der inzwischen auch eine eigene Firma hat (der erfolgreichste 'Spin-off' des Saarlandes), hat wiederum einen neuen Auftrag."*

Wenn die Auftragsakquisition doch nur so einfach wäre!

Spin-offs: Verrat!

Wenn man auch die eigene Unternehmensgründung positiv sieht, ist man trotzdem im ersten Moment erstaunt, geschockt oder sogar empört, wenn Mitarbeiter auf die gleiche Idee kommen. Schließlich haben sie doch ihre Ausbildung in dem eigenen Unternehmen erfahren und sollen das Erlernte zum Nutzen dieses Unternehmens einsetzen. Dass sie nun aber abspringen, womöglich noch mit einem gesamten Projektteam, um das Erlernte in ihrem eigenen Unternehmen umzusetzen, war eben nicht geplant. Trotzdem kann man ihnen diesen Schritt nicht verwehren. Gerade wenn als Einstellungskriterium unternehmerische Fähigkeiten gefordert werden, darf man sich nicht wundern, wenn Mitarbeiter diese nun auch durch eine Unternehmensgründung umsetzen wollen. Allerdings erleben sie natürlich auch in der täglichen Arbeit, dass die Akquisition von Projekten keine leichte Sache ist und ihnen deswegen auch ein steiniger Weg bevorsteht.

Unfair empfinde ich es, wenn die neuen Gründer ihr Projektteam abwerben und darüber hinaus auch ein bestehendes Kundenprojekt als Anfangsstart des Unternehmens benutzen. Schließlich hat das Stammunternehmen die Akquisitionskosten getragen und der Spaltpilz setzt sich sozusagen in das gemachte Nest. Besonders weh tut es dann, wenn der Kunde bereits über längere Zeit mit den „Abtrünnigen" gemeinsame Sache macht – entweder weil er den Know-how-Verlust fürchtet, wenn der Projektleiter nicht mehr bei dem ursprünglichen Unternehmen beschäftigt ist und deswegen ausgewechselt werden muss, oder weil ein persönliches Interesse besteht, etwa wenn sich Mitarbeiter des Kunden für eine geschäftliche Beteiligung an dem Unternehmen interessieren.

Der faire Fortgang von IDS-Mitarbeitern mit dem Ziel der Unternehmensgründung ist zwar für die IDS bedauerlich, hinterlässt aber keine negativen emotionalen Nachwirkungen, sondern führt häufiger sogar zu Kooperationen.

Negative Erinnerungen hinterließ aber ein besonders krasser Fall. Mitarbeiter, denen ich bei ihren Promotionen und beruflichen Umstellungen besondere persönliche Hilfe geleistet hatte, verfolgten eine aggressive Abwerbungsstrategie von Teamkollegen und Kundenprojekten. Ich hatte damals vorausgesagt, dass ein Unternehmen, das auf solchem negativem persönlichen Verhalten gegründet ist, kaum Bestand haben würde und habe Recht behalten. Bereits nach kurzer Zeit brach die Gründergruppe auseinander.

Die einfache Überlegung, die Projekterlöse, die ein Team erarbeitet, unter dessen Mitgliedern aufteilen zu können, ist eben eine Milchmädchenrechnung. Bei der nächsten Projektakquisition werden Vertriebs- und Marketingkosten sichtbar, und die anfänglich erhoffte große Gehaltssteigerung findet nicht mehr statt. Außerdem hat man mit dem eigenen Verhalten bereits das Exempel für die später selbst einzustellenden Mitarbeiter geliefert, und die fehlende Seriosität frisst sich durch die Unternehmenskultur wie der stärkste Rost.

Nur wenn ein neu gegründetes Unternehmen eine wirklich innovative Idee hat, kann es ein großes Wachstum erreichen. Bei „Me too"-Leistungen kann es vielleicht regionale Vorteile der Kundennähe nutzen, dies reicht aber nicht. So hat keines der Unternehmen, die aus der IDS oder dem IWi entstanden sind, auch nur annähernd die Größe der IDS erreicht, wenn sie nur deren Leistungsfelder kopierten. Vielmehr sind sie auf einem Wachstumsstand von 20-25 Mitarbeitern stehen geblieben. Das Gleiche gilt für fremde Softwarehäuser, die Ideen des ARIS-Toolset kopieren. Auch sie haben mit dem Produktumsatz wahrscheinlich nie die Gewinnschwelle erreicht.

Der beste Schutz eines Unternehmens gegenüber Abwanderungen zur Unternehmensgründung ist, innerhalb des eigenen Unternehmens genügend Spielraum für unternehmerisches Entfalten zu bieten. Hier hilft eine dezentrale Organisationsstruktur mit weitreichenden Verantwortlichkeiten für Projektleiter, Niederlassungsleiter oder Leiter von Auslandsgesellschaften.

Aber auch eine aktive Beteiligungspolitik an Neugründungen bis hin zur Auflage eines Venture-Capital-Fonds hilft, talentierte Unternehmensgründer, die das Unternehmen verlassen wollen, im Netzwerk des Unternehmens zu halten.

Globalisierung ist lebensnotwendig

Globalisierung ist im High-Tech-Markt kein Werbespruch, sondern harte Realität. Nur solche Unternehmen überleben, die diesen Schritt schaffen. Ansonsten kann man mit einer innovativen Idee lediglich lokale Anfangserfolge erreichen. Sobald die Idee international bekannt wird, kann sie von global arbeitenden Unternehmen aufgenommen werden und der nur lokal auftretende Innovator kann sogar aus seinem Ursprungsmarkt wieder zurückgedrängt werden.

Für US-amerikanische Start-up-Unternehmen ist die Internationalisierung sofort ein Thema. Aufgrund des Sprachvorteils ist ihr Sprung in englischsprachige Länder wie Großbritannien oder Kanada leicht. Obwohl US-Unternehmen bereits einen riesigen Heimatmarkt haben, sind sie auf internationale Expansion ausgerichtet.

Bei deutschen Unternehmen besteht zunächst der Sprachnachteil. Zwar ist der deutschsprachige Markt mit Deutschland, Österreich und Schweiz bereits recht groß, so dass er für die Anfangsphase ausreicht. Er genügt aber keinesfalls globalen Anforderungen. Es ist deswegen auch zu beobachten, dass viele deutsche mittelständische Softwarehäuser, die durchaus innovative und qualitativ hochwertige Produkte entwickelt haben, wieder vom Markt verschwinden, weil sie sich nicht international durchsetzen konnten.

Als Gründer eines Start-up-Unternehmens sofort den Zwang zur Internationalisierung zu sehen ist nicht einfach. Man ist schließlich mit der Entwicklung der ersten Produktversion ausreichend beschäftigt und freut sich auf die ersten Pilotkunden. An eine Internationalisierung wird dann noch nicht gedacht. In der dritten Phase der Unternehmensentwicklung macht sich diese enge Sicht sträflich bemerkbar.

Mit dem internationalen Vertrieb von Software ist ein enormer Aufwand verbunden. Es geht ja nicht nur um die Übersetzung einer deutschen Lösung in andere Sprachen, was bereits bei den umfangreichen Broschüren wie Systemdokumentationen und Benutzerhandbücher sowie Werbe- und Marketingmaterial aufwendig genug ist, sondern auch um die so genannte „Lokalisierung". Hierbei wird eben nicht das Material eins zu eins übersetzt, sondern das System aus der jeweiligen Landesperspektive adaptiert.

Dabei sind auch landesspezifische Marketingaspekte zu beurteilen. In den USA muss zum Beispiel die Komplexität eines Systems gegenüber dem Benutzer extrem vereinfacht werden. Auch müssen Nutzenüberlegungen stärker herausgestellt und das Schulungsmaterial auf einen heterogeneren Benutzerkreis ausgerichtet werden.

Extreme Kosten können entstehen, wenn ein System an die japanische oder chinesische Sprache angepasst werden muss. Durch den größeren Zeichensatzumfang dieser Sprachen muss die Zeichendarstellung erweitert werden, konkret von einer „1-Byte"-Version muss zu einer „Double-Byte"-Version übergegangen werden. Bei uns hat dies zur Folge gehabt, dass wir bei der Entscheidung, das ARIS-System nach Japan zu exportieren, eine neue Version mit einem neuen Datenbankaufbau entwickeln mussten.

Die Internationalisierung ist nicht nur eine Frage der eigenen Expansionsstrategie, sondern wird auch heute von international arbeitenden Kunden gefordert. Soll ein Software-System in einem Unternehmen zu einem internationalen Standard gemacht werden, so werden von dem Lieferanten ein weltweiter Support und die wichtigsten Sprachversionen erwartet. Auch für Consulting-Leistungen trifft dies immer mehr zu. Hier wollen international arbeitende Kunden weltweit einheitlich in wichtigen Themengebieten betreut werden.

Kurzum: An der Internationalisierung führt bei einer weiteren Unternehmensentwicklung kein Weg vorbei. Während die Penetration in deutschsprachige Nachbarländer wie die Schweiz und Österreich noch relativ einfach ist, ja sogar von dem deutschen Stammhaus betrieben werden kann, ist die große Herausforderung der Gang in die USA. Für Softwareunternehmen ist dies ein Muss. Schließlich stellt die USA den weltweit größten Markt für Software dar. Allerdings ist es auch der schwierigste Markt. Trotz des großen Erfolges der SAP-Software ist in den USA noch das Vorurteil verbreitet, Software könnte nur aus den USA selbst kommen. Hier sitzen schließlich mit den großen Zentren Seattle, Silicon Valley oder Dallas die innovativsten Groß- und Start-up-Unternehmen.

Als wir 1995 den Sprung in die USA wagten, war ich sehr optimistisch. Wir wählten als ersten Standort Philadelphia, weil hier mit dem Headquarter der SAP America sowie den Büros weiterer amerikanischer Consulting-Kooperationspartner der leichteste Einstieg bestand. Als ich bei einem Besuch der dortigen Vertretung der deutschen Industrie- und Handelskammer vorsichtig darauf angesprochen wurde, dass von den deutschen Gründungen in den USA nur ein kleiner Teil erfolgreich ist, bezog ich diesen Satz auf keinen Fall auf unser Unternehmen. Schließlich war ich der Meinung, mit ARIS eine so innovative und erfolgreiche Idee entwickelt zu haben, die sich einfach auch in den USA durchsetzen musste.

Dies war leider ein Trugschluss. Obwohl viele der in unserem ARIS-Konzept eingesetzten Methoden, zum Beispiel die Datenmodellierung, in den USA entwickelt worden waren, war ihr praktischer Einsatz nur spärlich.

Es ist eben auch dort ein Unterschied, in der akademischen Welt Methoden zu entwickeln oder diese auch praktisch einzusetzen. Also mussten wir auch hier quasi wieder als Start-up-Company beginnen.

Wie wichtig wir den Aufbau des US-amerikanischen Marktes nahmen, demonstrierten wir mit unserem ersten Niederlassungsleiter. Alexander Pocsay und ich baten Helmut Kruppke, der den Produktbereich leitete und damit eine sehr wichtige Managementfunktion bei der deutschen IDS inne hatte, die erste Aufbaustufe unserer US-Company zu übernehmen. Insofern hatten wir auch einen guten Anfangsstart und konnten das Unternehmen erfolgreich mit ersten Kundenaufträgen und Partnerkontakten versorgen. Im Jahr 1996 übernahm Dr. Mathias Kirchmer, der in Deutschland den wichtigen Bereich der SAP-Einführung leitete, die weitere Aufbauarbeit.

Diese gestaltete sich nach den ersten Anfangserfolgen als sehr schwierig. Die Gründe hierfür sind vielfältig. Einmal sind die Akquisitionskosten aufgrund der großen Entfernungen und der damit verbundenen Reiseaufwendungen unvergleichlich höher als in Deutschland. Es wird zwar immer behauptet, dass amerikanische Manager entscheidungsfreudiger und Innovationen gegenüber stärker aufgeschlossen sind als deutsche, jedoch erwarten sie eine amerikanische Ansprache und damit auch ein amerikanisiertes Produkt. Amerikanische Großunternehmen haben sehr ausgefeilte rechtliche und administrative Prozeduren, so dass die konkreten Auftragsabschlüsse eine erhebliche Zeit beanspruchen und durch vielfältige Verhandlungskreise über Preise und Lieferbedingungen geführt werden.

Sowohl Kunden als auch Bewerber erkundigen sich in den USA vor einer Kontaktaufnahme mit einem Unternehmen bei Analysten über Image, Leistungsspektrum und wichtige Kunden des Unternehmens. Um hierbei bestehen zu können, muss das junge Unternehmen „awareness", also den Bekanntheitsgrad aufbauen. Wird dies durch Marketing und Werbung getan, dann ist es sehr teuer, kann dafür aber in kurzer Zeit gelingen. Wird es Schritt für Schritt durch Kundenprojekte im Rahmen des echten Wachstums getan, dann ist es zwar kostengünstiger, dauert aber länger. Hier muss deshalb ein finanziell verkraftbarer Kompromiss gefunden werden.

Wir haben vergleichsweise zu Deutschland in den USA viel Geld in Werbung investiert, zum Teil mit geringem Erfolg. Dagegen haben die Vortragstätigkeiten von Dr. Kirchmer und mir bei Konferenzen und Universitäten den Bekanntheitsgrad der IDS wirksam und kostengünstig gesteigert. Auch der früh aufgenommene Kontakt zu Analysten war sehr hilfreich.

Für deutsche Unternehmen ist auch die hohe Fluktuation von Mitarbeitern in den USA ungewöhnlich. Da Mitarbeiter von einem Tag auf den anderen kündigen und auch das Unternehmen sofort verlassen können, ergeben sich dann hohe Koordinationsprobleme bei Kundenprojekten. Die strengen Antidiskriminierungsbestimmungen machen schriftliche Bewerbungsunterlagen fast inhaltslos. So fallen zum Beispiel Angaben über das Alter eines Bewerbers unter diese Bestimmungen und dürfen nicht erfragt werden. Entsprechend hoch ist dann der Aufwand durch mündliche Interviews.

Die generell hohe Fluktuation führt bei Kundenkontakten dazu, dass der Ansprechpartner des Kunden häufig wechselt. Um bei einer Projektakquisition nicht während des Entscheidungsprozesses den Ansprechpartner zu verlieren, muss man möglichst viele Mitarbeiter des Kunden einbinden. Entsprechend hoch ist dann der Akquisitionsaufwand.

Seit 1999 haben wir mit Kevin Swint einen amerikanischen CEO und Mathias Kirchmer steht ihm als Präsident, insbesondere mit seinen fachlichen Kenntnissen und seinen Verbindungen zum deutschen Mutterunternehmen, zur Seite. Inzwischen wächst die IDS Scheer Inc. überproportional, und wir sind der Meinung, den Durchbruch in den USA geschafft zu haben. Als ARIS-Kunden haben wir renommierte Unternehmen wie Ford, Citybank, Boeing oder Lockheed Martin gewinnen können. Auch der Beratungsbereich boomt, insbesondere durch unsere Konzentration auf das Gebiet Supply Chain Management. Mit der Akquisition von amerikanischen Beratungshäusern wollen wir das Wachstumstempo weiter steigern.

Erfolgsfaktoren der Internationalisierung

Der Erfolg einer Auslandsgesellschaft hängt von vielen Faktoren ab. Zunächst ist der richtige Eintrittszeitpunkt in einen neuen Markt wichtig. Ist der Markt für die angebotenen Leistungen noch nicht reif, so dauert es eine gewisse Zeit, bis über die ersten innovativen Kunden hinweg eine Breitenwirkung erzielt werden kann. Ist der Markt dagegen für die angebotenen Leistungen aufgeschlossen, aber bereits durch andere Anbieter besetzt, so ist es für ein eintretendes Unternehmen schwierig, diese zu verdrängen. In den USA lagen wir konzeptionell vor dem Markt und brauchten eine entsprechend lange Durststrecke.

Mit der Eröffnung unserer Niederlassung in Japan Anfang 1998 hatten wir dagegen genau den richtigen Eintrittszeitpunkt erwischt. Nach einer langjährigen Diskussion in japanischen Unternehmen, ob ausländische ERP-Systeme überhaupt für diese geeignet sind, hat sich ihre Akzeptanz durchgesetzt. Dies konnte ich durch die Resonanz auf meine häufigen Vorträge selbst verfolgen. Das vom japanischen Ministerium für industrielle Zusammenarbeit MITI gegründete ERP-Forum, das die Eignung von ERP-Systemen für japanische Unternehmen untersucht, lud mich mehrfach zu Vortrags- und Seminarveranstaltungen nach Japan ein. Diese Kontakte konnten wir später auch beim Aufbau unseres Unternehmens nutzen. Nach dem anfänglichen Start in einem einzigen Büroraum, ist unser Unternehmen inzwischen in größere Räume gewechselt und bezieht Ende 2000 ein 400 Quadratmeter umfassendes Büro, das auf über 100 Mitarbeiter ausgelegt ist.

Im Grunde entwickelt sich der Aufbau einer ausländischen Tochtergesellschaft in ähnlicher Weise wie die Gründung des Stammunternehmens selbst. Aus diesem Grunde können auch Lerneffekte genutzt werden.

Häufig werden aber neu gegründete ausländische Niederlassungen mit jungen Mitarbeitern besetzt, die einen Unternehmensaufbau zum ersten Mal durchführen, so dass die in dem Unternehmen vorhandenen Lerneffekte nicht verwertet werden können. Alle Anfangsfehler werden dann erneut begangen.

Es spricht vieles dafür, im Ausland mit lokalen Managern zu starten. Sie kennen den heimischen Markt und auch sonstige lokale Gepflogenheiten. Das Handicap besteht allerdings darin, dass für gerade gegründete ausländische Tochterunternehmen qualifizierte einheimische Manager kaum zu gewinnen sind. Aus diesem Grunde sollte man einer Doppelstrategie folgen: Zunächst mit einem engagierten deutschen Manager beginnen, der auch die Produkt- und Organisationskenntnisse des Unternehmens mitbringt, und dann einheimische Manager und Mitarbeiter nachziehen.

Wächst die ausländische Niederlassung sprunghaft, so wandeln sich natürlich auch hier die Anforderungen an das Management. Dies bedeutet konkret, dass die Gründungsmanager ab einem gewissen Zeitpunkt von der Unternehmensentwicklung überfordert sein können und ausgewechselt oder ergänzt werden müssen. Dies ist normal und erklärt die relativ hohe Fluktuation des Topmanagements bei Auslandsgesellschaften internationalisierter High-Tech-Unternehmen.

Da sich die Unternehmensphasen bei Auslandsgesellschaften wie bei der deutschen Unternehmensgründung wiederholen, gilt dies auch für die hohe Anforderung an Innovationsfähigkeit. Warum sollte ein ausländischer

Kunde einen Auftrag an ein dort gerade gegründetes ausländisches Unternehmen vergeben, wenn dies nur Leistungen anbietet, die er auch von einem bereits etablierten einheimischen Unternehmen erhalten kann? Die Herausstellung der Einzigartigkeiten der Leistungen, seien es Softwareprodukte oder auch Consulting-Leistungen, ist deshalb unabdingbar.

Wir haben mit unserem ARIS-Produkt diese Voraussetzungen. Bereits frühzeitig haben wir für den Vertrieb der ARIS-Produkte ein internationales Vertriebspartnernetz aufgebaut. Dies ist allerdings nur der erste Schritt einer echten Internationalisierung. Immerhin bildete er aber die Grundlage der nachfolgenden Einführung von Consulting-Leistungen, da diese dann durch die bereits etablierte Bekanntheit der ARIS-Konzeption vorbereitet waren. Mit dem Erwerb einer 70%-igen Beteiligung an der Firma ibcs, die hauptsächlich die osteuropäischen Länder bearbeitet, haben wir diese Partnerstrategie erfolgreich weitergeführt. Das Unternehmen war über mehrere Jahre bereits unser Vertriebspartner und soll mit seinen inzwischen fast 200 Mitarbeitern unseren Eintritt in die osteuropäischen Märkte verstärken.

Aber auch mit unseren Consulting-Dienstleistungen haben wir uns auf solche Felder konzentriert, in denen wir Alleinstellungsmerkmale besitzen. Diese Alleinstellungsmerkmale sind insbesondere die intensive Zusammenarbeit mit der SAP, spezielle Branchenkenntnisse und der Methodenbezug durch ARIS.

Der Aufbau von Auslandsgesellschaften durch Joint Ventures mit ausländischen Unternehmen kann die Anfangsschwierigkeiten verringern. Allerdings setzt dies voraus, dass eine entsprechende konzeptionelle Übereinstimmung und eine ausreichende Vertrauensbasis mit dem Partner bestehen. Beliebter Streitpunkt bei Joint Ventures ist, dass der Partner Kosten seines Stammhauses auf das Joint Venture überträgt und somit den ausländischen Partner beschummelt. Auch kann er ein Interesse haben, seine bestehenden eigenen Produkte über das Joint Venture zu fördern.

Mit der IDS haben wir parallele Strategien, die an die jeweiligen Länder angepasst waren, verfolgt. In den Ländern Brasilien, Südafrika, Südkorea und Singapur haben wir Joint Ventures, in den USA und Japan dagegen eigene Unternehmen gegründet. Auch in den europäischen Ländern haben wir gemischte Strategien verfolgt.

Bis auf drei Joint Ventures, die nach jeweils rund zwei Jahren unter Inkaufnahme erheblicher Anlaufkosten geplatzt sind, ist die generelle Internationalisierungsstrategie erfolgreich verlaufen. In einigen Auslandsgesellschaften haben wir von Anfang an die Gewinnschwelle erreicht und planen nun, in den nächsten Jahren rund die Hälfte des gesamten Umsatzes der IDS-Gruppe im Ausland zu erwirtschaften.

Diese Prozesse vom Headquarter zu steuern erfordert einen erheblichen Ressourceneinsatz des dortigen Topmanagements. Solange die Anzahl der Auslandsgesellschaften klein ist, lohnt es sich nicht, ein Vorstandsmitglied ausschließlich für die Betreuung verantwortlich zu machen. Vielmehr kann der Geist der Internationalisierung des Unternehmens dadurch gefördert werden, dass jedem Vorstandsmitglied die Betreuung von einigen Auslandsgesellschaften übertragen wird. Später ist allerdings die Zuordnung der Auslandsaktivitäten an ein Vorstandsmitglied sinnvoll, da dann Synergien in der Auslandsbetreuung stärker genutzt werden können.

Die Transformation des deutschen Gründungsunternehmens in ein internationales Unternehmen ist ein schwieriger mentaler Schritt. Häufig werden die Auslandsgesellschaften, zumal sie in der Anfangsphase vergleichsweise klein sind, vom Stammhaus nicht mit dem notwendigen Ernst und der notwendigen Aufmerksamkeit behandelt. Ihre Anfragen und Wünsche werden von Produktentwicklung, Marketing oder Rechnungswesen nicht mit der gleichen Dringlichkeit bearbeitet wie die der stärkeren inländischen Unternehmensbereiche.

Hier hilft im Wesentlichen nur der Aufbau persönlicher Kontakte zwischen Stammhaus und Auslandsgesellschaften. Deutsche Mitarbeiter müssen auf ausländischen Messen den Kontakt zu den Mitarbeitern, aber auch zu deren Kunden finden, um sich besser in deren Mentalität einfühlen zu können. Mitarbeiter des ausländischen Unternehmens müssen auf Informationsveranstaltungen des Stammhauses vertreten sein und früh in neue Unternehmensentwicklungen eingebunden werden. Diese Face-to-face-Kommunikation ist auch im Zeitalter digitaler Informationsnetze unerlässlich und führt zu erheblichen Kosten. Trotzdem – um es noch einmal zu sagen: An der Internationalisierung geht für ein erfolgreiches High-Tech-Unternehmen kein Weg vorbei.

Meine Erfahrungen mit deutschen Organisationen zur Unterstützung des Aufbaus von Auslandstöchtern sind gemischt. Bei der Gründung von

Auslandsniederlassungen können die Vertretungen der deutschen Industrie- und Handelskammern wertvolle Unterstützungen liefern. Diese bestehen in rechtlichen und administrativen Ratschlägen, aber auch in der Vermittlung erster Kundenkontakte. Die Industrie- und Handelskammern verschaffen Möglichkeiten zur Unternehmenspräsentation und zur Produktvorstellung.

Die deutschen Botschaften sind allerdings noch in der Lernphase, ihre Verantwortung für die Förderung kleinerer Unternehmen zu erkennen. Nach meinen Erfahrungen ist für einen deutschen Botschafter der Empfang des Vorstandsvorsitzenden eines klassischen Unternehmens wie Siemens oder BASF immer noch um Welten wichtiger als der Empfang eines deutschen Start-up-Gründers. Hier muss sich meines Erachtens die Sichtweise noch ändern. Schließlich haben die etablierten deutschen Unternehmen diese Unterstützung nicht mehr nötig, während Start-up-Unternehmen einen großen Autoritätsschub durch eine stärkere Betreuung erhalten würden.

Insgesamt glaube ich, dass wir die deutschen politischen, ökonomischen und kulturellen Netzwerke im Ausland noch wesentlich stärker zur Unterstützung der Internationalisierung von High-Tech-Unternehmen einsetzen könnten.

Der Börsengang nimmt Gestalt an

Der in Phase I und II nur aufflackernde Gedanke eines Börsengangs nimmt nun in Phase III konkrete Gestalt an. Seit der Einführung des Neuen Marktes in Frankfurt sind Technologieunternehmen gefragt. Trotz der inzwischen eingetretenen ersten Ernüchterung aufgrund überhöhter Erwartungen werden die Gründungswelle und damit auch die Börsenemissionen von Technologieunternehmen anhalten. Mit dem Börsengang eröffnen sich dem Unternehmen neue Chancen: Durch eine begleitende Kapitalerhöhung werden dem Unternehmen große Finanzmittel zugeführt, die es für den weiteren Ausbau der Internationalisierung, der Produktfelder oder für die Akquisition anderer Unternehmen einsetzen kann. Es erhält gleichzeitig einen Schub hinsichtlich seines Bekanntheitsgrades, den Marketing und Vertrieb nutzen können. Mit der Einführung eines Mitarbeiterbeteiligungsmodells geht ein neuer Motivationsruck durch das Unternehmen.

Gleichzeitig besteht für die Unternehmensgründer die Möglichkeit, einen Teil ihrer Anteile zu verkaufen. Dieser letzte Punkt ist allerdings sensibel zu behandeln. Ist der Anteil der von den Altaktionären abgegebenen Aktien hoch, so besteht der Verdacht, dass diese „Kasse machen" und sich anschließend möglicherweise nicht mehr mit vollem Engagement für das Unternehmen einsetzen wollen. Dies erzeugt Misstrauen bei den Kapitalanlegern und entsprechend ist ihre Zurückhaltung bei der Aktienzeichnung.

Andererseits ist es verständlich, wenn die Unternehmensgründer sich privat absichern möchten. Dies ist auch im Interesse des Unternehmens. Haben die Unternehmensgründer bei jeder wichtigen strategischen Entscheidung das Gefühl, es ginge auch um ihr privates Wohl oder Wehe, können sie in ihrer Entscheidungsfreiheit beeinträchtigt sein. Aus diesem Grunde ist eine gewisse Trennung zwischen privatem Vermögen und Unternehmensvermögen sinnvoll. Hierfür haben auch die bei einem Börsengang einbezogenen Banken und Venture-Capital-Gesellschaften Verständnis.

Beliebt ist bei diesen auch, sich vor einem Börsengang selbst mit einem größeren Paket bei den Altgesellschaftern einzukaufen. Sie stoßen hierbei auch auf deren Bereitschaft und können sich vor dem Börsengang zu einem günstigen Preis beteiligen, um bereits beim IPO zu profitieren. Gleichzeitig wird aber mit dem Engagement einer bekannten Bank dem Kapitalmarkt die Seriosität des emittierenden Unternehmens signalisiert. Ein solcher Schritt sollte deshalb von den Altgesellschaftern zwar sorgfältig überlegt, aber durchaus positiv angegangen werden.

Ohne nochmals auf Einzelheiten eines Börsenganges einzugehen, wird an die umfänglichen Vorarbeiten zur Entwicklung der Story des Unternehmens, der buchhalterischen Voraussetzungen und der rechtlichen Ausarbeitung der mit dem Bankenkonsortium abzuschließenden Verträge erinnert.

Die administrative Seite eines Börsenganges ist ein harter und aufwendiger Weg, der aber durch den Statusschub, den das Unternehmen anschließend erfährt, wieder aufgewogen wird.

Phase IV: Bis 1 Mrd. DM Umsatz

Nun ist der Spaß fast vorbei. Es gilt der Satz: Kleine Kinder – kleine Sorgen, große Kinder – große Sorgen. Das Abenteuer der Unternehmensgründung ist erfolgreich durchlaufen und das Unternehmen ist fest im Markt etabliert. Die dreimonatlich erforderlichen Berichte für die Börse halten Unternehmen und Management unter ständigem Druck und ständiger Aufsicht. Der Vorstandsvorsitzende muss sich sehr stark um die Betreuung der finanziellen Aspekte kümmern. Rund ein Drittel seiner Zeit muss er für die Kommunikation mit Investoren und Finanzanalysten einsetzen. Damit ist endgültig der Schwenk von einem technologiegetriebenen zu einem mehr finanz- und marktgetriebenen Unternehmen vollzogen.

Dies klingt sehr langweilig, ist es aber nicht. Das Management hat zu erkennen, dass nicht mehr sein operatives Eingreifen im Vordergrund steht, sondern die ständig wachsame Verfolgung von internen Unternehmensströmungen und externen Marktentwicklungen, um das Unternehmen richtig zu positionieren und zu steuern. Durch Akquisition zusätzlicher Unternehmen können neue Produkte und neue Märkte schneller angegangen werden.

Charisma ist noch notwendiger

Neue Ideen sind in einem größeren Unternehmen schwerer umzusetzen als in einem kleinen. Aus diesem Grunde ist weiterhin charismatisches Unternehmertum erforderlich. Fehlt dies, dümpeln größere Unternehmen nach einiger Zeit in bürokratischer Form vor sich hin oder beschäftigen sich intern mit Zuständigkeitsdiskussionen und Machtkämpfen. Dies ist in der High-Tech-Welt das Todesurteil.

Die für größere Unternehmen erforderliche stärkere Institutionalisierung des Berichtswesens darf nicht zu Lasten der innovativen Flexibilität gehen. Dies zu meistern ist die wahre Anforderung an das Topmanagement. Die Zusammensetzung des Vorstandes beziehungsweise des erweiterten Führungskreises muss diesen Anforderungen Rechnung tragen. Er darf nicht einseitig von kaufmännischen Gesichtspunkten dominiert werden, aber auch nicht allein durch „Techniker". Die Zusammensetzung aus Innovatoren, international ausgerichteten Marketingstrategen, versierten Finanzexperten, aggressiven Vertriebsmanagern und integrierenden Personalmanagern ist eine Kunst. Am besten ist es natürlich, wenn diese unterschiedlichen Fähigkeiten nicht jeweils von einer Person repräsentiert werden, sondern möglichst mehrere dieser Eigenschaften in jedem Manager enthalten sind. Diesen Kreis mit ein oder zwei charismatischen Galionsfiguren zu versehen ist dann das Sahnehäubchen.

Prognose 2006: 6000 Mitarbeiter

Da sich die IDS Scheer AG noch in der ersten Hälfte der Phase IV befindet, bin ich hinsichtlich der weiteren Entwicklung auf eine Prognose angewiesen. Allerdings habe ich immer eine hohe Treffsicherheit bei meinen Wachstumsprognosen bezüglich der IDS gehabt.

Die IDS wird sich in ihrem Leistungsprogramm an neue Marktentwicklungen anpassen. Einige dieser Entwicklungen sind bereits abzusehen. Auf ihnen baut meine Prognose auf.

In den 80er-Jahren dominierten auf den IT-Märkten die Hardware-Anbieter. Unternehmen wie IBM, Digital Equipment und Hewlett Packard waren die Key Player. Softwarehäuser waren mit ihren Produkten eng an die Betriebssysteme der Hardware-Anbieter gebunden und besaßen dadurch nur enge Märkte. Sie waren deshalb auch nur von mittelständischer Größe. Beratungsunternehmen waren nur wenig in die Implementierung von Informationssystemen eingebunden, sondern konzentrierten sich auf strategische Fragen und fachliche Spezialgebiete wie Controlling oder Marketing.

In den 90er-Jahren änderte sich dieses Bild. Aufgrund standardisierter Betriebs- und Datenbanksysteme konnten die Softwarehäuser ihre Produkte auf vielen Hardware-Plattformen anbieten und damit größere Märkte erreichen. Entsprechend wuchsen sie. Das Unternehmen Microsoft wurde als neutraler Anbieter von Betriebssystemen zum größten Unternehmen der Welt. Auch Unternehmen wie Oracle, SAP oder Baan wuchsen zu internationalen Großunternehmen heran. Ebenso wuchsen die Consulting-Unternehmen in den 90er-Jahren durch den Aufbau ihrer IT-Beratungen. Die Implementierung von unternehmensweiten Anwendungssystemen

(ERP-Systemen) wurde zu ihrem Kerngeschäft. Dagegen gerieten Hardwarehersteller wie IBM oder Digital Equipment in die Krise.

Diese Entwicklungen werden sich am Anfang des neuen Jahrtausends fortsetzen. Die Hardware wird immer mehr zu einer Commodity. Sie wird anhand des Preises oder der besten Kundenbetreuung gekauft. Auch die Software wird diesen Weg gehen. Mit dem Betriebssystem Linux wird bereits eine kostenlose Betriebssystemversion angeboten. Die Preise für Software werden eher fallen, wie es in den 90er-Jahren bei den Hardware-Preisen geschah. Auch die Implementierung von ERP-Systemen wird für die Consulting-Unternehmen immer mehr zu Commodities werden. Auch hier werden mehr und mehr die Projekte nach dem günstigsten Preis und der engsten Kundenbeziehung vergeben.

Dafür wird sich der Markt immer stärker den Lösungsanbietern öffnen. Schließlich sind die Unternehmen nicht daran interessiert, ein bestimmtes Werkzeug um des Werkzeugs willen einzusetzen, sondern sie möchten damit ein Problem lösen. Und ein Problem besteht nun einmal aus der inhaltlichen Konzeption und den Werkzeugen Anwendungssoftware und Hardware.

Kurz: Das Leistungsangebot wird sich immer mehr in Richtung auf Gesamtlösungen entwickeln. Damit ergibt sich ein ähnlicher Trend, wie er auch in anderen Industrien beobachtet werden kann. Jemand, der ein Auto kauft, ist nicht daran interessiert zu erfahren, wer das Getriebe, eine bestimmte Armatur oder die Sitze hergestellt hat, sondern er möchte ein insgesamt funktionierendes Auto kaufen, für das der Hersteller die Garantieleistungen übernimmt.

Deshalb wird eine gesamthafte Kompetenz für Organisation, Software und Hardware gefordert.

Da die IDS als Consulting-Unternehmen einerseits über inhaltliches konzeptionelles Branchenwissen verfügt, andererseits als Softwarehersteller tiefe Softwareentwicklungs- und Hardware-Kenntnisse besitzt, ist sie gut auf diese Entwicklung vorbereitet.

Parallel zu diesem Trend wird auch der Betrieb der Lösungen immer mehr an Bedeutung gewinnen. ASP (Application Service Providing), also die technische Betreuung einer Lösung durch einen Anbieter von Rechenleistungen, ist dabei nur ein erster Schritt. Schließlich ist dies nur der Gedanke, eine Anwendungssoftware quasi aus der Steckdose zu beziehen.

Die Übernahme der Ausführung der Anwendung selbst ist ein nächster Schritt. Dies wird als PSP (Process Service Providing) bezeichnet. Hier übernehmen Anbieter die komplette Ausführung betriebswirtschaftlicher Anwendungen. Dies ist im Übrigen nicht völlig neu. Auch jetzt schon führen Steuerberater, Wirtschaftsprüfer oder Rechtsanwaltsbüros Geschäftsprozesse für ihre Klienten aus. Die Übernahme von Beschaffungs-, Logistik- oder Vertriebsprozessen durch PSP-Anbieter ist nur eine konsequente Weiterentwicklung.

Die IDS wird auch diese Schritte gehen. Für ihre eigenen Softwareprodukte, also insbesondere das ARIS-Toolset, wird sie ASP-Funktionen anbieten, das heißt einem Kunden erlauben, das ARIS-Toolset auf der IDS-Hardware zu nutzen. Auch für das PPM (Process Performance Management), also die Überwachung der Güte von Geschäftsprozessen ihrer Kunden, ist ein PSP-Angebot vorgesehen. Die IDS kann somit quasi wie ein externer Wirtschaftsprüfer die Geschäftsprozesse eines einzelnen Kunden oder eines Unternehmensnetzwerkes des E-Business analysieren, auf Schwachstellen hinweisen und Verbesserungsvorschläge ausarbeiten.

Auch für das Supply Chain Management können Ausführungsprozesse von der IDS übernommen werden. Während einer schwach besetzten Nachtschicht können in einem Call-Center Fabriken unterschiedlicher Unternehmen zentral gesteuert werden. Durch das tiefe Wissen der Prozesssteuerer der IDS kann sofort auf Ausnahmesituationen eingegangen werden. Der Vorteil der angeschlossenen Kunden besteht darin, nicht jeweils selbst entsprechende Spezialisten vorhalten zu müssen, die während einer Nachtschicht nur selten, eben in Ausnahmesituationen, benötigt werden.

Diese Entwicklungen werden das Geschäftsfeld der IDS erheblich erweitern. Darüber hinaus wird sie ihr Angebot in den Vorphasen der gegenwärtig eher implementierungsnahen Projekte erweitern und insbesondere für E-Business-Lösungen auch eine strategische Beratung anbieten. Hier bestehen zum Beispiel mit der IDS-Software für eine E-Service-Bank innovative und ausbaubare Ansätze.

Da das E-Business völlig neue Anwendungen ermöglicht, ist natürlich auch für die IDS das Leistungsspektrum unbegrenzt.

Generell glaube ich, dass die IDS in der Zukunft zunehmend konkrete Ausführungen übernehmen wird. Diese werden Dienstleistungen der materiellen Logistik umfassen oder auch das Betreiben von elektronischen Marktplätzen.

Die eingeleitete Internationalisierung wird sich beschleunigt fortsetzen. Die ARIS-Produktfamilie ist ein hervorragender Türöffner für neue Märkte. Da das Organisationsprinzip von Geschäftsprozessen auch international immer mehr greift, besteht dadurch ein strategischer Eintrittspunkt in Großunternehmen. Dieser kann anschließend durch das Angebot von Dienstleistungen ergänzt und intensiviert werden.

Die ARIS-Produktfamilie wird immer mehr zu einem Werkzeug zur Verwaltung von Organisationswissen in Unternehmen. Damit wird sich ihr Anwendungsfeld ausweiten.

Nach dem bedauerlichen gesundheitsbedingten Rücktritt von Alexander Pocsay aus dem Vorstand der IDS Scheer AG zum 1. Oktober 2000 ist der Vorstand der IDS umgestaltet. Mit den neuen Sprechern Helmut Kruppke und Dr. Ferri Abolhassan werden gleichermaßen Kontinuität der IDS-Kultur sowie Dynamik und Ideenreichtum verkörpert. Dr. Wolfram Jost als Produktvorstand wird die ARIS-Produktfamilie in eine neue Dimension der Verwaltung des Organisationswissens von Unternehmen führen. Die Consulting-Vorstände Wolfgang Stein und Wolfgang Bosch verstärken das Team um Branchenkenntnisse und Vertriebsorientierung. Ich glaube, dass damit ein ausgewogenes Managementteam zur Umsetzung der Unternehmensstrategie besteht.

Insgesamt sehe ich sehr gute Weiterentwicklungschancen für die IDS. Bisher sind meine optimistischen Prognosen, die ich auch öffentlich in Interviews geäußert habe, in Erfüllung gegangen. So habe ich bei dem Stand von 420 Mitarbeitern am 8. Februar 1996 in der Saarbrücker Zeitung angekündigt, dass die IDS bis zum Jahr 2000 auf 1.000 Mitarbeiter anwachsen werde.

Am 16. August 2000 wurde die Einstellung des tausendsten Mitarbeiters der IDS öffentlich bekannt gegeben. In dieser Zahl sind über 250 Mitarbeiter der im Jahr 2000 von der IDS mehrheitlich übernommenen Unternehmen ibcs und FACT noch nicht einmal enthalten.

Deswegen bekräftige ich nun die Prognose, dass die IDS an meinem 65. Geburtstag im Jahre 2006 weltweit über 6.000 Mitarbeiter beschäftigen wird.

Kapitel VI
Krisenmanagement

Krise als Chance

Bei schönem Wetter auf einem ruhigen Teich herumpaddeln kann jeder. Das wahre Können eines Kapitäns zeigt sich erst bei rauhem Wetter und hoher See. Viele der im Internetboom gegründeten Start-up-Unternehmen befinden sich noch in der Schönwetterzone. Erst wenn das Wetter umschlägt, wird sich ihre wahre Substanz zeigen.

Krisen sind in der Lebenszeit eines Unternehmens nichts Ungewöhnliches, sondern eher der Normalfall. Man kann ein Unternehmen mit einem lebenden Organismus vergleichen, wie es die Konzeption des so genannten „bionischen Unternehmens" ausdrückt. Es wächst wie ein Organismus, durchläuft Reifephasen, Alterungsprozesse und auch Krankheiten. Krankheiten können von einem leichten Schnupfen bis zu einer lebensbedrohenden Krankheit reichen, die nur durch eine Operation oder völlige Umstellung der Verhaltensweisen des Patienten geheilt werden kann.

Das Topmanagement eines Unternehmens wird dafür bezahlt, Probleme zu lösen und kritische Situationen zu beheben. Der Begriff „Escalation-Management" bringt dies beispielsweise zum Ausdruck. In vielen Unternehmen gibt es eine abgestufte Politik, wie Projektschwierigkeiten begegnet wird. Kann der Projektleiter ein Kundenproblem nicht lösen, so schaltet er das Escalation-Management ein, das erweiterte Befugnisse besitzt, um den Kunden hierarchisch höher anzusprechen und zusätzliche

Ressourcen sowie kulantes Entgegenkommen anzubieten. In der höchsten Stufe wird schließlich das Topmanagement mit dem Fall befasst.

Im Prinzip tritt in einem größeren Unternehmen jeden Tag eine kritische Situation auf: Ein wichtiger Mitarbeiter kündigt, ein bereits fest eingeplantes Projekt wird vom Kunden unvermutet verschoben, ein Kunde geht eine Fusion mit einem anderen Unternehmen ein und stoppt alle bereits laufenden Projekte, das Finanzamt meldet sich mit einer unerwarteten Nachforderung usw.

Von diesem Tagesgeschäft sind aber Krisen zu unterscheiden, welche die gegenwärtige Strategie des Unternehmens in Frage stellen oder sogar ein kurzfristig wirksames Existenzrisiko für das Unternehmen bedeuten. Zu solchen Krisen zählen das plötzliche Wegbrechen eines Produktfeldes, das zu hohen Erlöseinbußen und damit zu großen Verlusten führt, Änderungen von Marktverhältnissen, die eine drastische Änderung der Produktentwicklungsstrategie fordern, oder das Aufkommen neuer Technologien, die das gegenwärtige Produktprogramm auf einen Schlag veralten lassen.

Neben diesen externen Einflüssen gibt es auch interne Krisenauslöser: Eine Massenfluktuation wichtiger Mitarbeiter kann wesentliche Kundenprojekte und Produktentwicklungen gefährden, Missmanagement im Finanzbereich kann eine Liquiditätskrise auslösen usw.

Grundsätzlich gilt: Jede Krise ist lösbar. Sie benötigt nur das richtige Management. Der Begriff Management ist dabei bewusst zweideutig gewählt worden. Zum einen steht er für einen kompetenten Führungskreis und zum anderen für die richtige Vorgehensweise. Ist beides vorhanden, so wird die Krise nicht nur gelöst, sondern das Unternehmen geht auch gestärkt aus ihr hervor. Jede Krise führt dazu, dass die gewohnten Denkschemata und Verhaltensweisen in Frage gestellt werden und neue Richtungen der Weiterentwicklung erkundet werden müssen.

Die erste größere Krise durchlebte die IDS 1992/93.

Bis zu diesem Zeitpunkt waren wir sowohl mit unseren Beratungsleistungen als auch mit unserem Fertigungsleitstand auf industrielle Problemstellungen ausgerichtet. Unsere Kunden waren entsprechend fast ausschließlich Industrieunternehmen. In diesem Jahr geriet aber die Industrie in ein konjunkturelles Tal. Dies führte zu Überkapazitäten und einer restriktiven Investitionspolitik im IT-Bereich. Der Absatz unseres Fertigungssteuerungssystems FI-2 sank rapide. Wozu braucht man auch eine raffinierte Einplanung von Fertigungsaufträgen unter Berücksichtigung aller möglichen Engpassbedingungen, wenn die Produktionsanlagen nicht ausgenutzt sind und der Betriebsleiter beziehungsweise Werkstattmeister die Aufträge quasi per Augenschein einplanen kann?

Da die Dauer dieser Situation nicht abschätzbar war, mussten wir sofort reagieren. Unsere Softwaresparte konnten wir durch die gerade anlaufende ARIS-Produktfamilie erweitern, und unsere Beratungsleistungen dehnten wir auf Dienstleistungsbranchen aus. Insbesondere der letzte Punkt ist leichter gesagt als getan, da wir zunächst die inhaltliche Kompetenz unserer Berater erweitern und neue Fachleute mit entsprechender Branchenerfahrung einstellen mussten, bevor diese Umorientierung greifen konnte.

Aus heutiger Sicht ist die Ausweitung der Beratung auf Dienstleistungsunternehmen wie Banken, Versicherungen, Verkehrsbetriebe, Energieversorger, Telekommunikationsunternehmen und die öffentliche Verwaltung ein Glücksfall für das Unternehmen. Diese Branchen zählen heute zu den wichtigsten Wachstumsfeldern der IDS. Ich bin nicht sicher, ob wir diese Branchen mit der gleichen Intensität erarbeitet hätten, wenn nicht die kritische Situation der Jahre 1992/93 dies erfordert hätte.

Dabei lässt die Statistik der Unternehmenszahlen die kritische Situation kaum erkennen. Zwar haben wir 1992 einen nur geringeren Umsatzanstieg gehabt und auch die Mitarbeiterzahl stagnierte, beides führte aber nicht zu einem Jahresverlust. Wir konnten also durch schnelle Maßnahmen die Situation nicht nur kurzfristig beheben, sondern gleichzeitig den Grundstein für eine langfristige Neupositionierung legen.

Eine noch tiefgreifendere Unternehmenskrise erwischte uns 1997. Auch sie konnten wir so beheben, dass das Unternehmen strategisch und organisatorisch gestärkt wurde und bereits zwei Jahre später den erfolgreichen Börsengang durchführen konnte.

Die Auslöser der Krise, ihre Umstände und die hohen psychischen und physischen Anstrengungen sind mir noch sehr gut in Erinnerung, so dass ich meine Erfahrungen und Ratschläge zum Krisenmanagement durch Beispiele aus dieser Zeit illustrieren möchte.

Frühe Symptome werden ignoriert

Genauso wie sich ein Herzinfarkt durch frühe Symptome wie Armschmerzen oder leichte Herzschmerzen ankündigt, die von dem Patienten aber nicht wahrgenommen werden wollen, gilt dies auch für viele Unternehmenskrisen. Wenn man von einer Produktentwicklungsidee begeistert ist, übersieht man nur zu gerne Warnzeichen, die auf eine veränderte Marktsituation hindeuten.

Der Umsatzeinbruch eines Produktsegments kann durch einen zufälligen Erfolg eines anderen Produktfeldes überlagert werden, so dass insgesamt noch keine kritische Gesamtwirkung eintritt. Erst wenn die Decke des zufälligen Erfolgbringers weggezogen wird, liegt die negative Entwicklung offen.

Es ist eine bekannte Erkenntnis der Industrieökonomie, dass bei einem technologischen Trendbruch etablierte Unternehmen zu lange in ihren alten Produktfeldern verharren. Die neue Technologie steht am Anfang, sie hat bei einem direkten Vergleich zu der bestehenden Technologie noch Nachteile, besitzt aber ein höheres Entwicklungspotenzial, das die etablierten Unternehmen nicht wahrnehmen wollen. Kurz: Die erfolgreichen Pferdekutschenbauer des 19. Jahrhunderts waren eben nicht die Automobilproduzenten des 20. Jahrhunderts.

Auch die IBM hatte, kurz bevor sie in eine schwere Krise geriet, mit dem Verkauf ihrer Großrechner eines der erfolgreichsten Jahre ihrer Geschichte erlebt. Der unterhalb dieser Entwicklung bereits liegende negative Trend für Großrechner und aufsteigende Trend für vernetzte Client-Server-Systeme hatten sich noch überlagert. Als dann der Abstieg der Großcomputer stärker war als der von der IBM nur halbherzig betriebene Einstieg in vernetzte Systeme, war die Krise sichtbar.

Bei dem Computerhersteller Digital Equipment (DEC) wurde der technologische Bruch zwischen proprietären Betriebssystemen und dem offenen Betriebssystem Unix unterschätzt. Schließlich war das eigene Betriebssystem VMS bereits auf vernetzte Systeme ausgerichtet und in allen Vergleichen dem noch unausgereiften Unix-System überlegen. Wozu sollte man deshalb radikal von dem eigenen erfolgreichen Produkt auf ein noch unerprobtes und weniger ausgereiftes „Fremdprodukt" umsteigen? Trotzdem entschied der Markt anders.

Die Krise wirkt wie ein Schock

Mich erwischte unsere Krise Anfang März 1997 wie ein Schock. Ich war gerade auf einer Vortragsreise in Südafrika und hatte vormittags einen Vortrag in Johannesburg gehalten. Nachmittags rief mich Dr. Pocsay an und eröffnete das Gespräch mit der Formulierung: „Ich muss Ihnen eine schlechte Nachricht übermitteln, wir haben im Februar einen Verlust in der Größenordnung von 1,5 Millionen DM erlitten."

Ein einzelner Monatsverlust ist im Prinzip noch nichts besonders Aufregendes. Dieser kann durch zeitliche Verschiebungen von Kundenaufträgen oder saisonal bedingte Urlaubszeiten vieler Mitarbeiter, überdurchschnittlich viele Feiertage innerhalb des Monats usw. bedingt sein.

Die Größenordnung des Verlustes war allerdings bei einem Monatsumsatz von sechs Millionen DM erschreckend. Bereits im Januar hatten wir einen Verlust von rund 200.000 DM hinnehmen müssen, der uns zwar beunruhigt, aber noch nicht alarmiert hatte. Nun begann die Entwicklung zu galoppieren. Auch im laufenden Monat März schien sich die Situation nicht zu bessern.

Wir hatten zwei Jahre vorher, also im Jahr 1995, damit begonnen, unsere ARIS-Produkte um neue Produktreihen zu einem kompletten Software-Entwicklungssystem auszuweiten. Leitlinie sollte dabei unser Vier-Ebenen-Konzept House of Business Engineering (HoBE) sein, das ich im Kapitel XIII „Scheer(Ex)Kurs" etwas ausführlicher vorstelle. Es genügt zum Verständnis der folgenden Ausführungen aber bereits ein Blick auf die Abbildung 12 auf Seite 231.

Die Grundidee war, aus unseren fachlich und organisatorisch orientierten Geschäftsprozessmodellen Workflow-Systeme und Anwendungssoftware zu konfigurieren. Die Ausweitung sollte sich also vor allem auf die Entwicklung von Software auf den Ebenen III und IV der HoBE-Architektur beziehen. Wir nannten die neuen Produkte „ARIS Workflow" und „ARIS Applications".

Dazu hatten wir begonnen, ein eigenes Workflow-System und Anwendungssoftware auf der Grundlage objektorientierter Ansätze zu entwickeln. Eine besondere Eigenschaft dieser Softwarearchitektur sollte sein, dass ein Benutzer, ohne in den Programmcode eingreifen zu müssen, weitreichende

Gestaltungsmöglichkeiten der Software erhalten würde. So sollte er die Bildschirmmasken in Aufbau und Anordnung der entsprechenden Ein- und Ausgabefelder in einfacher Form verändern beziehungsweise sie automatisch aus den fachlichen Modellbeschreibungen erzeugen können.

Ein kleines Beispiel soll dies erläutern:

Werden die zwei betriebswirtschaftlichen Funktionen der Erfassung von eingetroffenen Waren und deren Zuordnung zu bestimmten Lagern von *einer* Person ausgeführt, so sollten beide Funktionen (Erfassung und Lagerzuordnung) mit *einer* Bildschirmmaske unterstützt werden. Werden dagegen die beiden Funktionen aus organisatorischen Gründen von örtlich getrennt arbeitenden Mitarbeitern vorgenommen, so sollten automatisch *zwei* Masken erstellt werden. Bei einer organisatorischen Änderung von der einen Form in die andere sollte sich das System also automatisch anpassen.

Dieses Beispiel kennzeichnet den verfolgten Grundgedanken, eine Softwarearchitektur zu entwickeln, die vor allem die organisatorische Veränderung von Unternehmen unterstützen sollte. Dies sollte in Zeiten stürmischer organisatorischer Veränderungen von Unternehmen den Innovationsgehalt der Konzeption ausmachen.

Das ebenfalls durch die Geschäftsprozessmodelle konfigurierbare Workflow-System sollte sich deshalb ebenso automatisch organisatorischen Änderungen bei dem Transport der elektronischen Dokumente und einer veränderten Zuordnung von Arbeitsaufgaben auf Arbeitsplätze anpassen.

In diesem Ansatz kamen alle meine eigenen Forschungskonzepte der letzten Jahre sowie auch viele Ideen der Entwickler der IDS zum Ausdruck. Wir waren überzeugt, eine völlig neue Softwarearchitektur entwickelt zu haben. Die Begeisterung erster innovativer Anwender bestätigte unsere Meinung. Auf der Computermesse Systems 1996 in München erhielten wir für den gezeigten Prototypen unseres Systems den 1. Preis für Innovationen der internationalen Zeitschrift „Byte Magazine".

Zur Realisierung hatten wir in den Jahren 1995 und 1996 die Software-Entwicklungsgruppe der IDS fast verdreifacht. Die Entwicklungskosten wollten wir durch die Erlöse aus unserem Erfolgsprodukt ARIS sowie den Umsätzen des Beratungsbereiches finanzieren.

Diese Erwartungen gingen aber aufgrund mehrerer nicht vorhersehbarer Faktoren nicht auf:

1. Die Steigerungsraten des ARIS-Umsatzes entwickelten sich Ende 1996/Anfang 1997 keineswegs so positiv, wie wir es erwartet hatten. Insbesondere in dem SAP-Markt, in dem ARIS zur Erleichterung und Verbesserung der Implementierung des R/3-Systems eingesetzt wurde, waren Irritationen aufgetreten. Die SAP hatte ein eigenes System unter der Bezeichnung „Business Engineer" angekündigt, das eine modellunterstützte Konfiguration des R/3-Systems vorsah. Zwar sollten die Schnittstellen zu unserem ARIS-Produkt offengelegt werden, so dass unser ARIS-System weiter einsetzbar war, jedoch war dies nur mit einem zusätzlichen Argumentationsaufwand gegenüber dem Kunden zu verdeutlichen. Darüber hinaus hatte die SAP die Zusammenarbeit mit einem amerikanischen Konkurrenten von uns verstärkt, der ebenfalls ein Modellierungswerkzeug anbot, das in Teilen unserem ARIS-Produkt nachempfunden war. Dies verunsicherte die Kunden, zumal der amerikanische Konkurrent die Verunsicherung des Marktes aggressiv schürte.

2. Der Innovationsgehalt unseres Konzeptes lag mehr auf dem Gebiet der Softwaretechnologie als auf der Entwicklung neuer betriebswirtschaftlicher organisatorischer Lösungskonzepte. Zwar konnten wir damit Experten beeindrucken und begeistern, hatten aber bei den Fachabteilungen eine deutlich schwierigere Argumentationsbasis. Sie hatten gerade erst die Client-Server-basierte Anwendungssoftware verdaut und wollten nicht schon wieder neue Konzepte.

3. Die starke Konzentration auf die Produktentwicklung hatte uns von der Weiterentwicklung des Beratungsbereiches abgelenkt, so dass dessen Wachstum nicht ausreichte, um die Entwicklungskosten und die Abschwächung der ARIS-Umsätze aufzufangen.

4. Die Begeisterung unserer Pilotkunden verführte uns zu hohen Umsatzerwartungen, auch schon bei der noch nicht ausgereiften ersten Version des Systems. Die Prognosen der Produktmanager stellten sich aber bei kritischer Betrachtung als zu optimistisch heraus – das Produkt brauchte eine viel längere Anlaufphase als erwartet.

Diese Situation war mir in dem Telefongespräch aus Johannisburg mit Alexander Pocsay zwar nicht sofort in dieser Systematik klar, trotzdem fiel es mir wie Schuppen von den Augen, dass wir in den letzten Monaten die bereits sichtbaren Zeichen nicht sehen wollten, um uns nicht eingestehen zu müssen, dass unsere ehrgeizige Vision gefährdet war. Nach dem Motto „Augen zu und durch" vertrauten wir darauf, dass die Konzeption ein Markterfolg werden würde und einsetzende Umsätze des Produktes die steigenden Entwicklungskosten tragen würden.

Unsere erste telefonische Analyse versprach keine kurzfristige Ergebnisbesserung. Vielmehr mussten wir davon ausgehen, dass sich die schlechten Ergebnisse in den kommenden Monaten fortsetzen, wenn nicht noch verstärken würden.

Nach dem Telefonat fiel ich in ein emotionales Loch. Ich machte mir starke Selbstvorwürfe, die Situation nicht besser durchschaut zu haben.

Zwei Stunden nach dem Telefonat hatte unser südafrikanischer Vertriebspartner „Software Futures" das bekannteste Jazzlokal in Johannesburg, das „Green Dolphin", gemietet, um für rund 150 eingeladene Kunden ein Gala-Essen mit Jazzmusik zu veranstalten. Ich sollte als eine besondere „Attraktion" bei der Band einsteigen. Natürlich war mir nunmehr nach allem zumute, nur nicht danach, den Clown spielen zu müssen. Obwohl mir fast schlecht war, mussten meine Partnerin Sigrid und ich an dem Dinner teilnehmen. Ich musste die festlich gekleideten und gut gelaunten Gäste begrüßen und mit der (sehr guten) Band einige Stücke spielen.

Da meine Gedanken natürlich ständig mit der Krisensituation befasst waren, hielt ich es kaum an meinem Platz aus und ging mehrfach vor die Tür. Draußen entlud sich ein tropisches Gewitter und der Regen prasselte nur so herunter. Ich versuchte gedanklich, erste Lösungsskizzen zu entwickeln und mich über die zu treffenden Maßnahmen zu orientieren. Meine Gedanken verstrickten sich aber eher in düsteren Szenarien. Trotzdem gab ich mir immer wieder einen Ruck und ging an meinen Tisch zurück, um mich am Smalltalk zu beteiligen.

Endlich war der Abend beendet, und ich konnte mich verabschieden. Ich weiß nicht, ob es die Anerkennung für mein Saxofonspiel oder das intuitive Erkennen meiner Ausnahmesituation war, die meine südafrikanische Tischdame bewog, mir beim Abschied einen überraschenden Mundkuss zu geben. Gott sei Dank war ich wenigstens noch fähig, dies zu registrieren!

Der Kapitän muss auf die Brücke

Befindet sich ein Schiff in Seenot, kann der Kapitän nicht ruhig in der Koje schlafen, sondern sein Platz ist auf der Kommandobrücke. Er trägt die Verantwortung und muss dies auch gegenüber seiner Mannschaft dokumentieren. Wer erinnert sich nicht noch an die kritischen Pressemeldungen über das Tankerunglück der Exxon Valdez vor Alaska am 24. März 1989, bei dem der Kapitän während des Unglücks schlief?

Obwohl ich meine Vortragstermine in Südafrika in den nächsten Tagen weiter wahrnahm, waren meine Gedanken nahezu ausschließlich mit der Analyse der Unternehmenssituation beschäftigt. Per Fax rief ich für den Sonntag nach meiner Rückkehr die Führungsebene, bestehend aus dem Geschäftsführer Dr. Pocsay, seinem Vertreter Helmut Kruppke und weiteren acht Managern, zusammen. In einer von mir festgelegten 20 Punkte umfassenden Tagesordnung versuchte ich so viele Informationen über die gegenwärtige Situation und deren Weiterentwicklung zu erfassen wie nur möglich. Jedem dieser Tagesordnungspunkte ordnete ich zur Vorbereitung einen Manager zu. Im Einzelnen wurden

- die aktuelle Situation bezüglich der Auftragslage und die Signale für das Produktinteresse auf der in der folgenden Woche beginnenden CeBIT,
- der genaue Entwicklungsstand der neuen Produkte,
- das aktualisierte Vertriebs- und Marketingkonzept der neuen Produkte,
- die aktualisierte Planung und Break-even-Analyse der neuen Produkte,
- Personalkosten, Marketingkosten 1997 sowie
- zu treffende Maßnahmen bezüglich Einstellungspolitik, Kostensenkung, Vertriebsverstärkung, Änderung der Produktpolitik und Partnerkonzept

behandelt.

Die Sitzung verlief ernst und konstruktiv. Nachdem Dr. Pocsay die generelle Situation kurz geschildert hatte, stellten die Manager jeweils ihre Themenkomplexe vor. Obwohl nicht erwartet werden kann, dass in einer ersten Sitzung bereits ein Lösungskonzept sichtbar wird, zeigten sich doch erste Schwerpunkte für die zu verfolgende Richtung. Sie konnte durch *sechs* Punkte beschrieben werden:

Erstens: Kurzfristig mussten wir alles daransetzen, die Ertragssituation zu verbessern. Dazu wurden erste Maßnahmen zur Kostensenkung, zum Beispiel im Bereich des Marketings, getroffen. Die Akquisition neuer Beratungsprojekte wurde zur Chefsache mit höchster Priorität erklärt, um im Beratungsbereich möglichst schnell eine Umsatzsteigerung zu erzielen. Gleichzeitig wurden Sofortmaßnahmen zur Steigerung des Produktvertriebes verabredet.

Zweitens: Es war klar, dass mit kurzfristigen Maßnahmen unser grundsätzliches Problem der Produktentwicklung nicht gelöst werden konnte. Die Breite der Konzeption erforderte einen so hohen Entwicklungsaufwand, dass er von uns allein nicht erbracht werden konnte. Projekte mit ähnlich ehrgeizigen Zielen wie unser Ansatz, so zum Beispiel das von der IBM unter der Überschrift „San-Francisco-Projekt" gestartete Framework-System, verschlangen jährlich dreistellige Millionen-Dollar-Beträge. Auch das von der Siemens Nixdorf AG entwickelte Konzept „Community", das einer ähnlichen Architektur folgte, verschlang enorme Entwicklungskosten.

Wir waren damit zwar mit unserem Konzept in guter Gesellschaft, aber bezüglich der Finanzkraft nicht vergleichbar.

Heute würde dies ein kleineres Unternehmen nicht einmal abschrecken. Für eine gute Produktidee finden sich auf dem Venture-Capital-Markt Investoren. Dies war 1997 aber in Deutschland noch nicht so ausgeprägt und üblich. Jedenfalls kamen wir erst gar nicht auf eine solche Idee.

Mir war klar, dass wir für die Weiterentwicklung der Produkte einen finanzkräftigen Partner brauchten. Dies musste ein Eckpfeiler der weiteren strategischen Maßnahmen sein.

Drittens: Gleichzeitig musste die Produktpolitik neu überdacht werden. Unsere Begeisterung für die Vision hatte uns den Blick auf den Markt der Kunden und Konkurrenten getrübt.

Viertens: Wir mussten unsere Position zur SAP-Produktentwicklung des Business Engineer klären und die Irritationen der Kunden des SAP-Marktes beseitigen, bevor sich dies negativ auf unser wichtiges R/3-Einführungsgeschäft auswirken konnte.

Fünftens: Wir mussten unsere Organisation ändern. Das schnelle Wachstum und die überwiegende Einstellung von Hochschulabsolventen waren zu Lasten einer klaren Organisationsstruktur und einer professionellen Personalarbeit gegangen. Insofern legte die Produktkrise auch generelle Wachstumsprobleme der IDS offen. Die Personalarbeit beschränkte sich im Wesentlichen auf die administrative Abwicklung von Akquisitions- und Einstellungsmaßnahmen. Eine systematische Weiterbildungs- und Karriereförderung war noch nicht installiert. Wir brauchten dringend einen professionellen Personalmanager.

Durch die Einstellung erfahrener Manager mit Branchenkenntnissen mussten wir unseren engagierten und motivierten jungen Mitarbeitern eine stärkere Führung und Unterstützung geben.

Sechstens: Durch den stärkeren Ausbau des Beratungsbereiches mussten die (risikoärmeren) Chancen des boomenden Beratungsgeschäftes genutzt und dadurch die Risiken im Produktbereich gemildert werden.

Die am Mittwoch nach der sonntäglichen Managementsitzung beginnende CeBIT sollte genutzt werden, um erste Partnerkontakte aufzunehmen. Gleichzeitig konnten weitere Kundenreaktionen auf die Produktkonzeption getestet werden.

Trotz dieser bereits sichtbaren Richtung der Reorganisation war ich alles andere als beruhigt. Ich wusste, dass ich in den nächsten Wochen und Monaten den entscheidenden Kampf meines Lebens zu führen hatte, um das Schiff zu stabilisieren. Ich wusste auch, dass ich dazu Hilfe von außen benötigen würde, um die richtigen Entscheidungen treffen zu können. Aber wo konnte man diese finden?

Hilf Dir selbst, so hilft Dir Gott!

Die beste Hilfe findet man in sich selbst. Deshalb ist es sehr wichtig, sich psychisch und physisch so aufzubauen, dass man den Belastungen gewachsen ist. Ferner muss man die Wirkung der eigenen Persönlichkeit genau kontrollieren. Läuft man ständig mit eingeknicktem Kopf, hängenden Schultern und grüblerischem Gesichtsausdruck durch die Gegend, so wirkt das weder auf Mitarbeiter motivierend, noch erscheint es bei Kunden und Partnern vertrauenserweckend.

Ich begann deshalb sofort, mein tägliches Fitness-Programm zu intensivieren. Dazu gehören insbesondere morgendliche Waldläufe. Meine Joggingkleidung ist ein „Muss" bei jeder Reise. Die Sicherheit, im Vollbesitz der physischen Kräfte zu sein, verbessert auch die Persönlichkeitswirkung. Wenn man weiß, dass man über die nötige körperliche Kondition verfügt, auch eine anstrengende Nachtsitzung mit einem Verhandlungspartner durchzustehen, so ist das von unschätzbarem Vorteil. Auf mich haben jedenfalls Personen, die um ein Gespräch bitten, weil sie in einer wirtschaftlichen Zwangssituation sind, und dabei aussehen wie ihr eigener Leichnam, eher eine abschreckende Wirkung in Bezug auf Kooperationspläne. Wenn jemand niedergeschlagen berichtet, dass er ein Softwarehaus mit 15 Mitarbeitern seit fünf Jahren aufrechterhält, ohne Gewinn zu erzielen, dabei seine gesamten Ersparnisse samt einer auf das Privathaus aufgenommenen Hypothek riskiert hat und nun von seiner Frau unter Druck gesetzt wird, den letzten Rest der wirtschaftlichen Absicherung nicht auch noch zu riskieren, dann ist das kein guter Gesprächsanfang. Auch Besuche von Gründern von Softwarehäusern, die um Kooperationsgespräche bitten, um ihr bisher erfolgloses Produkt mit unserem erfolgreichen ARIS-System als Zugmaschine verbinden zu können und dabei sofort ihre prekäre Situation durch Körpersprache durchblicken lassen, machen eher misstrauisch. Geschäftliche Kooperation kann nun einmal nicht auf Mitleid gegründet werden.

Also, die beste Hilfe ist die Selbsthilfe, und dazu muss man sich physisch und psychisch stark machen. Zur psychischen Stärkung hilft auch das familiäre Umfeld. Gefährlich ist es, pessimistische Unternehmensnachrichten in den Freundeskreis hineinzutragen, wenn man sich nicht absolut sicher ist, dass sie nicht weitergegeben werden. Außerdem können persönliche Freunde auch kaum helfen. Sie sind in der Regel selbst solchen Situationen noch nicht ausgesetzt gewesen und können sich auch deshalb kaum in die Lage hineinversetzen und fundierte Ratschläge geben.

Dagegen ist natürlich emotionale Unterstützung durch einen Lebenspartner sehr hilfreich. Dies darf aber nicht in einer zu intensiven Anteilnahme des Partners an dem Vorgang geschehen, da ansonsten die Angstgefühle des Partners bezüglich seiner eigenen Interessen die gesamte Situation eher weiter aufschaukelt. Ein distanzierter, zuhörender und mit Ratschlägen sparsam umgehender Partner ist die beste Unterstützung. Ein kurzes Fax oder eine kurze E-Mail mit einem aufmunternden Spruch vor einem wichtigen Termin sind hilfreicher als eine ellenlange verkrampfte Diskussion.

Auch ist es wichtig, sich die eigenen Stärken (zum Beispiel Visionskraft, Qualität und Engagement der Mitarbeiter, wichtige Partner, gutes Image) bewusst zu machen, da die ständige Diskussion der Probleme eine insgesamt zu negative Stimmung erzeugt.

Wegen der hohen nervlichen Anspannung wächst die Gefahr für Fehler. Der alte Kalauer, dass in einer beruflichen Krise auch ein selbstverschuldeter Autounfall passiert, der Führerschein bei einer Alkoholkontrolle abgenommen wird, die Ehefrau die Scheidung einreicht und der Arzt eine schwere Krankheit entdeckt, ist nicht ohne Begründung.

Deshalb ist die positive Selbstmotivation und Beruhigung während der Stresszeit besonders wichtig. Kleine Erfolgserlebnisse und ablenkende Tätigkeiten verhindern eine verkrampfte Haltung. Ich habe zum Beispiel in dieser Zeit neben meinem körperlichen Fitnessprogramm besonders viele erfolgreiche Vorträge im In- und Ausland gehalten und konsequent jede freie Minute zur Bearbeitung der Neuauflagen meiner ARIS-Bücher genutzt.

Innerlich gestärkt hat mich auch, dass mir in dieser Zeit die Ehrendoktorwürde der tschechischen Universität Pilsen angetragen wurde.

Meiner loyalen und langjährigen Sekretärin erklärte ich die Situation und meinen bevorstehenden kompromisslosen Einsatz. Sie sagte mir sofort ihre volle Unterstützung zu und sorgte in den nächsten Monaten dafür, dass mich jede wichtige Information sofort erreichte – wo immer ich mich auch aufhielt – und hielt unwesentliche Vorgänge von mir fern. Auch setzte sie ihr ganzes diplomatisches Geschick ein, um auch scheinbar unmögliche Termine mit jedem von mir gewünschten Gesprächspartner zu realisieren.

Bei der Lösung der konkreten Geschäftsprobleme können, wenn überhaupt, nur Profis helfen. Aber auch hier ist Vorsicht geboten. Es gibt durchaus Berater, die sich wie Aasgeier über ein angeschlagenes Unternehmen hermachen. Am besten sind deshalb Berater, deren fachliche Kompetenz für die anstehenden Fragen unbestritten ist und die gleichzeitig wissen, dass sie bei nicht fachgerechter Beratung selbst einen Imageschaden oder den Verlust einer wichtigen geschäftlichen oder privaten Beziehung riskieren. Noch drastischer ausgedrückt: Man kann nur jemandem trauen, der weiß, dass man ihm fehlerhaftes Verhalten heimzahlen kann.

Eine gute Unternehmensleitung sollte von vornherein ein Netzwerk an wichtigen Personen unterhalten, über das sie in kritischen Situationen Einfluss nehmen kann, um Kontakte auf höchster Ebene zu möglichen Partnerunternehmen, Kunden oder politischen Institutionen herstellen zu können.

Ich habe mir sehr genau überlegt, ob und wen ich überhaupt andeutungsweise über die Situation und die zu treffenden Entscheidungen informieren wollte. Die wesentlichste Hilfe gab mir mein Freund Wilhelm Heinrich Kister. Er war früher Geschäftsführer des zweitgrößten Computerherstellers der Welt, Digital Equipment (DEC), mit Zuständigkeit für Deutschland und Europa gewesen und hatte in Deutschland das Unternehmen quasi von null auf mehrere Tausend Mitarbeiter mitaufgebaut. Inzwischen war er aber aus dem Unternehmen ausgeschieden und betätigte sich als selbstständiger Berater. Unsere Bekanntschaft ging darauf zurück, dass er mir vor über zehn Jahren eine Geschäftsführungsposition bei DEC angeboten hatte. Die Bekanntschaft war anschließend in eine Freundschaft übergegangen. Von der CeBIT aus rief ich ihn an, erklärte ihm die Situation und bat ihn um seine fachliche Beratung. Am nächsten Tag war er in Hannover und wir führten die ersten Diskussionen.

In den nächsten vier Monaten unterhielten wir einen sehr intensiven Telefonkontakt und trafen auch mehrfach zu persönlichen Gesprächen zusammen. Er war für mich der ideale Gesprächs- und Sparringspartner. Die unterschiedlichen Erfahrungen und Einstellungen kann ich am besten an der Schilderung eines früheren Gespräches zwischen uns zeigen. Als ich ihm einmal mit großer Begeisterung von unseren ARIS-Ideen erzählte, guckte er nur gelangweilt aus dem Fenster. Ich sagte ihm, dass es mich ärgern würde, dass er so wenig Anteil an meinen Ausführungen nähme. Darauf antwortete er: „Weißt Du, Ideen gibt es wie Sand am Meer. Wenn ich ein Produkt wie Eures auf den Markt bringen möchte, und Du wärst mit Deinem ARIS-Konzept nicht gesprächsbereit, dann würde ich eben 50 km weiter zur Universität Kaiserslautern gehen. Wenn ich dort keine entsprechende Idee finden würde, ginge ich 50 km weiter zur Universität Mannheim, wenn dies erfolglos ist, zur Universität München, wenn dies erfolglos ist, zum MIT nach Boston, wenn dies erfolglos ist, nach Stanford usw. Man findet auf der ganzen Welt junge Leute, die sich die Nächte um die Ohren schlagen, um im Rahmen von Diplom- oder Doktorarbeiten neue Ideen zu entwickeln. Viel wichtiger als die Produktion von Ideen ist ihre Vertriebsumsetzung."

Diese Einstellung war der genaue Gegenpol zu unserer idealistischen Visionsgetriebenheit und konnte uns wieder auf den Teppich bringen.

Neben seiner sachlich nüchternen Einstellung half mir in den folgenden Monaten aber vor allen Dingen seine Managementerfahrung. So haben wir die wichtigsten Gesprächstermine jeweils vorbereitet, alternative Gesprächsverläufe diskutiert und am Telefon Formulierungen für wichtige Argumentationsketten geprobt.

Da die IDS keine Liquiditätsprobleme hatte – sie verfügte wegen der nicht entnommenen Gewinne der letzten Jahre über ein gesundes Finanzpolster –, war Hilfe durch Banken, staatliche Überbrückungskredite oder Venture-Capital-Fonds nicht erforderlich. Es waren ausschließlich unsere internen strategischen und organisatorischen Probleme zu lösen.

Erfolg besteht aus 25 % Strategie plus 75 % Umsetzung

Ist eine Krise erst einmal erkannt und analysiert worden, so ist die grundsätzlich zu verfolgende Strategie schon fast automatisch gegeben.

Die grundsätzliche strategische Richtung lag mit dem aufgeführten Sechs-Punkte-Programm auch bereits frühzeitig vor – die Diskussion von konkreten Lösungsalternativen, die Auswahl der richtigen Vorgehensweise und die Ausführung der beschlossenen Maßnahmen standen aber noch bevor, und dies war der weitaus schwierigste Teil. Die Umsetzung von vier der sechs Punkte war unsere interne Hausaufgabe. Die Suche eines Entwicklungspartners und die Klärung der Zusammenarbeit mit der SAP auf dem Gebiet der Modellierung waren aber externe Aufgaben.

SAP als bevorzugter Partner

Ich legte eine Liste mit Kriterien an, nach der ein externer Wunschpartner für eine Beteiligung an der IDS zu beurteilen wäre, und ordnete unterschiedliche mögliche Partner ein. Dabei zeigte sich bereits nach kurzer überschlägiger Betrachtung, dass als unser Wunschpartner nur die SAP in Frage kam. Die wesentlichen Argumente waren: Wir hatten über zehn Jahre auf verschiedenen Gebieten der Softwareentwicklung erfolgreich zusammengearbeitet, und ein großer Teil unseres Beratungsumsatzes wurde mit der Einführung von R/3-Systemen erzielt. Viele unserer Kunden hatten sich strategisch für die unternehmensweite Einführung der SAP-Software entschieden. Bei einer Beteiligung der SAP an der IDS würden die Marktirritationen über den Einsatz von ARIS als R/3-Implementierungstool beseitigt sein. In der Zusammenarbeit mit der SAP würden wir mit unserem amerikanischen Konkurrenten, an dem die SAP finanziell beteiligt war, gleichziehen. Der Unternehmenswert der IDS würde sich durch die Beteiligung der SAP bei einem Börsengang wesentlich erhöhen. Die Kulturen beider Unternehmen waren ähnlich. Es bestanden schon vielfältige fachliche und persönliche Beziehungen zwischen Mitarbeitern, die zum Teil in gemischten Projekten gearbeitet hatten und – sicher nicht als letzten Punkt zu nennen – die SAP verfügt über schnelle Entscheidungswege, so dass mit einer raschen Abwicklung zu rechnen war.

Das Interesse der SAP an einer Beteiligung sollte deshalb mit erster Priorität erkundet werden.

Als ich den damaligen Vorstandsvorsitzenden der SAP, Herrn Dietmar Hopp, direkt nach der CeBIT auf die Möglichkeit einer Kapitalbeteiligung der SAP an der IDS ansprach, war er sofort davon angetan. Die vielen Gespräche und Telefonate der nächsten Zeit mit ihm und den Vorständen Hasso Plattner und Henning Kagermann verliefen in sachlicher und gleichzeitig freundlicher Atmosphäre. Im Vordergrund standen die technische Vorstellung und Diskussion unserer Softwarearchitektur, um möglichst viele Synergien durch gemeinsame Entwicklungen erzielen zu können. Für die SAP war wichtig, dass die IDS sowohl ein Beratungs- als auch ein Produkthaus bleiben würde.

Wegen meiner Mitgliedschaft im Aufsichtsrat der SAP mussten die Vertragsverhandlungen und die Untersuchungen der Wirtschaftsprüfer (due diligence) extrem sorgfältig durchgeführt werden, um jegliche Vermutungen von Interessenkollisionen ausschließen zu können.

Daneben führte ich auch Gespräche mit Vorständen anderer deutscher und ausländischer Beratungs-, Telekommunikations- und Softwareunternehmen. Dies war wichtig, um den Marktwert der IDS zu testen und alternative Entwicklungsmöglichkeiten für das Unternehmen zu diskutieren. Es zeigte sich aber auch hier, dass wegen der hohen Synergieeffekte die Beteiligung der SAP am sinnvollsten war.

Obwohl bei einer Kapitalbeteiligung eigentlich nicht mehr als fünf bis zehn Kernpunkte auf Topebene zu verhandeln sind, schafften es die beteiligten Juristen und Wirtschaftsprüfer, einen über 200 Seiten umfassenden, einzeilig geschriebenen Vertrag aufzusetzen.

Zu den wesentlichen auf Topebene zu verhandelnden Vertragspunkten zählen: Die prozentuale Höhe einer Beteiligung, der Preis und wesentliche Themen der Zusammenarbeit.

Die mehr juristisch interessanten Details werden zwischen den beteiligten externen Beratern und den internen Fachleuten in intensiven, teilweise auch nächtelangen Verhandlungen ausdiskutiert. Wenn sie schließlich abgestimmt sind und der Vertrag vom Notar beglaubigt worden ist, wird er in der Regel nie mehr zur Hand genommen.

Ich habe mich in die Detaildiskussionen Gott sei Dank nicht einbringen müssen, sondern mich auf die mit den SAP-Vorständen direkt zu entscheidenden Punkte konzentriert. Ich habe aber Alexander Pocsay und Helmut Kruppke bedauert, auch das Kleingedruckte bearbeiten zu müssen. Auf jeden Fall war dies eine sehr gute Vorübung für die Vertragsverhandlungen mit den Bankenvertretern, Wirtschaftsprüfern und Rechtsanwälten anlässlich des Börsenganges. Hier wurde die Komplexität des Vertragswerkes noch weit übertroffen.

Produktstrategien

Bezüglich der Produktstrategie nahmen wir eine genauere Marktanalyse vor. Hier zeigte sich schon bald, dass der Workflow-Markt sehr problematisch ist. Kaum einer der schon bestehenden Anbieter war wirtschaftlich erfolgreich. Dies machte die Weiterentwicklung des ARIS-Workflow-Systems problematisch.

Die zu der SAP-R/3-Lösung komplementären Märkte, die wir uns am Anfang der Entwicklung der ARIS Applications überlegt hatten, wurden inzwischen mehr und mehr von der SAP selbst besetzt, so dass die Aussichten für komplementäre erfolgreiche Anwendungssoftware schwanden.

Das Internet war bereits am Horizont zu sehen und mit ihm die Entwicklung neuer Computersprachen und Architekturen.

Alles dies führte zu dem Schluss, dass wir die Software-Entwicklung auf die Ebenen I und II unserer HoBE-Architektur konzentrieren und die Entwicklungen der Ebenen III und IV, also das ARIS Workflow und die ARIS Applications, als eigenständige Produkte einstellen mussten, um stattdessen auf diesen Gebieten mit der SAP zusammenzuarbeiten. Dies bedeutete, dass unsere Entwickler die SAP bei der Weiterentwicklung des SAP-Workflow-Systems, der R/3-Architektur und Logistikanwendungen unterstützen konnten.

Dass Produktentwicklungen während ihrer Entwicklungszeit abgebrochen werden, ist im High-Tech-Bereich nichts Ungewöhnliches. Es treten während der Entwicklungszeit so viele neue Erfahrungen und Ereignisse auf, die das ursprüngliche Konzept plötzlich als falsch erkennen lassen. Es gibt Statistiken, denen zufolge mehr als siebzig Prozent aller Entwicklungen vor Fertigstellung der Produkte wieder eingestellt werden. Man spricht deshalb auch in solchen Situationen brutal von „Abtreibungen".

Natürlich fiel uns aber die Entscheidung, die Entwicklungen einzustellen, nicht leicht. Über Wochen hinweg diskutierten wir Möglichkeiten, zumindest Teile davon weiterzuentwickeln und andere Teile von anderen Softwarehäusern zu übernehmen und in das Konzept einzumontieren. Am Ende stellte sich dann aber doch heraus, dass bei dem von uns geforderten hohen technischen Integrationsgrad entweder nur eine komplette Eigenentwicklung oder die Einstellung in Frage kam.

Das erste Interview führte 1984 Heidrun Haug.
Die Überschrift des Artikels ist bereits Programm.

Mitarbeiter des Instituts für Wirtschaftsinformatik (IWi)
beim IWi-Fest am 6. Juli 1985. Von den 25 Mitarbeitern
wechselten später 15 zur IDS.

Messe-Stand der IDS Prof. Scheer GmbH auf der CeBIT 1989

Messe-Stand der IDS Scheer AG auf der CeBIT 1999

Erstes IDS-Domizil 1986:
2 Zimmer, Küche und Bad

Spatenstich zum Bau des
eigenen Gebäudes im
Saarbrücker Innovations-
und Technologiezentrum
(SITZ) am 2. März 1994

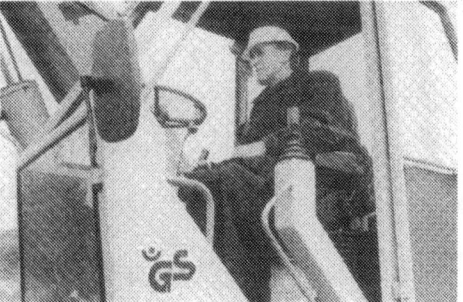

Das IDS-Gebäude in Saarbrücken im vollen Glanz
seit Ende 1995

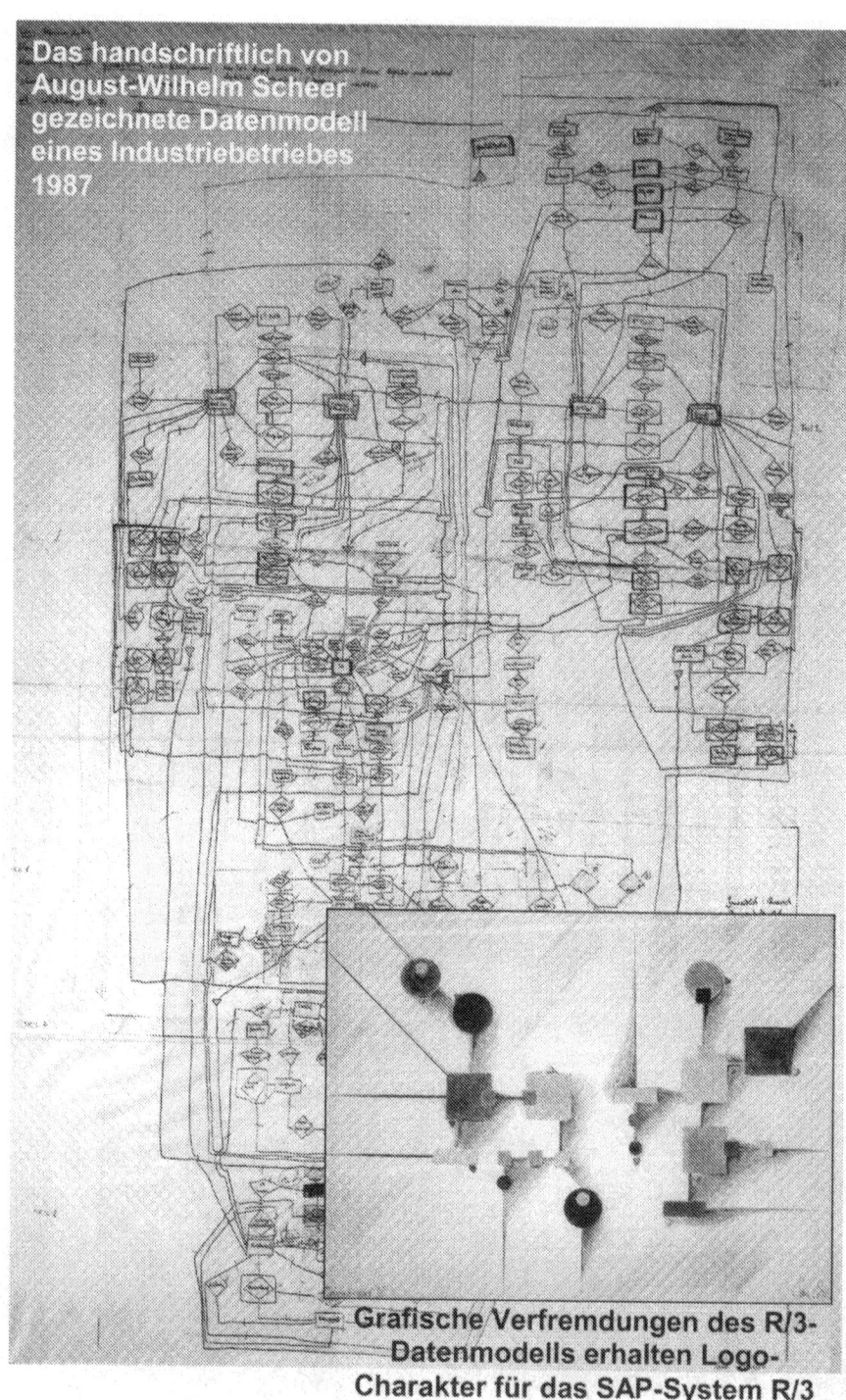

Das handschriftlich von August-Wilhelm Scheer gezeichnete Datenmodell eines Industriebetriebes 1987

Grafische Verfremdungen des R/3-Datenmodells erhalten Logo-Charakter für das SAP-System R/3

1994 Verleihung der Würde eines Honorarprofessors an Hasso Plattner, Vorstandssprecher der SAP AG, für seine Dozententätigkeit am IWi durch Minister Prof. Dr. Diether Breitenbach und Universitätspräsident Günther Hönn

1995: Verleihung der Titels „Beratender Professor der Tongji-Universität" in Shanghai durch die Präsidentin Prof. Dr. Quindi Wu

Verleihung der Ehrendoktorwürde der Universität Pilsen 1997 durch den Rektor Dr. Holenda

Gespräch über Unternehmensgründungen mit Prof. Dr.-Ing. E.h. Artur Fischer, Gründer der Fischerwerke in Tumlingen, während der Saarbrücker Arbeitstagung 1989, auf welcher Herr Fischer einen Hauptvortrag hielt.

Session im Jazz-Club „Green Dolphin" in Johannisburg/Südafrika im März 1997

August-Wilhelm Scheer und Alexander Pocsay im Saal der Frankfurter Börse am Tag der Börseneinführung der IDS-Scheer-Aktie am 11. Mai 1999

Die Musik spielte am 11. Mai 1999 auch vor der Börse

Der Forscher als Unternehmer: Trotz aller Dynamik; wirkliche Innovation entsteht aus Nachdenklichkeit.

Dieses Bild aus dem IDS-Gebäude wählte der Spiegel für seine Geschichte „Der amerikanische Traum" anlässlich des Börsenganges der IDS 1999

Das saarländische Kabinett ist „drin". Wirtschaftsminister Dr. Hanspeter Georgi, Ministerpräsident Peter Müller und Leiter der Staatskanzlei, Karl Rauber, proben für die papierlose Kabinettssitzung.

In der entscheidenden Wochenendsitzung, in der noch einmal unterschiedliche Szenarien diskutiert wurden, übernahm ich dann die Verantwortung für die Einstellung. Ich glaube, dass alle im Raum einerseits erleichtert waren, andererseits aber mit schwerem Herzen nach Hause gingen.

Wir konnten aber nach der Entscheidung mit dem ARIS-Toolset Weltmarktführer auf dem Gebiet der Dokumentation und Optimierung von Geschäftsprozessen bleiben (also auf unserer HoBE-Ebene I). Gleichzeitig wollten wir auf der HoBE-Ebene II dem Geschäftsprozesseigner Controlling-Tools an die Hand geben, die ihn mit den nötigen Informationen über das tatsächliche Prozessverhalten versorgen. Wenn er genaue Informationen über die Kosten, Zeitdauern und die Kapazitätsauslastung seiner Geschäftsprozesse beziehungsweise der dazu notwendigen Ressourcen erhielte, könnte er auch die organisatorische Richtigkeit seiner Organisation ständig überprüfen.

Mit anderen Worten, wir entschieden, uns auf unsere bisher bereits erfolgreichen Felder noch stärker zu konzentrieren und dafür die Entwicklung eines eigenen Workflow-Systems und eigener Anwendungssoftware, die weitgehend aus Modellen generiert werden konnte, einzustellen.

Das Management muss zusammenstehen

Es nützt nichts, wenn lediglich die Unternehmensleitung zu neuen strategischen Einsichten kommt, diese aber von den wesentlichen Mitarbeitern nicht mitgetragen werden. Deshalb muss gerade bei schwerwiegenden Entscheidungen versucht werden, jeden Einzelnen des Teams zu den gleichen Einsichten kommen zu lassen, so dass es praktisch auch seine Entscheidungen sind. Dazu können für bestimmte Themenkreise aus Mitgliedern der Unternehmensleitung und operativen Managern Teams gebildet werden, welche die Aufgabe haben, sowohl grundsätzliche Lösungen als auch ihre Umsetzungsmöglichkeiten im Detail auszuarbeiten. Hierdurch wird verhindert, dass die Unternehmensleitung von der Basis abgehoben ist und ihre Ergebnisse später kritisiert werden.

Allerdings bleiben auch Aufgaben, die der Unternehmensspitze vorbehalten sein müssen. Dies betrifft zum Beispiel besonders empfindliche Verhandlungen über die Art einer Beteiligung, den Preis des Unternehmens und auch die Übernahme der Verantwortung für besonders schmerzhafte Entscheidungen, wie zum Beispiel die Einstellung einer Produktentwicklung, die ja schließlich auch immer mit dem Verlust einer Vision verbunden ist.

In unserem Fall wurden von März bis August 1997 Sitzungen der einzelnen Managementteams an den Wochenenden zur Routine. An diesen Terminen diskutierten wir die Ergebnisse, die jeweils in den Arbeitssitzungen (während der Woche neben der üblichen Tagesarbeit) erarbeitet wurden. Selbstverständlich verlaufen solche Sitzungen nicht nur harmonisch. Insbesondere dann, wenn alternative Möglichkeiten zur Produktpolitik bestehen, kämpfen die jeweiligen Projektleiter vehement um ihre eigenen „Kinder". Dies muss auch so sein, schließlich gab es ja auch gute Gründe, die Konzeptionen aufzusetzen, die nun nicht so einfach vom Tisch gewischt werden können. Aber das Ausdiskutieren der Argumente, selbst wenn diese emotionsgeladen sind, schafft dann doch eine Bereitschaft, auch schmerzliche Entscheidungen zu akzeptieren.

Power play

Eine Unternehmenskrise muss schnell gelöst werden. Aus diesem Grunde müssen alle Beteiligten sich selbst und auch die beteiligten externen Partner unter Termindruck setzen. Wenn ich mir heute meinen Terminkalender der damaligen Zeit ansehe, wird mir jetzt noch schwindlig. Drei bis vier Termine am Tag an unterschiedlichen Orten innerhalb Deutschlands und auch im Ausland waren die Regel. Ich hetzte von einem Verhandlungstermin zu einem Kundentermin oder zu einem Vortrag. Ich lief quasi „auf Adrenalin".

Für die internen Strategieteams und auch die externen Berater, insbesondere Rechtsanwälte und Wirtschaftsprüfer, wurden feste „Milestones", also Termine definiert, zu denen bestimmte Arbeitspakete fertiggestellt sein mussten. Milestones mit besonderer Autorität und Wirksamkeit sind im Voraus bekannte Sitzungstermine von Aufsichtsräten oder der vorher bekannte Urlaubsantritt eines nicht verzichtbaren externen Entscheiders, auf die dann die Arbeiten zeitlich ausgerichtet werden müssen. Wichtig ist hierbei, keinen Zweifel an der absoluten Unverrückbarkeit der gesetzten Milestones zu lassen.

Im Rahmen unserer Partnerverhandlungen mit der SAP waren dies der 26. Juni 1997 mit der Paraphierung und öffentlichen Ankündigung des Beteiligungsvertrages sowie der 25. Juli 1997 mit der Aufsichtsratssitzung der SAP AG, in der die Verträge abschließend genehmigt werden mussten. Trotz der teilweise auch schwierigen Verhandlungen und der Beteiligung unterschiedlicher fachlicher Teams von SAP und IDS sowie der Wirtschaftsprüfungsgesellschaften im Rahmen der erforderlichen Unternehmensanalyse konnten wir die Termine einhalten. Dies bedeutete allerdings, dass viele Nachtschichten und Wochenendarbeiten eingelegt werden mussten.

Der Termindruck ist auch deswegen wichtig, um zu verhindern, dass sich außerhalb des Unternehmens schädliche Gerüchte bilden können. Es ist einfach nicht zu verhindern, wenn eine größere Anzahl von Managern in den Strategieteams mitarbeiten, dass auch Informationen nach außen gelangen.

Die Presse kann dann aufmerksam werden und Konkurrenten können die Schwierigkeiten zur Verunsicherung von Kunden nutzen. Selbstverständlich sind bei Zeitungen und Zeitschriften Redaktion und Anzeigenabteilung streng getrennt. Trotzdem ist nicht auszuschließen, dass zum Beispiel Kostenreduktionsprogramme, die zum Stopp einer bereits vereinbarten teuren Anzeigenkampagne führen, bei der Anzeigenabteilung zu Nachfragen in der Redaktion führen und dann bei den Redakteuren Neugierde zur Erforschung der Ursachen wecken.

Uns gelang es, die wesentlichen Milestones für die Kapitalbeteiligung der SAP auf den Punkt einzuhalten. An dem vereinbarten Termin am 26. Juni, bei dem mit einer Presseerklärung die geplante Beteiligung der SAP an der IDS in Höhe von 25,2 Prozent bekannt gegeben wurde, befand ich mich auf einer Vortragsveranstaltung in Toronto, auf der auch einige Manager unserer amerikanischen Tochtergesellschaft versammelt waren.

Natürlich konnte ich während der Nacht kaum schlafen und stand ständig in telefonischem Kontakt mit Deutschland (aufgrund der Zeitdifferenz von sechs Stunden war dies kein Problem).

Um 5.00 Uhr machte ich meinen üblichen Lauf in einem nahegelegenen Park.

Da die Presseerklärung noch in letzter Minute hin und her diskutiert und bearbeitet wurde, konnte ich morgens um 6.31 Uhr die endgültige Version entgegennehmen, die im gleichen Augenblick in Deutschland um 12.31 Uhr Ortszeit über die Ticker der Presseagenturen lief.

Ich rief anschließend um 7.00 Uhr alle anwesenden Mitarbeiter der IDS zu einem bereits vorher vereinbarten Breakfast-Meeting zusammen, um ihnen die Situation zu erklären. Sie waren von der Entscheidung zwar überrascht, nahmen sie aber ausgesprochen positiv auf. Durch die Beteiligung der SAP an der IDS konnten Unsicherheiten im Markt ausgeräumt werden, und die Beteiligung konnte die Autorität der amerikanischen Niederlassung wesentlich erhöhen. Wichtig war in der Pressemitteilung auch das Zitat von Hasso Plattner: „Die neue Basis der Zusammenarbeit wird beiden Unternehmen weitere Impulse zur Entwicklung innovativer Informationssysteme geben."

Per Tagebücher den Überblick behalten

Gerade wenn vielfältige Tätigkeiten wie die Koordination mehrerer interner Arbeitskreise, externe Partnergespräche, Verhandlungen mit Wirtschaftsprüfern und Rechtsanwälten sowie strategische Kundengespräche parallel ablaufen, ist es wichtig, jederzeit den Status der einzelnen Entwicklungen zu kennen, um rechtzeitig eingreifen zu können. Das Eingreifen besteht darin, Arbeiten und Diskussionen zu beschleunigen oder dringend zu treffende Entscheidungen vorzubereiten.

Ich hatte sofort Anfang März begonnen, ein Tagebuch zu führen. Neben meinen persönlichen Gedanken und Überlegungen dokumentierte ich alle wichtigen Briefe, Faxe, Zeitungsartikel und Pressemitteilungen zu unserer Situation. Die Aufzeichnungen füllten später rund 15 Hefte mit insgesamt mehreren Hundert Seiten.

Am Ende jeder Woche stellte ich die erzielten Ergebnisse in fünf bis zehn Punkten als Wochenergebnis zusammen. Somit konnte ich genau verfolgen, bei welchen Themen Fortschritte erzielt worden waren, wo Rückschläge eingetreten waren und worauf ich mich in der nächsten Woche konzentrieren musste. Das Lesen dieser Wochenzusammenfassungen ergibt heute noch ein sehr lebhaftes Bild von den Entwicklungslinien der einzelnen Strategiepunkte.

Der Presse Hintergrundgespräche anbieten

Obwohl eine Strategieänderung im Leben eines Unternehmens als normal bezeichnet werden kann und auch die Kooperation und Beteiligung eines großen, renommierten internationalen Partners eine Qualitätsauszeichnung für ein Unternehmen darstellt, kann die Presse dies verschieden interpretieren.

Aus diesem Grunde ist neben nüchternen Pressemitteilungen auch ein persönlicher Kontakt mit einflussreichen Journalisten wichtig. In telefonischen oder persönlichen Hintergrundgesprächen können die Gründe für eine Entscheidung besser verdeutlicht werden, so dass die Kommentare kompetenter ausfallen.

Auf keinen Fall darf man bei Wünschen nach Interviews über eine schwierige Unternehmenssituation kneifen. Meine Erfahrung ist, dass eine offene Informationspolitik von der Presse honoriert wird. Wenn man die Journalisten an den eigenen Überlegungen in ehrlicher Form teilhaben lässt, wissen sie sich ernst genommen und werden auch in ihrer Berichterstattung entsprechend verantwortungsvoll vorgehen.

Das intensive Presseecho auf die Beteiligung der SAP an der IDS war durchweg sehr positiv. Es reichte von einem längeren Artikel im Wall Street Journal über Artikel in der deutschen Wirtschaftspresse wie dem Handelsblatt und einem längeren Interview in der Computerwoche bis zu Berichten und Kommentaren in der Regionalpresse.

Fluktuation ist schmerzhaft

Einschneidende Maßnahmen werden natürlich nicht von allen Mitarbeitern mit Freude aufgenommen. Insbesondere Mitarbeiter, deren Entwicklungsprojekte eingestellt werden, können frustriert sein. Dies führt bei der hohen Konjunktur für IT-Experten zu Abwanderungsneigungen.

Wenn Headhunter die Diskussionen innerhalb des Unternehmens herausfinden, werden sie die Unsicherheit der Mitarbeiter schüren und ihre verlockenden Angebote fallen auf eine größere Bereitschaft.

Obwohl wir von Anfang an klar ausgedrückt hatten, dass kein Arbeitsplatz eines Mitarbeiters der IDS gefährdet war, sondern im Gegenteil auch im Jahr 1997 ein Personalwachstum geplant war, verließen uns viele Mitarbeiter. Dies war eine schmerzhafte Erfahrung. Insbesondere verließen uns auch Mitarbeiter, die an verantwortlicher Stelle an der Konzeptionsentwicklung von ARIS Workflow und ARIS Applications beteiligt waren und nun einsehen mussten, dass ihre Pläne und Erwartungen nicht realisierbar waren.

Am Ende des Jahres hatten wir zwar noch ein leichtes Personalwachstum zu verzeichnen, trotzdem hatten wir fast 25 Prozent unserer Mitarbeiter im Entwicklungsbereich verloren. Zahlenmäßig konnten wir diesen Verlust durch Neueinstellungen von Beratern zwar ausgleichen, durch den Personalaustausch hatte sich aber das Unternehmen gewandelt.

Fazit: Was uns nicht umbringt, macht uns stärker

Wie am Anfang dieses Kapitels bereits ausgesprochen, kann eine Krise ein Unternehmen stärken. Dies war auch bei uns trotz aller schwierigen Diskussionen, emotionalen Belastungen und großen physischen Anstrengungen der Fall. Die Resultate waren:
- Wir haben durch die Kapitalbeteiligung der SAP die enge Zusammenarbeit mit dem Weltmarktführer für betriebswirtschaftliche Standardsoftware nach außen hin dokumentiert und damit bei Kundenverhandlungen gegenüber Wettbewerbern einen wesentlichen Vertrauensvorschuss erzielt.
- Durch die Einstellung des ARIS-Workflow-Systems und der ARIS Applications haben wir eine konzentriertere Produktkonzeption auf den Ebenen I und II der HoBE-Architektur, also dem Geschäftsprozess-Engineering und dem Prozess-Controlling. Hier konnten wir die erfolgreiche Marktstellung weiter ausbauen.
- Der Produktbereich der IDS ist nach der Konzentration auf die Ebenen I und II der HoBE-Architektur in den Jahren 1998 und 1999 stark ge-

wachsen. Im Sommer 2000 wurden mit der ARIS-E-Business-Suite und dem Process Performance Manager (PPM) zwei wichtige Neuentwicklungen freigegeben. Diese ausweitbaren Produktlinien werden Grundlage für das zukünftige Wachstumspotenzial der IDS im Produktbereich sein.

– Die Konzeption unserer gesamten HoBE-Architektur verfolgen wir weiter. Gerade auch bei Internetanwendungen im B2B-Bereich wird die Steuerung von Prozessen und die flexible Konfiguration von Anwendungslösungen zunehmende Bedeutung erlangen. Deshalb arbeiten wir weiter eng mit Workflow-Anbietern, Intershop und der SAP zur Verbindung von Geschäftsprozessmodellen und Anwendungssoftware zusammen.

Gegenüber einer eigenen Entwicklung haben wir breitere Kooperationsmöglichkeiten, da diese Partner bei einer Eigenentwicklung von uns zum Teil Konkurrenten und dann einer Kooperation weniger zugeneigt gewesen wären. Wir erhalten somit für unsere Modellierungswerkzeuge und unser Geschäftsprozesscontrolling eine breitere Vermarktungsplattform.

– Durch die vereinbarte enge Entwicklungskooperation zwischen der IDS und der SAP können wir tiefes Know-how über das neue Logistiksystem APO der SAP zum Supply Chain Management (APO = Advanced Planner and Optimizer) gewinnen, auf das wir unsere Kompetenz für Beratungsleistungen bei Großunternehmen im In- und Ausland stützen können.

– Durch die Einstellung erfahrener Topmanager für den Beratungsbereich, insbesondere Wolfgang Stein, können wir die Risiken von Großprojekten verringern und gleichzeitig gegenüber dem Kunden professioneller auftreten.

Der Beratungsbereich wurde deshalb in den letzten drei Jahren erheblich ausgeweitet. Durch unsere Kombination von Beratungs- und Produktkompetenz sind wir besser als reine Beratungshäuser für ein umfassendes Lösungsgeschäft gerüstet.

– Das neu installierte professionelle Personalmanagement unter Rosemarie Clarner gibt den Mitarbeitern Vertrauen in die Vertretung ihrer Interessen bezüglich Weiterbildung und Karriereförderung. Die Konsequenzen dieser Maßnahmen wurden auch sofort sichtbar. Nach der hohen Fluktuationsrate im Jahr 1997 konnte diese bereits im Jahr 1998 erheblich gesenkt werden und lag mit fünf Prozent im Jahr 1999 weit unter dem Branchendurchschnitt.

Nach der Umwandlung in eine AG Anfang 1999 werden die Interessen der Mitarbeiter durch Uwe Brach auch im Aufsichtsrat vertreten.

- Die SAP hat die Entwicklung ihres Produktes „Business Engineer" eingestellt, und die IDS Scheer AG ist der dominierende Partner in der Zusammenarbeit auf dem Gebiet der Modellierung.
- Die Mitarbeiterzahl der IDS hat sich von Ende 1997 bis zum 31. Juli 2000 mehr als verdoppelt.
- Die SAP AG hat Ende 1999 ihren Aktienanteil an der IDS auf 5,1 Prozent reduziert und beim Verkauf der Anteile ihr investiertes Kapital mehr als verdreifacht. Die Zusammenarbeit zwischen SAP und der IDS ist partnerschaftlich und enger als je zuvor. Professor Henning Kagermann, Vorstandssprecher der SAP AG, ist stellvertretender Vorsitzender des Aufsichtsrates der IDS Scheer AG.

Im Prinzip war die Krise im August 1997, also sechs Monate nach ihrem Ausbruch, ausgestanden. Am besten kann der Erfolg aller Maßnahmen dadurch ausgedrückt werden, dass das Unternehmen bereits zwei Jahre nach dem Erkennen der Schwierigkeiten von den Analysten eine glänzende Beurteilung für die Positionierung seiner Leistungen und der Entwicklungsstrategie erhielt. Die erfolgreiche Börseneinführung der Aktie der IDS Scheer AG im Mai 1999 hat die großen Anstrengungen des Jahres 1997 für alle sichtbar belohnt.

Kapitel VII
Leadership

Leider oder Gott sei Dank habe ich nie einen Managerkurs besucht und nur eine Handvoll der populären Managementbücher eher flüchtig gelesen. So habe ich mich als Amateurunternehmer durchschlagen müssen. Ich glaube auch nicht, dass man durch das Lesen von Managementregeln zu einem Unternehmer wird. Dies gilt natürlich dann auch für meine Regeln, die ich im Folgenden entwickle. Eigentlich sind es auch keine Regeln, sondern Reflektionen über mein eigenes unternehmerisches Verhalten. Es sind auch nur solche, deren ich mir selbst bewusst bin. Trotzdem können einige Gedanken für den Leser nützlich sein, etwa indem sie ihn anregen, über seine eigenen Managementpraktiken nachzudenken.

Nobody is perfect, but a team can be perfect

Dieser Satz erklärt vielleicht am besten meinen wissenschaftlichen und unternehmerischen Erfolg. Die Forschungsfelder des IWi sind überwiegend interdisziplinär. In dem von mir seit Anfang der achtziger Jahre verfolgten CIM-Konzept wurden Ingenieurwissenschaften, Betriebswirtschaftslehre und Informatik zusammengeführt. Dazu musste ich Wissenschaftler dieser Disziplinen an meinem Institut einstellen. Kein einzelner beherrschte alle Aspekte des Themas – aber als Team waren sie kompetent und den weiterhin traditionell arbeitenden disziplinären Lehrstühlen überlegen.

Beim Aufbau der IDS ergänzten sich die persönlichen Eigenschaften von Alexander Pocsay, dem Geschäftsführer der IDS, und mir. Ich habe Alexander Pocsay 1981 als Assistenten an meinem Institut eingestellt. Als Diplom-Mathematiker sollte er insbesondere unsere Forschungstätigkeit zur mathematischen Optimierung unterstützen. Nach der Gründung der IDS suchte ich Mitte des Jahres 1985 einen hauptamtlichen Geschäftsführer. Ich fragte daraufhin Alexander Pocsay, der vor seiner Assistentenzeit bereits als Programmierer praktische Erfahrungen in einem Unternehmen gesammelt hatte, ob er bereit wäre, diesen Posten zu übernehmen. Hieraus entwickelte sich eine nunmehr fast 20 Jahre dauernde Zusammenarbeit. Wir ergänzen uns ideal. Alexander Pocsay ist ein schneller und konsequenter Umsetzer, verfügt über hohe soziale Kompetenzen zu Mitarbeitern und Kunden. Seine Begeisterung am Unternehmen und den Produkten sind bei einer Kundenpräsentation seinem strahlenden Augenausdruck zu entnehmen.

Meine Stärken liegen in dem frühzeitigen Erkennen neuer strategisch wichtiger Strömungen und in der hartnäckigen Konzentration auf das Wesentliche. Gegenüber meiner Umwelt bin ich eher ungeduldig.

Der eine ohne den anderen hätte sicher unsere gemeinsame unternehmerische Leistung nicht so vollbracht. Die Verständigung zwischen Alexander Pocsay und mir verlief ausgesprochen schnell. Da wir uns sehr gut kannten, brauchten wir teilweise nur halbe Sätze auszutauschen – wir wussten jeweils schon wie der andere sie vervollständigte.

Sein aufgrund einer langwierigen Krankheit zum 1. Oktober 2000 erzwungener Rücktritt als Vorstandssprecher der IDS ist deshalb schmerzlich. Gott sei Dank steht er aber der IDS weiterhin beratend zur Verfügung.

Auch bei anderen Unternehmen im High-Tech-Gebiet sind mir solche engen Gründerteams bekannt. Selbst wenn man noch so gute Ideen hat, benötigt man Mitstreiter, um sie umsetzen zu können. Selbst Jesus hatte seine zwölf Jünger. Aber das Profil des Teams muss stimmen. Dies gilt für alle Ebenen eines Unternehmens. Sind in einem Vorstand nur Treiber, so herrscht das Chaos, sind dagegen in einem Vorstand nur fleißige Arbeiter, so fehlt die Vision. Die Ausgewogenheit macht also den Erfolg aus.

Bei mir muss zum Beispiel meine norddeutsche Kommunikationsfaulheit ausgeglichen werden. Ich habe häufig keine Lust, als erster Gespräche anzufangen und scheue mich vor unbequemen Telefonaten. Dies hat mir zum Beispiel innerhalb der wissenschaftlichen Community geschadet.

Gerade unter Professoren ist es weit verbreitet, ständig mit Kollegen zu telefonieren und „wichtige" Neuigkeiten, wie zum Beispiel den Stand von Berufungsverfahren an x-beliebigen Universitäten auszutauschen. Auch vor Sitzungen des Fakultätsrates laufen die Telefondrähte heiß. Man kann sich in diesen Vorgesprächen gegenseitig die eigene Wichtigkeit betonen. Ich bin selbst bei solchen Tagesordnungspunkten, bei denen es um ein eigenes Anliegen ging, in der Regel ohne eine vorherige Abstimmung mit den Kollegen in die Sitzung gegangen und habe die Punkte rein argumentativ durchgefochten. Das vorherige Geschwafel war mir zuwider.

Natürlich gibt es Eigenschaften eines Managers, die nur schwer durch einen anderen kompensiert werden können. Hierzu gehört die persönliche Autorität und insbesondere die Akzeptanz durch seine Mitarbeiter. Auch Mindestanforderungen an Mobilität sind bei High-Tech-Unternehmen nicht zu ersetzen. Es nutzt aber nichts, von einem Manager oder Mitarbeiter ständig Aufgaben zu verlangen, von denen man von vornherein weiß, dass er sie nur unvollkommen erledigt. Trotzdem kann man ein starkes Team bilden, selbst wenn jedes einzelne Mitglied Mängel aufweist.

Träumen

Strategien und Visionen fallen nicht vom Himmel. In der Organisationstheorie wird immer mehr bestritten, dass Strategien planbar sind. Vielmehr folgt man Ansätzen, denen zufolge sich Strategien „irgendwie" entwickeln. Diese werden als emergente Strategien bezeichnet. Aber auch dieses „irgendwie" muss erklärt werden können. Bei mir spielt Träumen eine große Rolle. Wenn ich Muße habe, gehen mir Bilder, Situationen und neue Ideen für Produkte oder Marktkonstellationen durch den Kopf. Meine Wanderpartnerin hat sich häufig darüber beschwert, dass ich stundenlang neben ihr herlaufen könne, ohne ein Wort zu reden. Auch bei Autofahrten sitze ich stundenlang schweigend neben meinem Fahrer. Bei mir spielt sich dann das innere Kino ab. Teilweise ist die Beschäftigung mit diesen Gedanken so intensiv, dass ich auf meine direkte Umgebung gar nicht mehr richtig achte.

Bei diesen Gelegenheiten sind Konzepte für meine Bücher und Forschungsprojekte entstanden, aber auch Ideen für neue Strategien der IDS. Die Vorstellungen vernetzen sich und führen zu komplexen Szenarien. Ich bin deshalb in der Lage, viele Strömungen in ihrem möglichen Zusammenwirken vorauszudenken und auch parallele Entwicklungen in ihrer gegenseitigen Beeinflussung zu verfolgen.

Wichtig ist auch, schwache Signale in ihrer möglichen Entwicklungskraft zu erkennen. Auf einen deutlich sichtbaren Trend aufzuspringen ist schließlich keine Kunst.

Dies alles bedeutet natürlich, dass man sich Zeit nehmen muss, um solchen Träumen nachgehen zu können. Hierzu eignen sich Bahnfahrten, bei denen man ohnehin vor sich hin döst, lange Autofahrten, Joggen, Wandern oder stundenlanges Beobachten des Wellenspiels am Meer.

Bei mir sind allerdings diese inneren Kinovorstellungen nicht nur angenehm. Häufig machen sich Situationen selbstständig und nehmen fast die Form von Horrorszenarien an.

Das Denken in Worst-case-Szenarien gehört bei mir zur Routine. Sobald ich mit einer Situation konfrontiert werde, stelle ich mir vor, was die ungünstigsten Entwicklungen und Konsequenzen sein könnten. Sind diese noch erträglich, habe ich bezüglich der einzuschlagenden Alternativen eine recht einfache Situation. Sind aber existenzielle Risiken möglich, so muss ich mich wesentlich mehr auf die Situation konzentrieren. Durch dieses einfache Verfahren kann ich jedenfalls sehr gut wichtige von weniger wichtigen Situationen unterscheiden. Gleichzeitig schützt dieses Verfahren vor Überraschungen. Wenn ich ohnehin die negativsten Entwicklungen vorausgedacht habe, kann ich von der Wirklichkeit nicht mehr enttäuscht werden.

Um auf wirklich neue Ideen zu kommen, muss man den Kopf frei haben und den Mut zur Langsamkeit. In den Jahren 1987 bis 1996 war ich gemeinsam mit dem bekannten Philosophen Professor Dr. Odo Marquard aus Gießen Mitglied des Beirates des Heinz Nixdorf-Institutes an der Universität Paderborn. Als wir eines Vormittags zusammen zu einer Sitzung fuhren, klagte ich über das hohe Innovationstempo in meinem Forschungsfeld und Professor Marquard bemerkte dazu: „Je schneller das Umfeld ist, um so langsamer muss man selbst werden. Wenn man nur den schnellen Innovationszyklen hinterherläuft, kann man bestenfalls Zweiter werden, nie aber Erster. Um Erster sein zu wollen, also einen eigenständigen neuen

Lösungsansatz entwickeln will, muss man einem Problem in Ruhe auf den Grund gehen."

Dies habe ich mir vorher unbewusst und später bewusst bei der Anfertigung meiner Bücher zur Regel gemacht.

Hier habe ich in Ruhe mit dem leeren Blatt Papier gekämpft. Um diese Ruhe zu gewährleisten, habe ich mich pro Jahr zwei bis drei Monate während der vorlesungsfreien Zeit zurückgezogen, und meine Sekretärin hat dafür gesorgt, dass ich nicht durch unnötige Telefonate gestört wurde. Gesprächs- oder Vortragstermine wurden nicht angenommen. Die anschließenden Detailarbeiten konnte ich dann auch während der hektischeren Vorlesungszeit erledigen.

Auch für Topmanager sind solche Ruhephasen erforderlich. Die bekannten Wochenendseminare in Klöstern sind zwar ein Anfang, reichen aber nicht aus. Die Diskussion über Sabbaticals für Manager halte ich deshalb für sinnvoll.

Allerdings sollte man diese Phasen nicht mit Freizeit verwechseln. Es ist viel leichter, sich durch einen vollen Terminkalender steuern zu lassen, als sich zu einer konzeptionellen Arbeit zu motivieren, zum Beispiel ein Buch zu schreiben oder ein Strategiepapier zu entwickeln.

Erfolg als Motivator

Die beste Motivation für einen Mitarbeiter, sich für ein Unternehmen einzusetzen, liegt in dem Erfolg des Unternehmens. Zu diesem Erfolg beizutragen macht den Mitarbeiter stolz. Er wird in seinem Bekanntenkreis auf Erfolgsmeldungen über das Unternehmen angesprochen, und genauso wie ein zufriedener Kunde der beste Vertriebsmitarbeiter ist, so ist auch ein zufriedener Mitarbeiter ein guter Botschafter. Unternehmenserfolg und motivierte Mitarbeiter unterstützen sich deshalb gegenseitig: Motivierte Mitarbeiter beflügeln den Erfolg eines Unternehmens und motivieren somit die Mitarbeiter erneut.

Allerdings kommt der Erfolg nicht von ungefähr. Damit er sich einstellt, müssen klare Visionen des Unternehmens bestehen, mit denen sich der Mitarbeiter identifizieren kann. Es ist ein Unterschied, ob ein Handwerker über seine Tätigkeit erzählt, dass er Steine behaut, oder dass er den Kölner Dom renoviert.

Bei uns war und ist die beste Motivation der hohe Innovationsgrad der IDS. In der Anfangszeit der IDS war es das CIM-Konzept, das wir in Deutschland mit als Erste propagierten. Ich hatte 1987 das erste deutschsprachige CIM-Buch veröffentlicht, und das dort entwickelte Y-Modell zur Kennzeichnung der Informationssysteme in einem Industriebetrieb wurde in stilisierter Form zum Logo der IDS.

Unser Fertigungssteuerungssystem FI-2 war das erste UNIX-basierte System seiner Art.

Mit dem ARIS-Konzept haben wir die computerunterstützte Beratung und die Modellierung von Informationssystemen eingeführt.

Mit dem Process Performance Manager leiten wir eine neue Ära des Geschäftsprozesscontrollings ein.

Mit den Wachstumserfolgen der IDS kamen neben den inhaltlichen Visionen auch die Erfolgsnachrichten über Wachstum, Internationalisierung und Börsengang hinzu.

Viele der neu eingestellten Mitarbeiter kommen direkt von der Hochschule und haben bereits während ihrer Seminar- und Diplomarbeiten mit meinen Büchern gearbeitet. Damit besteht von vornherein eine Bindung zur Gedankenwelt der IDS. Es ist aber trotzdem eine Herausforderung für das Unternehmen, diese Anfangsmotivation und Begeisterung auch hinterher durch die tägliche Arbeit aufrechtzuerhalten und zu verstärken.

Ein weiterer wichtiger Motivationsfaktor ist die Eigenverantwortlichkeit der Mitarbeiter. Die IDS ist durch diese Eigenschaft besonders geprägt. Während des R/3-Beratungsbooms wurden junge, intelligente und hochmotivierte Mitarbeiter bereits sehr frühzeitig in verantwortlichen Positionen als Projektleiter gefordert. Fehlende Erfahrung musste durch Intelligenz und Einsatz wettgemacht werden. Gerade bei einem Technologiebruch, wie es beim Übergang von dem SAP-System R/2 (Host-basiert) zum System R/3 (Client-Server-Architektur) der Fall war, ist Erfahrungswissen ohnehin nicht mehr ausschlaggebend, da es veraltet ist. Aus diesem Grunde zählt dann der Einsatzwille umso mehr. Diese Situation wiederholt sich zurzeit im Electronic Business.

Am Institut für Wirtschaftsinformatik habe ich die gleichen Regeln wie bei der IDS angewendet. Auch hier ist jeder wissenschaftliche Mitarbeiter bei der Gestaltung seiner Tätigkeiten relativ frei. Er trägt allerdings auch die Verantwortung dafür, sein Forschungsprojekt erfolgreich durchzuführen und Nachfolgeprojekte zu beantragen. Ich selbst habe meine Rolle als Spielertrainer definiert. Ich habe meine eigenen Forschungsarbeiten, zum Beispiel das Verfassen meiner Bücher, und verstehe mich nicht nur als Koordinator der Forschungsprojekte des Instituts. Dadurch, dass die Mitarbeiter sehen, wie ich mich selbst mit meiner Arbeit quäle, wächst automatisch ihr Verständnis für meine Defizite hinsichtlich der zeitlichen Betreuung.

Sehr wichtig ist auch die Prägung von Mitarbeitern in ihrer Einstellungsphase. Ich selbst kann mich noch an meinen ersten Arbeitstag als Assistent an der Universität Hamburg im Jahr 1965 erinnern. Ich kam um 8.00 Uhr morgens erwartungsfroh zum Dienstbeginn, fand aber alle Büroräume des Instituts verschlossen und musste erst eine halbe Stunde lang warten, bis der erste Assistent eintraf. Ein Arbeitsplatz, geschweige denn ein Zimmer, war für mich noch gar nicht vorgesehen, und endlich erklärte sich ein Assistent eher widerwillig bereit, mir einen Arbeitsplatz in seinem Zimmer einzurichten.

Die Tatsache, dass ich diese Situation nach 35 Jahren immer noch im Gedächtnis habe, kennzeichnet die besondere Atmosphäre des Arbeitsantritts.

Ich bemühe mich deshalb auch regelmäßig, die in einem Monat neu eingestellten Mitarbeiter der IDS in einer Diskussion zu begrüßen. In dieser Diskussion können alle möglichen Fragen gestellt werden, zum Beispiel zu meinen Funktionen innerhalb der IDS, zur Unternehmensstrategie, zu Universitätsfragen oder auch zu politischen Einstellungen.

Ein High-Tech-Unternehmen kann nicht nur Top-down geführt werden. Viele Impulse zur Entwicklung neuer Produkte oder neuer Beratungsmethoden müssen aus den Fachgruppen heraus entwickelt und an die Unternehmensleitung herangetragen werden. Nur ein Unternehmen, das über hochmotivierte Mitarbeiter verfügt, kann emergente, also sich selbst entwickelnde Strategieprozesse generieren. Hierzu muss eine Atmosphäre der Selbstständigkeit, des Selbstwertgefühls und der Einsatzbereitschaft für das Unternehmen geschaffen werden. Hierzu kann die Unternehmensleitung durch ihr eigenes vorbildliches Handeln sehr viel beitragen.

Sich nicht selbst zum Engpass machen

Viele Organisationen sind im Wachstum dadurch behindert, dass das Management zu viele operative Vorgänge an sich zieht, diese aus Zeitmangel verschleppt und somit die Entwicklung des Unternehmens behindert. Also ist Delegation eine ganz wichtige Managereigenschaft. Sie setzt voraus, dass man in der Lage ist, konkrete Ziele zu definieren, Mitarbeiter einzuweisen, das erwartete Ergebnis der Aufgabe verständlich zu machen und – was das wichtigste ist – Verantwortung abzugeben.

Delegation erfordert die Bereitschaft, Qualitätsmängel hinzunehmen, um gleichzeitig aber eine größere Hebelwirkung zu erzielen. Es soll damit nicht gesagt sein, dass automatisch Qualitätsmängel bei der Delegation eintreten, aber häufig hat man eine psychologische Sperre, da man meint, eine bestimmte Aufgabe nur selbst am besten durchführen zu können. Man nimmt sich dies mit gutem Willen vor, aber letztendlich wird sie doch nicht erledigt. Dann ist es besser, von vornherein die Aufgabe abzugeben und auch zu akzeptieren, dass sie vielleicht nicht ganz im eigenen Sinne erledigt wird.

Ist der Unternehmensleiter der Hauptverkäufer des Unternehmens, und kann er aufgrund seiner Position besonders attraktive Kontakte zu Entscheidern von Unternehmen pflegen, so wird er zum Engpass der vertrieblichen Weiterentwicklung, wenn seine Kapazität ausgeschöpft ist.

Ich habe deshalb mein Beziehungsnetz zu wichtigen Persönlichkeiten kaum vertrieblich ausgenutzt. Die Mitarbeiter des Unternehmens müssen selbst in der Lage sein, durch ihre Fachkompetenz bei der Projektakquisition zu überzeugen. Selbstverständlich habe ich durch Vortragsveranstaltungen und Seminare die grundsätzliche Akzeptanz für das Unternehmen gesteigert. Bei konkreten Akquisitionsfällen habe ich mich aber mit wachsender Unternehmensgröße immer seltener eingeschaltet.

Trotz aller Neigung zur Delegation: Wenn man Mängel bei bestimmten Vorgängen entdeckt, müssen sie daraufhin überprüft werden, ob sie auf grundsätzliche Organisationsfehler zurückzuführen sind, um diese dann beheben zu können. Ich gehe zum Beispiel einzelnen Vorfällen, die mir auffallen, gnadenlos bis ins letzte Detail nach. Dabei nerve ich sicher meine Mitarbeiter erheblich. Dies nehme ich aber in Kauf, wenn es darum geht, systematischen Fehlern auf die Spur zu kommen.

Kürzlich hielt ich in Warschau vor über 600 Zuhörern einen Keynote-Vortrag. Unser Marketingmaterial, also Prospekte und Broschüren, war aber nicht rechtzeitig eingetroffen, so dass die gute Präsentationssituation nicht ausgenutzt werden konnte. Es stellte sich heraus, dass das Marketingmaterial zwar zwei Tage vor der Veranstaltung im Hotel eingetroffen war, dort aber die Annahme verweigert wurde, weil keine konkrete Person als Adressat angegeben war. Als ich hinterher in der Marketingabteilung dieses Problem schilderte, wurde mir prompt entgegengehalten, dass man schließlich rechtzeitig das Material abgesandt habe und der Fehler wohl beim Hotel zu suchen wäre. Dies zeigte eindeutig, dass keine genaue Prozessverantwortung definiert war, sondern lediglich die Funktion „Marketingmaterial abgesandt" als verantwortlich anerkannt wurde. Ich wies das Management darauf hin, dass eine umfassendere Prozessverantwortung definiert werden müsste, die bedeutet, dass nicht nur das Versenden des Materials, sondern auch die pünktliche Entgegennahme, richtige Präsentation und die effiziente Verteilung verantwortet würde.

Auch meine Fähigkeit, auf einen Blick in einem gerade erschienenen Artikel oder Buch den vielleicht einzigen Druckfehler zu entdecken, ist unter meinen Mitarbeitern sprichwörtlich. Delegation und Kontrolle gehören eben zusammen. Dabei ist Kontrolle durchaus positiv zu verstehen. Sie drückt schließlich ein Interesse an der Arbeit des Mitarbeiters aus. Ich glaube, dass es viel schlimmer wäre, wenn Mitarbeiter das Gefühl hätten, dass ihre Arbeit überhaupt nicht beachtet wird.

Unabhängig sein von Beziehungsnetzen

Häufig wird gesagt, dass mit der Funktion eines Unternehmensleiters ein ausgeprägtes gesellschaftliches Leben verbunden sein muss. Dies ist bei mir nicht der Fall. Ich gehöre keiner politischen Partei, keinem Gesellschaftsclub wie Rotary oder Lions und auch keinem Golf- oder Tennisclub an.

Meinen Studenten erzähle ich deshalb, dass man im Leben erfolgreich sein kann, ohne über derartige Beziehungen zu verfügen. Wenn man nur durch Beziehungen zu Aufträgen kommt, ist man nicht wettbewerbsfähig. Außerdem ist zu beachten, dass in dem Augenblick, in dem jemand einem einen Gefallen tut, man selbst eine Verpflichtung eingeht, diesen Gefallen erwidern zu müssen. Dies schränkt die eigene Handlungsfähigkeit nur ein.

Sorgfältige Vorbereitung ist der halbe Erfolg

In einer meiner ersten Projektpräsentationen bei einem Industrieunternehmen schlug ich als Ergebnis unserer Untersuchung vor, eine neue Software zur Produktionsplanung und -steuerung einzuführen, die allerdings mit einem Wechsel der Hardware, des Betriebssystems und des Datenbanksystems verbunden wäre. Da somit die Mitarbeiter des DV-Bereiches einen Teil ihrer technischen Kompetenzen verlieren würden und auf die neuen Systeme umgeschult werden müssten, waren sie gegen dieses Konzept. Nachdem ich meine Präsentation vor dem Vorstand beendet hatte, meldete sich der DV-Leiter zu Wort und sagte nahezu wörtlich: „Das von Professor Scheer vorgeschlagene Konzept ist ein Unglück für das Unternehmen". Der Vorstandsvorsitzende fragte ihn nach seiner Begründung. Darauf antwortete der DV-Leiter, dass er diese schriftlich nachliefern wolle. Der Vorstandsvorsitzende entgegnete, entweder müsse er die Begründung für einen so weitreichenden Vorwurf sofort liefern oder nie. Da der DV-Leiter nicht vorbereitet war, setzte er sich wieder und schwieg. Dies war das Ende seiner Karriere in diesem Unternehmen. Wir haben anschließend unser Konzept zur Zufriedenheit des Kunden umgesetzt.

Auf schwierige Verhandlungen und Sitzungen muss man sich sorgfältig vorbereiten. Derjenige, der mit den Details vertraut ist, kann die Verhandlung inhaltlich führen. Er kann Behauptungen der anderen Partei widerlegen und ist nicht zu bluffen. Besonders gut ist es natürlich, wenn man bereits schriftliche Vorschläge vorbereitet hat, mit denen man die Diskussion führen kann. Dann hat man auch den Ablauf in der Hand.

In einer Sondersitzung meiner Professorenkollegen sollte ich vor rund 15 Jahren einmal die Konzeption meines Faches verteidigen. Man hatte die Alternative konstruiert, entweder mein Fach so zu lassen, wie ich es betreibe, oder eine neue Konzeption, die von einem jungen Kollegen ausgearbeitet worden war, zu übernehmen. Die Sitzung war für einen Samstagvormittag angesetzt. Am Freitag spätnachmittags baute ich im Fakultätssaal eine Overheadanlage auf, die in dem heiligen Raum bisher noch nie installiert worden war. Ich hatte Folien für meine Präsentation vorbereitet und konnte nun am anderen Vormittag in präziser und wohl auch überzeugender Weise meine Argumente vortragen. Somit setzte ich mich durch.

Karten auf den Tisch

Das Kämpfen mit offenem Visier ist besonders effizient. Wenn man seinem Verhandlungspartner die eigenen Motive und Ziele erklärt, kann er die Verhandlungsargumente leichter verstehen. Natürlich gibt man damit auch seine eigene Position preis. Ist der Partner aber gutartig, wird er die Offenheit honorieren und von sich aus ebenfalls eine offene Strategie verfolgen. Dies beschleunigt den Verhandlungsablauf erheblich.

Aber selbst bei einer bösartigen Haltung des Verhandlungspartners ist die eigene Position gestärkt. Er muss sich im Gegenzug zu seiner eigenen Rolle bekennen, auf die man sich dann einstellen kann.

Bei einer etwas schwierigen Habilitation habe ich zum Beispiel dem dafür zuständigen Gremium, das aus rund 20 Professoren bestand, bereits von Anfang an erklärt, dass ich mich rückhaltlos für meinen Schüler einsetzen würde. Damit wussten alle anderen Kollegen, dass sie mit jedem Gegenargument automatisch eine Konfrontation mit mir eingingen. Meine Haltung führte zum Erfolg. Die Habilitation wurde einstimmig bejaht. Zur Hilfe kamen mir einige meiner engsten betriebswirtschaftlichen Kollegen, die ebenfalls von vornherein ihre Zustimmung signalisierten. Die diffuse Zielsetzung der anderen juristischen und volkswirtschaftlichen Professoren, zwar Bedenken zu haben, aber doch für das weitere Berufsleben eines jungen Wissenschaftlers keine einschneidende negative Entscheidung verantworten zu wollen, ihre eigene wissenschaftliche Integrität wahren zu wollen, trotzdem aber einem nicht gerade beliebten Kollegen eins auswischen zu können, indem man seinen Schüler drangsaliert, machte sie gegenüber meiner offengelegten einfachen Zielsetzung unterlegen.

Auch im Verhältnis zu Mitarbeitern ist Klarheit unerlässlich. Wenn man Bedenken an der Qualifikation oder dem Engagement von Mitarbeitern hat, muss man dies direkt ansprechen. Sie haben dann Gelegenheit, diese Argumente auszuräumen oder ihr Verhalten zu erklären. Spricht man dagegen Kritik nicht aus oder diskutiert man über die Schwächen eines Mitarbeiters nur mit seinem Vorgesetzten, ohne ihn anzuhören, löst man kein Problem. Der Mitarbeiter ahnt womöglich nichts von seinen Problemen und um ihn herum entsteht ein Feld von Misstrauen – insgesamt die denkbar schlechteste Lösung.

Auch stilles Beleidigtsein über scheinbar ungerechte Behandlung oder über zugetragene kränkende Äußerungen von Dritten ist Verschwendung von psychischer Substanz. Das Gleiche gilt für stille Erwartungen an das Verhalten anderer, die man ihnen gegenüber aber nicht artikuliert. Es hilft nichts, die Dinge müssen offen angesprochen werden, sonst können sie auch nicht geklärt werden. Man kann eben nichts in andere Menschen hineindenken, man muss es schon hineinsagen.

Wer zu früh oder zu spät kommt ...

Gute Ideen zu haben, ist eine Sache. Um sie erfolgreich zu machen, müssen sie auch auf einen Bedarf treffen. Kommt die Idee zu früh, ist der Bedarf also noch nicht vorhanden, so verpufft sie und wird möglicherweise später von einem anderen wieder aufgenommen, der dann plötzlich als der große Entdecker dasteht. Kommt eine Idee zu spät, indem sie schon von anderen realisiert wurde ohne dass man es selbst weiß, wird man zum Mitläufer.

Sowohl mit der Entwicklung des Y-CIM-Modells als auch mit dem ARIS-Modell hatte ich das Glück, genau zur richtigen Zeit die richtigen Ideen entwickelt zu haben. Bei der Entwicklung des CIM-Konzeptes fand ich Multiplikatoren wie IBM, Hewlett Packard oder Digital Equipment, die mich auf ihren Großveranstaltungen als Keynotespeaker einluden. Sie waren interessiert, ihren Kunden dieses Konzept zu vermitteln und verwendeten mich gerne als einen „Visionär". Dies hat damals meinen Bekanntheitsgrad in der Industrie erheblich gesteigert und war auch die Basis für die Gründung der IDS mit ihrem Schwerpunkt der CIM-Beratung. Die Entwicklung des ARIS-Konzeptes und des ARIS-Toolset traf sich mit dem Erfolg des Business Process Reengineering. Zu dem Zeitpunkt, als – ausgelöst durch den Welterfolg des Buches von Michel Hammer und James Champy – alle Welt über die Geschäftsprozessorganisation sprach, hatten wir bereits konkrete Methoden und Tools, um diese verwirklichen zu können.

Aber diese Übereinstimmung zwischen Idee und Bedarf war nicht immer gegeben. So versuchte ich bereits 1997, in der IDS das Thema Internet stärker zu betonen. Ich gab eine Extraausgabe unseres „Scheer Magazins" heraus und veranstaltete interne Informationsveranstaltungen. Die Informationsveranstaltungen wurden vom mittleren Management der IDS kaum wahrgenommen, im Gegenteil, man schickte höchstens seine gerade nicht in Projekte eingebundenen Mitarbeiter. Der Grund war, dass zu dieser Zeit die Internetaktivitäten noch nicht in konkrete Projekte umgesetzt werden konnten. Man war noch zu stark mit der aktuellen Welle der Implementierung von ERP-Systemen beschäftigt, so dass alle Kapazitäten gebunden waren und deshalb wenig Interesse bestand, sich auf eine neue spekulative Idee einzustellen.

Das Schwierige an einer solchen Situation ist, dass die erste negative Erfahrung, nämlich das Verpuffen eines Ansatzes, sehr lange nachwirkt und dann nur zögernd wieder aufgenommen wird, wenn sich später diese Idee als tragfähig herausstellt. So erforderte es zwei Jahre später erheblichen Überzeugungsaufwand, den nunmehr klar sichtbaren Auswirkungen des Internet auf Beratungsleistungen und Produkte der IDS zu einem strategischen Durchbruch zu verhelfen.

Zur richtigen zeitlichen Positionierung einer Idee können natürlich keine Regeln aufgestellt werden. Man muss eben das Gespür für eine Entwicklung haben, um auf Verstärkereffekte durch Partner zu treffen, so dass ein „Hype" einsetzen kann.

Einfach sein ist schwierig

Komplexe Dinge kompliziert darzustellen ist einfach – sie aber einfach zu präsentieren ist schwierig.

Je komplexer unsere Welt wird, umso mehr suchen wir einfache Symbole und Leitlinien, an denen wir uns orientieren können. Dies begründet im Internet den großen Einfluss von Markennamen: Man möchte für die Bestellung eines Buches nicht hundert verschiedene Internetbuchhandlungen durchtesten, sondern man hält sich an den Marktführer.

Meine wesentlichen wissenschaftlichen Erkenntnisse, mit denen ich bekannt geworden bin und die auch die Basis des IDS-Erfolges bilden, sind durch einfache grafische Symbole mit Logocharakter zu repräsentieren. Dies gilt für das Y-CIM-Modell zur Erklärung der komplizierten Zusammenhänge der Informationssysteme in einem Industriebetrieb oder auch für das ARIS-Haus zur Beschreibung von Geschäftsprozessen.

Auch von meinen Vorträgen wird gesagt, dass es mir gelingt, schwierige Sachverhalte auf den Punkt zu bringen und sie somit einfach darzustellen. Wenn das stimmt, wäre ich darüber froh. Komplexe Dinge auf einfache Darstellungen zu reduzieren setzt voraus, dass man die Probleme wirklich verstanden hat. Es ist wie in der Kunst. Nicht der Jazzmusiker, der die meisten Töne pro Minute spielt, ist der größte Improvisator, sondern derjenige, der einfache und klar zu verstehende Linien spielt. Auch die ersten acht Töne der fünften Sinfonie von Beethoven (tatatataaa, tatatataaa) sind an Einfachheit und aggressiver Ausdruckskraft kaum zu überbieten. Die Friedenstaube von Picasso besteht aus nur wenigen Strichen und ist trotzdem ein Meisterwerk.

Ich werde deshalb immer misstrauisch, wenn mir jemand mit vielen komplizierten Wörtern ein Problem erklären will. Meistens stellt sich beim konkreten Nachfragen schnell heraus, dass er es selbst nicht richtig verstanden hat.

Ausdauernd sein

Wenn man ein Ziel definiert hat, muss man es auch konsequent verfolgen. Die Produktion von drei neuen Ideen pro Tag bringt nichts, da keine davon verwirklicht werden kann. Nur die hartnäckige Konzentration auf wenige Ziele bringt Erfolg. Dies gilt insbesondere dann, wenn der Verfolgung der Ziele erheblicher Widerstand entgegengebracht wird. Wie groß muss wohl das Interesse eines Widersachers sein, um über eine lange Zeit seinen Widerstand aufrechtzuerhalten? In der Regel stellen sich bei ihm nach einiger Zeit neue Zielsetzungen ein, so dass das Interesse an seinem Widerstand erlahmt. Ausdauer und Hartnäckigkeit führen deshalb zum Erfolg.

Dies gilt auch für wissenschaftliches Arbeiten. Ich kenne Kollegen, die sich nahezu während ihres gesamten wissenschaftlichen Berufslebens nur einer einzigen Fragestellung gewidmet haben und hierbei schließlich zu wesentlichen Erkenntnissen gekommen sind, während andere, die jeder Modewelle folgen, niemals etwas Besonderes erreicht haben.

Auch der Entdecker des Grabes von Tutanchamun, Howard Carter, hat sich jahrelang nahezu fanatisch auf dieses Thema konzentriert, viele Fehlschläge erlitten, aber am Ende doch gesiegt.

Selektives Handeln

Keine Maschine kann ständig auf Hochtouren laufen, auch kein Mensch. Ein Formel-1-Rennen dauert lediglich rund zwei Stunden, dann müssen Mensch und Maschine ausruhen.

Auch für das Management gilt: Ständig am Limit zu fahren ist unmöglich. Man muss seine Kräfte auf die wesentlichen Momente konzentrieren können.

Ohne je Kurse über autogenes Training besucht zu haben, verfüge ich über die Fähigkeit, mich innerlich zurückzunehmen, um andererseits aus dem Stand alle Systeme auf höchste Wachsamkeit zu stellen, wenn es die Situation erfordert. So kann ich bei langen Autofahrten stundenlang neben meinem Fahrer vor mich hindösen, ohne ein Wort mit ihm zu wechseln. Sobald ich aber am Ziel angekommen bin und eine wichtige Präsentation oder einen Vortrag halten muss, bin ich hellwach. Auch bei anderen Gelegenheiten, bis hin zu gesellschaftlichen Verpflichtungen, die mich nicht sonderlich interessieren, kann ich bis zur Unhöflichkeit uninteressiert und abwesend sein. In solchen Leerlaufphasen nehme ich quasi Anlauf für Situationen, die mich voll fordern.

Ich glaube, dass man diese Mischung aus Spannung und Entspannung auch auf die gesamte Lebensführung ausdehnen kann. Ich halte nichts von der Lebensform, die zehneinhalb-monatige Arbeitszeit eines Jahres quasi als Fron zu empfinden, um dann in der sechswöchigen Urlaubszeit das „eigentliche Leben" zu führen. Ich finde es viel interessanter, ständig eine Mischung aus beruflichen Tätigkeiten, Erholungsphasen und kulturellen Erlebnissen zu erfahren.

Drei-Fronten-Gefecht

Meine kritischen Kommentare zur Universitätssituation und meine gleichzeitige unternehmerische Tätigkeit sind in meinem Universitätsumfeld alles andere als unumstritten (siehe zum Beispiel den Spiegel-Artikel „Der amerikanische Traum" vom 17. Mai 1999). Deshalb habe ich im Laufe der Zeit ein Drei-Fronten-Modell entwickelt, das mir sehr gut geholfen hat, meine Position zu klären und zu kontrollieren. Es ist sicher auch in anderen Berufsumgebungen nützlich.

Jeder Manager ist in drei Hierarchiewelten eingebunden. Eine Hierarchieschicht steht über ihm, dann hat er Beziehungen zu den Mitgliedern seiner gleichen Hierarchieebene und eine Hierarchieschicht steht unter ihm.

In meinem Fall ist dies an der Universität die über mir stehende Ebene des Präsidenten und des Wissenschaftsministers, auf der gleichen Hierarchieebene sind es meine Fakultätskollegen, und die Hierarchie unter mir umfasst die Studenten sowie die Mitarbeiter meines Instituts.

Es gilt nun die Regel, dass man in einer Organisation scheitert, wenn man nicht mindestens zwei Ebenen auf seiner Seite hat. Da die Ebene der gleichgestellten Kollegen wegen der Neidreaktionen auf meine Tätigkeiten am problematischsten ist, habe ich mich auf die zwei anderen Ebenen konzentriert. Ich habe durchweg Unterstützung im Wissenschaftsministerium gefunden, wahrscheinlich wegen meiner überregionalen fachlichen Wirkung, die auch positiv auf das Ministerium und das Land zurückfiel. Aus dem gleichen Grund unterstützten mich auch weitgehend die Universitätspräsidenten.

Wirklich tragfähig ist dieser Grund natürlich nicht, da er nur solange gilt, wie man in der Außenwirkung erfolgreich ist. Deshalb waren Minister und Universitätspräsident – je nach Stärke ihrer Persönlichkeit – auch nur begrenzt konfliktbereit, meine Arbeiten und Auffassungen gegenüber Angriffen von Professorenkollegen zu verteidigen. Jedenfalls wurde ich in ein oder zwei Situationen, wo eine konsequente Unterstützung hilfreich gewesen wäre, sowohl vom Ministerium als auch vom Präsidenten enttäuscht.

Eine dieser Gelegenheiten, in der ich den Grad der Unterstützung auf die Probe stellen konnte, ergab sich, als Mitte 1998 ein Fakultätskollege in einem Brief den Prodekan aufforderte, „die Rechtslage bezüglich des Status von Herrn Scheer einer Überprüfung zu unterziehen". Gleichzeitig forderte er, dass ich meine Professur aufgeben müsste, damit meine „Tripelrolle" als „Berater des Ministers, Mitglied der Fakultät und Privatunternehmer ... ein Ende fände". Ich stellte dem Universitätspräsidenten und dem Ministerium eine Kopie des Briefes zur Verfügung. Der Universitätspräsident sah zunächst keinen Anlass, den Kollegen zurechtzuweisen, machte ihn dann aber aufgrund meiner Intervention doch auf sein unkollegiales Verhalten aufmerksam – das SPD-geführte Ministerium griff nicht ein.

Man muss eben die Unterstützungsmöglichkeiten von politisch agierenden Personen realistisch einschätzen.

Mein schön ausgedachtes Drei-Fronten-System wäre deshalb beinahe auch ins Wanken geraten, als ich 1999 im saarländischen Landtagswahlkampf Mitglied des Zukunftsteams des CDU-Kandidaten Peter Müller wurde. Aber dazu später.

Dagegen kann ich auf die Unterstützung meiner Studenten und Mitarbeiter bauen, weil sie wissen, dass ich mich für sie einsetze und die Studenten als Kunden betrachte. Unser Institut ist von morgens um 8.00 Uhr bis abends um 18.00 Uhr durchgehend für Studenten geöffnet. Die Assistenten sind angewiesen, die Studenten kundenfreundlich zu beraten und zu behandeln. Meine Assistenten können sich darauf verlassen, dass ich ihre Dissertationen und Habilitationen fachlich und persönlich unterstütze.

Dieses Drei-Stufen-Modell hat bis heute gut funktioniert. Allerdings ist die Vernachlässigung der zweiten Ebene auch mit viel Ärger verbunden gewesen. Sie hat mich zwar davon befreit, an überflüssigen und zeitraubenden Fakultätsrats-, Fachbereichsrats- und Professoriumssitzungen teilzunehmen, allerdings hat mich die erfolgreiche Durchsetzung von Entscheidungen, bei denen ich die Zustimmung der kollegialen Gremien benötigte, auch erheblichen zusätzlichen Einsatz gekostet.

Wieso Kundenorientierung zuletzt?

Natürlich nicht. Trotzdem war ich selbst darüber erschrocken, dass ich diesen Punkt nicht früher behandelt hatte. Schließlich lebt ein Unternehmen von seinen Kunden. Allerdings ist im High-Tech-Umfeld wegen des starken Technologiebezuges der Produkte eine vordergründige Kundenorientierung nicht ausschlaggebend. Mit vordergründig meine ich, dass man jeden Wunsch des Kunden als richtig empfindet und seine eigene Aufgabe lediglich als Anpassung an die Kundenwünsche definiert.

Wir haben uns immer auch als „Missionare" empfunden, indem wir unsere Kunden von unseren für richtig gehaltenen fachlichen Konzepten überzeugen wollten. Dies gelingt natürlich nur, wenn man über entsprechende Argumente verfügt und auf Kunden trifft, die bereit sind, innovative Schritte zu gehen. Hierzu haben wir zum Glück Partner gefunden, die uns über lange Zeit jeweils bezüglich unserer Innovationskraft gefordert haben. Viele dieser Unternehmen haben nahezu alle unsere Produkte und Konzepte jeweils in Pilotversionen getestet. Mit wachsender Unternehmensgröße gewinnt aber der breite Kundenbezug eine immer größere Bedeutung. Es genügt nicht nur, die Innovatoren zu betreuen, sondern man braucht einen großen Kundenstamm.

Dies bedeutet, dass mit wachsender Größe Unternehmen automatisch stärker Marketing-getrieben werden.

Kapitel VIII
In der Pause: All that Jazz

Nachdem wir nun viele fachliche Themen bearbeitet haben, ist eine Pause verdient. Sie wird durch ein musikalisches Zwischenspiel gefüllt.

Aus der Rolle fallen

„All that Jazz" lautete die Bildunterschrift in dem amerikanischen Fachmagazin „Information Week" im Jahr 1995 zu einem Artikel über die IDS, in dem ich als Saxofonspieler abgebildet war. In dem Artikel wurde die Gründung der IDS Scheer Inc. in den USA mit ihrem Leistungsspektrum vorgestellt.

Meine Kombination Universitätsprofessor, Unternehmensgründer und Jazzmusiker fällt aus der Rolle und ist für Journalisten deshalb ein gefundenes Fressen. In fast allen Artikeln, die sich eingehender mit meiner Person beschäftigen, sei es in der „Welt", dem „Manager Magazin" oder in Fernsehberichten, ist deshalb die Facette des Jazzmusikers herausgestellt worden. Als ich dies bemerkte, setzte ich diese PR-Möglichkeit auch gezielt ein, schließlich kann ich dann Angenehmes mit dem Nützlichen verbinden.

So spielt meine Band gerne bei Kundenveranstaltungen der IDS und hat dadurch interessante Auftrittsmöglichkeiten. Auch gegenüber meinen Studenten setze ich das Rollenspiel gezielt ein. Ich kann ihnen demonstrieren, dass man ein vielfältiges und erlebnisreiches Leben führen kann, wenn man sich nicht einseitig in eine Schublade packen lässt, sondern sich mehrdimensional und unkonventionell auslebt.

Dabei kann ich sagen, dass ich nirgendwo so viel neidisches Funkeln in den Augen eines Gesprächspartners sehe, als wenn das Gespräch auf meine Jazzaktivitäten kommt. Es gibt eben sehr viele Menschen, die während ihrer Jugend ein Musikinstrument erlernt haben, es dann aber im Zuge der Berufsausbildung aufgeben, nur um später im Leben zu bedauern, dieses Hobby nicht weitergeführt zu haben.

Das Problem beim Spielen eines Musikinstrumentes liegt in dem erforderlichen Übungsaufwand. Ohne Üben geht nichts. Selbst bei hoher Begabung ist den Biografien von Musikern das besessene Üben zu entnehmen. Bei mir kommt leider zusammen, dass meine Begabung eher mittelmäßig ist und viel Zeit zum Üben auch nicht besteht. Um trotzdem ein vorzeigbares Niveau zu erreichen, habe ich mir Übungszeiten auf alle mögliche Arten verschafft. An meinen Ferienorten habe ich jeweils ein Saxofon deponiert und nehme auf vielen meiner Reisen ein Instrument mit. In Mexiko habe ich einmal – in Treckinganzug und einen mexikanischen Sombrero-Hut gekleidet – außerhalb meines Hotels in der Wildnis auf meinem Saxofon geübt und habe dann abends im Hotel am Nebentisch einem amerikanischen Ehepaar zugehört, das sich darüber unterhielt, dass sie nachmittags auf einem Spazierweg einen Mexikaner mitten im Wald haben Jazzsaxofon spielen hören.

Sehr hilfreich sind für mich die Jazzkurse in Burghausen an der Salzach unter Leitung von Professor Joe Viera, die ich jährlich besuche.

Ich bin seit ca. meinem zehnten Lebensjahr ein Jazzfan. Zu der damaligen Zeit war dies sicher ungewöhnlich. Jazzmusik war durch die Nachwirkungen des Dritten Reiches weitgehend verpönt und meistens nur auf den amerikanischen Radiosendern der Army hörbar. Als sechzehnjähriger Schüler habe ich dann die Ersparnisse aus einer Werktätigkeit in einer Papierfabrik zum Kauf meines ersten preisgünstigen Saxofons verwendet.

Leider habe auch ich nach meiner Heirat das Saxofonspiel unterbrochen, es dann aber, als ich vierzig Jahre alt wurde, wieder aufgenommen. Ich habe immer vor Musikgeschäften gestanden und neidisch auf die wunderbar glänzenden Instrumente geschaut und dann, als ich mir ein gutes Saxofon leisten konnte, es einfach gekauft. Ich hatte zunächst vor, es lediglich als Dekorationsstück in meinem Arbeitszimmer aufzustellen, habe dann aber wieder Saxofonunterricht genommen und Anschluss an eine Jazzbigband unter Leitung von Freimut Mertes gefunden. Später habe ich dann mit Helmut Eisel einen der besten Klarinettisten des Saarlandes als wissenschaftlichen Assistenten an meinem Institut eingestellt. Dies hat die Unterrichtszeiten flexibler gemacht! Heute ist auch der hervorragende Jazzsaxofonist Peter Decker mein Lehrer und Bandleiter.

Durchschnittlich zwei- bis dreimal im Monat spiele ich in drei verschiedenen Bands, einer Bigband und zwei Combos, entweder in Jazzlokalen oder in der Cafeteria der IDS in Saarbrücken.

Mit dieser Schilderung möchte ich denjenigen Mut machen, die in ihrer Jugend ein Instrument gespielt, dies aber aufgegeben haben, die Musik auch im späteren Lebensalter noch einmal aufzunehmen. Mir verschafft jedenfalls die Musik einige der schönsten Glücksgefühle, die ich in meinem Leben habe.

Ein mich stark berührendes Erlebnis hatte ich zum Beispiel im Herbst 1999 an der Universität Hamburg. Ich wurde vom Universitätspräsidenten Jürgen Lüthje und der Leitung des Rechenzentrums eingeladen, im Rahmen einer Ringvorlesung einen Vortrag zum Thema „Universität 2010" zu halten. Der Vortrag fand im Hauptgebäude der Universität im Hörsaal A statt, in dem ich selbst als Student eine meiner ersten Vorlesungen gehört hatte und später auch während meiner Assistentenzeit in Hamburg selbst Vorlesungen gehalten hatte. Unter den Zuhörern waren auch ehemalige Kollegen aus meiner Assistentenzeit an der Universität Hamburg. Ob meine Ideen zur Universitätsreform allerdings überall ungeteilte Zustimmung fanden, stelle ich einmal dahin, jedenfalls ergab sich eine lebhafte Diskussion. Persönlich sehr berührt hat mich aber anschließend, dass für die eingeladenen Gäste der in Hamburg bekannte Jazzclub „Dennis Swing-Club" reserviert und eine Jazzbigband unter Leitung des Rechtsanwaltes Hannes Giese engagiert worden war. Man hatte auch extra ein Baritonsaxofon ausgeliehen, und ich konnte einsteigen. Es zeigte sich, dass sowohl der Präsident als auch der Universitätskanzler Hartmut Halfmeier, sich in der Musikrichtung sehr gut auskannten und für sie Jazzmusiker wie Charles Mingues, von dem wir ein Stück spielten, durchaus ein Begriff waren.

Jazz und High-Tech

Die Verbindung von Jazz und High-Tech ist deswegen interessant, weil zwischen diesen Welten einerseits große Gegensätze bestehen, andererseits aber auch Verwandtschaften.

Viele mir bekannte Jazzmusiker sind zum Beispiel Computerfreaks. Es gibt PC-Programme, die Akkordfiguren zur Begleitung von Improvisationen erzeugen und Programme zum Transponieren von Noten.

Jazzmusiker besitzen trotz teilweise hoher Begabung und besessenem Übungsfleiß relativ wenig gesellschaftliche Anerkennung und sind eher frustriert über ihre schlechten Verdienstmöglichkeiten. Die Resignation der Jazzszene kommt in dem müden Musikerwitz zum Ausdruck:

Frage: Wie wird man als Jazzmusiker Millionär?

Antwort: Indem man als Milliardär anfängt.

In der High-Tech-Welt wird dagegen gut verdient, und die gesellschaftliche Anerkennung ist hoch.

Parallelen bestehen aber zwischen der Art der Musikausübung und der Arbeitsweise in der High-Tech-Welt.

In einer Jazzband dominiert das Team. Auch im High-Tech ist Teamfähigkeit Voraussetzung. Ein Softwaresystem wird von vielen Mitarbeitern in enger Zusammenarbeit und Abstimmung entwickelt. Beratungsprojekte werden durch ein Projektteam bearbeitet. Kunden bestehen vor einer Auftragsvergabe immer mehr darauf, das für ein Projekt vorgesehene Team kennen zu lernen. Sie wissen eben, dass der Firmenname allein noch nichts über die tatsächlich mit der Arbeit betrauten Menschen aussagt. Zur Teamfähigkeit gehört, dass man sich mit seinen Fähigkeiten voll in ein Projekt einbringt, um es insgesamt zum Erfolg zu führen. Andererseits muss man bereit sein, persönlich zurückzustecken, wenn ein anderes Teammitglied vom Kunden für eine spezielle Aufgabe präferiert wird.

Ein Mitarbeiter, der in einem Projekt die Leitungsfunktion übernommen hat, kann im nächsten Projekt mehr von seiner fachlichen Qualifikation gefordert sein und deswegen die Leitungsfunktion einem anderen Kollegen überlassen.

In einer Jazzband ist dieses Teamgefühl Teil der Kunst. Jeder Musiker muss auf den anderen hören; jeder ist Solist, aber auch Begleiter.

In der Anfangszeit des Jazz, also beim Dixieland, stand die Kollektivimprovisation im Vordergrund. Der Trompeter führte die Melodie, Posaune und Klarinette umspielten sie spontan. Louis Armstrong befreite den Jazz aus dieser engen Form und kreierte den Solisten. Es war sein überragendes Genie, das ihn aus seiner miserablen gesellschaftlichen Umgebung (er hatte in einer Erziehungsanstalt Trompete spielen gelernt und war in erster Ehe mit einem Mädchen aus dem Redlight District von New Orleans verheiratet) hinaus in die Welt trieb. Dass ihm dabei sein späterer Manager Joe Glaser geholfen hat, dem enge Beziehungen zur Mafia nachgesagt wurden und der ihm deshalb in Hollywood Zugang zur Filmindustrie verschaffen konnte, ist kein Gegenargument zu der überragenden Begabung und persönlichen Wirkung von Louis Armstrong. Ich möchte sogar behaupten, dass er einer der einflussreichsten Künstler des 20. Jahrhunderts gewesen ist. Er hat nicht nur den Jazz nachhaltig beeinflusst, sondern auch die internationale Popmusik.

Es ist übrigens witzig, dass sich im Augenblick viele moderne Musiker wieder an die Kollektivimprovisationen des Dixieland-Stils erinnern. Nur ist dies nicht mehr das eher tuttige Umspielen einer Ausgangsmelodie. Sondern die gleichzeitigen Improvisationen von Branford Marsalis und Joshua Redman sprühen vor Aggressivität, blitzschnellem Gedankenaustausch, Musikalität und Esprit.

In der High-Tech-Industrie spielen mündliche Präsentationen eine besondere Rolle. Für die Akquisition eines Projektes müssen dem Kunden die Kompetenzen zu einem Fachthema überzeugend präsentiert werden. Zwischen- und Endberichte eines Projektes werden dem Kunden ebenfalls in einem Vortrag vorgestellt. Neue Ideen und Produktkonzepte werden auf Tagungen und Workshops vorgetragen. Also ist die Fähigkeit, ein Publikum durch eine Präsentation zu überzeugen, ein entscheidender Erfolgsfaktor.

Die Präsentation eines Jazzmusikers ist sein improvisiertes Solo.

Was ist Improvisation?

Da ich häufig von interessierten Zuhörern gefragt werde, wie das Improvisieren im Jazz funktioniert, will ich es kurz erklären. Es ist auf keinen Fall ein völlig regelloses, musikalisches Herumfantasieren, sondern es folgt festgelegten Strukturen, die aber Freiraum für schöpferische Fähigkeiten bieten. Jedes Jazzstück besitzt ein Thema. Häufig werden dazu Musical-Themen von bekannten Komponisten wie George Gershwin oder Rogers und Hammerstein gewählt. Von diesem Thema wird auch der Aufbau übernommen. Bei einem 32-taktigen Thema ist dies zum Beispiel die Aufteilung in zwei jeweils achttaktige, sich wiederholende A-Teile, gefolgt von einem achttaktigen Zwischenteil (B-Teil) und schließlich wieder dem achttaktigen A-Teil. Insgesamt ergibt sich also die Form AABA. Den A- und B-Teilen sind jeweils zur Melodie passende Akkorde (Harmonien) unterlegt.

Die Improvisation eines Jazzmusikers folgt nun zum einen dem taktmäßigen Aufbau des Themas, in unserem Fall also jeweils den 32-taktigen Abschnitten AABA. Zum anderen werden auch die Harmoniefolgen beibehalten. Die 32 Takte AABA werden als Chorus bezeichnet. Der Solist spielt dann je nach seinem Ideenreichtum ein oder mehrere Chorusse. Er erfindet innerhalb dieser Struktur Melodien, die einmal zu der Melodie des Themas und zum anderen zu der Akkordfolge passen.

Ein fortgeschrittener Jazzmusiker sollte von mindestens 25 Standardstücken die Melodien des Themas und die Akkordfolgen auswendig beherrschen und mit Notenvorlagen weitere 50 bis 100 Titel spielen können.

Wie bei allen hochentwickelten Künsten, zeichnet sich aber ein guter Jazzmusiker dadurch aus, dass er sich von diesen Regeln lösen kann. Dadurch erzielt er überraschendere Wirkungen, die aber nach wie vor zu der Gesamtstruktur passen müssen. Dies bedeutet, dass gute Jazzbands die durch das Thema vorgegebene Harmoniefolge während des Improvisierens in raffinierter Weise abwandeln und damit auch dem Solisten einen weiteren Entfaltungsspielraum bieten. Der Solist muss dabei sehr genau darauf achten, wie die Rhythmusgruppe, insbesondere Bass und Piano, die harmonischen Durchgänge variiert, damit seine Melodielinien angepasst sind. Umgekehrt muss auch die Rhythmusgruppe dem Solisten folgen und seine

Ideen unterstützen. Dadurch entsteht eine sehr dichte Kommunikation zwischen den Musikern.

Jazzmusiker bemühen sich auch um eine natürliche Kommunikation mit ihren Zuhörern. Es ist üblich, dass der Bandleiter das Publikum begrüßt, seine Bandmitglieder vorstellt und die Titel ansagt und kommentiert. Dagegen wirkt das aufgesetzte Verhalten des Dirigenten in einem klassischen Konzert auf mich eher komisch. Er kommt mit wehenden Frackschößen auf die Bühne, verbeugt sich ohne „guten Abend" zu sagen, zelebriert Begrüßungen mit seinen leitenden Angestellten (1. Geiger, Solisten), dirigiert sein Konzert, zelebriert wiederum gegenseitige Beweihräucherungen mit den Solisten und verlässt nahezu grußlos die Bühne. Hier übertrifft die Realität die skurrilsten Einfälle von Loriot um Längen.

Strukturen im Jazz

Jazzmusiker mussten früher von Schallplattenaufnahmen die Akkordfolgen der Musikstücke selbst abhören. Inzwischen gibt es aber auch Notenbücher, in denen sowohl die Melodielinien als auch die dazugehörenden Akkorde angegeben sind. Da diese zunächst als Raubkopien entstanden sind, werden sie witzigerweise als „real books" bezeichnet, obwohl sie in Wirklichkeit „fake books" sind.

Neben der 32-taktigen Form AABA gibt es weitere Grundformen im Jazz. Bei einem Blues ist die Struktur besonders einfach: Das Thema ist zwölf Takte lang und in der Grundform enthält ein Blues lediglich drei unterschiedliche Akkorde.

Aufgrund der einfachen und festgelegten Form beginnen Jazzmusiker, die zum ersten Mal zusammen spielen, häufig mit einem Blues. Hierbei benötigen sie nicht einmal ein Thema, sondern können quasi spontan den Bluesharmonien folgend, zusammen eine Melodie entwickeln. Es genügt also, wenn man das Stichwort „Blues in G-Dur" angibt und selbst Musiker, die noch nie zusammen gespielt haben, wissen Bescheid.

Nach der Bluesform ist die Form des von George Gershwin komponierten Stückes „I got rhythm" Grundlage vieler Jazzstandards. So haben Jazzgrößen wie Lester Young, Sonny Rollins und Charlie Parker mit „Lester leaps in", „Oleo" und „Anthropologie" über die Akkordfolgen dieses Stückes völlig neue Musiklinien erfunden. Charly Parker hat überhaupt seine bekanntesten Themen wie „Donna Lee" (Indiana) oder „Ornithology" (How high the moon) über die Harmoniefolgen bekannter Standards geschrieben.

Die Akkordwechsel innerhalb eines Themas folgen bestimmten Gesetzen, die eine gute Merkhilfe für den Musiker sind. Generell muss ein guter Jazzmusiker einen relativ breiten theoretischen Hintergrund besitzen. Es gibt zwar Musiker, die rein nach dem Gehör improvisieren, allerdings ist dadurch auf die Dauer ihr Entwicklungsspielraum begrenzt.

Neben dem melodischen Verständnis und der theoretischen Harmonielehre ist ein gutes rhythmisches Gefühl erforderlich. Viel schlimmer als ein falscher Ton ist es, wenn man nicht genau die „Eins" eines Taktes trifft, also genau die rhythmisch betonten Akzente verpasst oder man alleine in eine Pause feuert.

Auch guten Musikern passiert es gelegentlich, dass sie den Faden verlieren, das heißt nicht mehr genau wissen, an welcher Stelle der musikalischen Form sie sich gerade bei ihrem Solo befinden, ob also in einem der A-Teile oder bereits im B-Teil. Dies ist gerade dann leicht möglich, wenn die Rhythmusgruppe raffinierte Akkordfolgen spielt, aus denen die ursprünglichen Akkordfolgen der Melodie nicht so leicht wieder zu erkennen sind.

Auch passiert es gelegentlich, dass im Eifer des Gefechts bei einer Improvisation ein falscher Ton gegriffen wird. Natürlich gibt es an sich keine falschen Töne, schließlich sind sie ja alle auf dem Instrument vorgesehen, sondern ein Ton hört sich nur in einem bestimmten harmonischen Zusammenhang weniger gefällig an.

Es gibt nun interessante Tricks, wie solche Situationen behoben werden können. Ist man aus der Form geraten, so bleibt einem nichts anderes übrig, als einen Augenblick mit der Improvisation auszusetzen, quasi eine gezielte Pause zu machen, um darauf zu hören, an welcher Stelle der Struktur sich die Begleitung befindet. Merkt sie, dass der Solist den Faden verloren hat, kann sie von sich aus Hilfestellungen geben, indem sie betonter die Themamelodie durchklingen lässt.

In einem Jazzkonzert im Gasteig in München habe ich diese Situation sogar bei dem Weltmeister in Saxofontechnik Michael Brecker erlebt. Seine Rhythmusgruppe unter der Leitung von Herbie Hancock (!) hatte sich harmonisch so entfernt, dass ihm nichts anderes übrig blieb als aufzuhören, bis er den Faden wiedergefunden hatte.

Bei einem falschen Ton gilt die Regel, blitzschnell den nächstfolgenden Halbton zu spielen, der dann sofort besser zu der gerade gespielten Harmonie passt.

Auch dieses Üben von blitzschnellem Korrigieren ist eine im Berufsleben gut zu verwendende Eigenschaft. Wenn man den Stand bei einer Diskussion verloren hat, sollte man in Ruhe zuhören, um wieder einsteigen zu können. Merkt man, dass ein Kollege einen Gedankengang nicht verstanden hat, kann man ihm helfen, indem man in einer Frage oder einem Diskussionsbeitrag den Gedanken nochmals wiederholt. Bei einem Versprecher oder der Wahl eines falschen Wortes löst blitzschnelles Korrigieren sofort die Situation.

Auch in der klassischen Musik hat es die Improvisation gegeben und sie wird auch wieder entdeckt. So sind die Kadenzen, in denen ein Musiker freie Melodien spielen kann, auch heute noch beliebt. In der Barockzeit hat Bach sicher viel mehr Musik improvisiert als von ihm in aufgeschriebener Form übermittelt worden ist. Heute ist bei der klassischen Ausbildung eines Musikstudenten lediglich im Fach Orgelspielen die Förderung zur Fähigkeit der Improvisation erhalten geblieben.

Die im Jazz für den Musiker bestehenden Entfaltungsmöglichkeiten werden von klassischen Musikern häufig beneidet. In der Romantik hat sich in der klassischen Musik das Virtuosentum von der schöpferischen Komposition getrennt. Viele klassische Musiker besitzen eine bewundernswerte Virtuosität, die durch einen enormen technischen Übungsfleiß bis hin zum Drill erarbeitet werden muss. Dies kann zu einem Verlust an Spielfreude führen, die im Jazz dagegen sprüht. Um es nicht zu verschweigen: Auch Jazzmusiker beneiden natürlich ihre Kollegen der Klassik um ihre vergleichsweise gutbezahlten Dauerstellungen in den öffentlich geförderten Orchestern.

Jazzsolo und Fachvortrag im Vergleich

Der musikalische Aufbau eines Jazzsolos stellt ähnliche Anforderungen wie der Aufbau eines Fachvortrages. Wenn der Musiker am Anfang seines

Solos zu virtuos beginnt, hat er schnell sein Pulver verschossen. Ihn verlassen die Ideen, sein Solo flacht ab und wird langweilig. Also muss er zwar mit einem Einstieg die Aufmerksamkeit des Publikums erlangen, dann aber innerhalb des Solos durch eine geschickte Choreografie neue Spannungen erzeugen. Wenn er am Ende Applaus erhalten möchte, muss er dem Publikum durch Verlangsamung des Spieles oder Leiserwerden anzeigen, dass das Ende seines Solos naht. Hört er dagegen zu abrupt auf und der nächste Musiker beginnt sofort ein neues Solo, kann es sein, dass das Publikum den Übergang nicht bemerkt oder ein Applaus bereits als unpassend gilt, weil er das Solo des nächsten Musikers stört.

Hieraus kann man für einen Vortrag lernen. Man muss am Anfang die Aufmerksamkeit der Zuhörer wecken, dann aber auch verschiedene Höhepunkte in seinem Vortrag ansteuern und nicht zuletzt einen angemessenen Schluss finden, der zu Beifall und einer nachfolgenden Diskussion anregt.

In der Musik kann man die Spannung zum Beispiel durch den Wechsel von leise zu laut oder von langsam zu schnell erzielen oder durch das abwechselnde Spielen von sehr hohen und sehr tiefen Tönen.

Der Einstieg bei einem Solo soll vor allen Dingen den Unterschied zum vorhergehenden Solisten verdeutlichen. Hat also der vorhergehende Solist mit sehr schnellen Passagen aufgehört, so ist es besser, anschließend mit langen und leisen Tönen zu beginnen. Hat dagegen der Solist mit langsamen Tönen sein Solo ausklingen lassen, kann man ruhig furios starten.

In Vorträgen sollte man sich von einem Vorredner durch eine entgegengesetzte Dynamik absetzen. Kernaussagen müssen über den Vortrag verteilt und jeweils gezielt angesteuert werden. Auch hier muss die Dynamik der Sprechweise der inhaltlichen Bedeutung einer Aussage angemessen sein. Eine Trivialität besonders zu betonen klingt komisch – einen wesentlichen Punkt nur beiläufig zu erwähnen bedeutet, dass seine Wirkung verpufft.

Kreativität und Dynamik

Gemeinsam sind High-Tech-Szene und Jazz auch ihre hohe Kreativität und Entwicklungsgeschwindigkeit. Die Jazzmusik hat sich zwischen den 30er- und 80er-Jahren des 20. Jahrhunderts fast im Zehnjahresturnus weiterentwickelt. Nach dem Dixieland entstand der Swing, danach kam der Bebop, danach der Cooljazz, dann der Hardbob, die modale Phase, Freejazz und schließlich die Fusion-Musik als Verbindung von Rockmusik und Jazz. Auch in der High-Tech-Welt haben sich die Entwicklungszyklen zwischen zentraler Hardware, vernetzten Systemen und Internet oder die Wellen zwischen Netzwerk-Datenbanksystemen, relationalen Datenbanksystemen und objektorientierten Datenbanksystemen rasend schnell abgewechselt.

Bei einer solchen Dynamik entscheidet es sich dann, ob jemand in der Lage ist, mehrere dieser Zyklen zu verdauen oder sogar mit anzuführen. Mein Vorbild in dieser Hinsicht ist im Jazz Miles Davis. Er war nicht nur zusammen mit Charlie Parker, Dizzy Gillespie und Thelonious Monk maßgeblich an der Entwicklung des Bebop-Stils beteiligt, sondern hat auch mit dem Capitol-Orchester und der Plattenaufnahme „Birth of the cool" 1949 den Cooljazz entscheidend mitbegründet. Zusammen mit John Coltrane hat er Mitte der 50er-Jahre den modalen Jazz (die Improvisation nach Tonleitern und nicht nur nach Akkordfolgen) entwickelt und später den Rockjazz durch die Zusammenarbeit mit Musikern wie Chick Corea oder Herbie Hancock kreiert.

Viermal in seinem Leben an so gravierend unterschiedlichen Stilrichtungen führend beteiligt zu sein ist eine enorme Leistung und erfordert hohe Innovationsbereitschaft. Bei Miles Davis ist dies vor allen Dingen auch auf seine Zusammenarbeit mit dem Komponisten Gil Evens zurückzuführen, bei dem er auch zu einem Zeitpunkt noch Unterricht nahm, als er schon berühmt war. Es ist eben nie eine Schande, wenn man noch etwas dazu lernt.

Lernbereitschaft setzt Souveränität voraus. Man muss zugeben können, dass man nicht alles weiß. Viele Menschen scheuen sich, ihre Unkenntnis einzugestehen und überspielen eine Situation. Besser ist es dagegen, man fragt sofort nach, wenn ein Tatbestand unklar ist, um ihn sich erklären zu lassen. Anschließend kennt man ihn dann und ist in einer ähnlichen Situation besser gewappnet. Beim Überspielen bleibt dagegen die Unkenntnis bestehen und in einer nächsten Situation trifft sie einen wieder.

Im High-Tech-Geschäft muss man lebenslang lernfähig und bereit sein, auch von Jüngeren zu lernen. Auch Miles Davis hat viel mit jüngeren Musikern gearbeitet. Dadurch klang seine Musik automatisch „moderner".

Im Gegensatz dazu hat sich beispielsweise der geniale Saxofonist Charlie Parker, nachdem er einmal seinen Stil entwickelt hatte, quasi nur noch selbst kopiert aber keinen Anschluss mehr an die sich anbahnenden neuen Stilrichtungen gefunden.

Der menschliche Charakter von Miles Davis scheint aber alles andere als vorbildhaft gewesen zu sein. So hat sich der bekannte deutsche Jazzmusik-Kritiker Joachim-Ernst Behrend nach dem Tode von Miles Davis wegen dessen angeblich frauenfeindlichen Ausführungen in seiner Autobiografie geweigert, für die Süddeutsche Zeitung einen Nachruf zu verfassen. Miles Davis war übertrieben egozentrisch und soll seine jüngeren Mitmusiker finanziell ausgebeutet haben. Trotzdem sind viele jüngere Musiker der Miles-Davis-Bands später zu Weltstars geworden und haben in vielen Aufnahmen und Auftritten Miles Davis musikalisch geehrt.

Jazz bis zum letzten Atemzug?

Älterwerden scheint im Jazz keine Nachteile mit sich zu bringen. Viele der großen Musiker haben gerade in ihrer reiferen Zeit einen eindrucksvollen Sound auf ihrem Instrument entwickelt. So ist zwar das Solo des jungen Louis Armstrong auf der Plattenaufnahme des „Westend-Blues" 1928 in seiner Virtuosität einmalig. Insbesondere der Beginn des Stückes mit einem sehr hohen Trompetenton hat viele nachahmende Musiker zur Verzweiflung getrieben. Trotzdem ist seine Tonbildung in den späteren Jahren um 1950 von einer noch beindruckenderen Ausdruckskraft.

Das Gleiche gilt auch für Miles Davis, Gerry Mulligan oder Stan Getz. Man denke bei Gerry Mulligan nur an das Carnegie-Hall-Konzert von 1974 und das seiner 1965 an Krebs verstorbenen Frau, der Oscar-Preisträgerin Judy Holliday, gewidmete Stück „For an unfinished woman". Auch der Sound des reifen Stan Getz, zum Beispiel auf der Aufnahme „Fiesta" mit Chick Corea, stellt mir die Rückenhaare aufrecht.

Virtuosität ist eben nicht alles. Ausdruck setzt auch Lebensreife voraus. Dies ist übrigens ein Vorteil des Jazz gegenüber der klassischen Musik. Hier müssen Solisten der vorliegenden Partitur folgen und die mit dem Alter vielleicht schwächer werdende Virtuosität wird hörbar. Beim Jazz spielt ein Solist eben nur das, was er kann. Und wenn die Virtuosität nicht mehr beeindruckt, so können die Logik und schlüssige Einfachheit der Melodieführung sowie der eindringliche Klang vieles wieder wettmachen. Deshalb kann man praktisch Jazz bis zum letzten Atemzug spielen, wie es ja auch bei Stars wie Miles Davis, Stan Getz oder Gerry Mulligan der Fall war.

Für mich besitzt das aktive Saxofonspielen eine psychisch enorm wichtige Bedeutung. Gerade die mit der Jazzmusik verbundene Aggressivität und der treibende Rhythmus sind eine ideale Möglichkeit, die tägliche Stressbelastung abzubauen. Es ist einfach ein tolles Gefühl, wenn man in einer Bigband sitzt und seinen Solopart auf sich zukommen sieht. Man spürt, wie der Adrenalingehalt im Blut steigt, und plötzlich muss man aufstehen und sein Solo beginnen. Die Angst, dass einem nichts Gescheites einfällt, ist verschwunden und man kann sich in seinem Solo austoben.

Auch glaube ich, dass die Kombination zwischen intellektueller Flexibilität (man kann nur so schnell spielen, wie man denken kann), Emotionalität und beidhändiger Motorik, wie sie das Saxofonspielen fordern, dazu beiträgt, mich auch im fortschreitenden Alter fit zu halten. Jedenfalls habe ich kürzlich in New York im „Blue Note" die Geburtstagsfeiern der zwei 70-jährigen Schlagzeuger Elvin Jones und Roy Haynes miterlebt, vor deren Dynamik wesentlich Jüngere noch den Hut ziehen können. Selbst der 77-jährige Cecil Payne konnte bei einem Auftritt im „Smoke" zwar nicht mehr ohne Unterstützung die Bühne betreten, aber dann, sein Baritonsaxofon frei tragend, zu beeindruckender Spielweise auflaufen. Auch Dave Brubeck gestaltet im Alter von 80 Jahren noch eindrucksvolle Konzerte.

Auch Üben muss geübt werden

Pro Woche übe ich rund fünf bis sieben Stunden. Mein Übungsablauf folgt dabei einem festgelegten Schema. Am Anfang spiele ich sehr lange Töne, um den Tonansatz zu festigen. Dann spiele ich ein einfaches, von mir bereits beherrschtes Stück, um mich sozusagen aufzuwärmen (Warming-up-Phase). Anschließend übe ich technische Passagen, zum Beispiel Akkordbrechungen oder Etüden zur Verbesserung der Fingerfertigkeit. Am meisten Spaß machen natürlich Improvisationsübungen. Hier wird mit den Aebersold-CDs die Begleitung (Klavier, Bass, Schlagzeug) hervorragender Musiker angeboten, so dass der Solist zu diesem Background improvisieren kann. Dies ist allerdings kein Ersatz für das Live-Spielen, weil eben nicht zweiseitig mit der Rhythmusgruppe kommuniziert werden kann. Deshalb besteht bei den Aebersold-CDs trotz ihrer hohen Qualität eine eher sterile Atmosphäre. Den Abschluss des Übens bildet wieder ein einfaches Stück, um sich sozusagen abzukühlen (Cool-down-Phase).

Verschlossene Welten

Das Arbeiten mit hochbegabten Musikern zeigt mir verschlossene Welten. Fähigkeiten wie das absolute Gehör, das es erlaubt, einen Ton beim Hören genau zu benennen oder ein Intervall direkt zu bestimmen, sind bereits beeindruckend. Es gibt aber Musiker, die mit einem fast fotografischen Gedächtnis ausgestattet sind und komplizierte Musikstücke, die sie mehrere Jahre oder sogar Jahrzehnte nicht gespielt haben, spontan aus dem Gedächtnis abrufen können. Einmal gehörte Melodien können sofort nachgespielt oder sogar direkt auf Notenpapier aufgeschrieben werden. Derartige Fähigkeiten setzen eine hohe Begabung voraus, erfordern aber gleichzeitig auch enormes Training.

Internationale Jazzclubs

Wegen der hohen Spontaneität im Jazz sind für mich Liveauftritte von bedeutenden Musikern eindrucksvolle Erlebnisse. Die wichtigsten Jazzlokale dieser Welt sind mir sicher bekannt. In New York ist der Besuch im „Blue Note", „Village Vanguard", „Sweet Basil", „Knickerbocker", „Jazz Standard", „Fez", „Bottom Line" oder „Smoke" bei jeder Reise in diese Stadt ein Muss. Aber auch in Washington D.C. gibt es mit dem „Blues Alley" oder in San Francisco mit dem Lokal „Jazz at Pearls" hervorragende Gelegenheiten, Jazz live zu hören. In London bietet „Ronnie Scott's" internationale Jazzmusik. In Istanbul ist das „Gramofon" zu empfehlen und in Moskau der „Forte Jazz Club". Selbst in Tokio existiert mit dem „Blue Note Tokyo" ein zwar unverschämt teurer, aber interessanter Live-Jazz-Ort. In Deutschland sind gute Jazzclubs u.a. in München die „Unterfahrt", in Berlin das „Quasimodo", in Hamburg das „Birdland" und in Saarbrücken die „Gießkanne".

Leider sterben in Deutschland die Jazzlokale im Augenblick eher aus. Ich hoffe aber, dass sie wieder an Zulauf gewinnen werden und sich Sponsoren für den Erhalt ihrer schöpferischen und spontanen Atmosphäre begeistern.

Meine Lieblingsaufnahmen

Eigentlich spiele ich lieber selbst Jazzsaxofon, als dass ich mir CD-Aufnahmen anhöre. Trotzdem habe ich Lieblingsaufnahmen, die ich mir immer wieder gerne vorspiele. Dazu gehört das Pianosolo von Jess Stacy in dem Stück „Sing Sing Sing" des Carnegie-Hall-Konzerts von Benny Goodman 1938. Es ist von hoher Musikalität und nach dem vorhergehenden kraftvollen Trompetensolo von Harry James und dem strahlenden Klarinettensolo von Benny Goodman von erstaunlicher Gelöstheit, Einfachheit und Melancholie.

Auch das Carnegie-Hall-Konzert von Gerry Mulligan mit Chet Baker höre ich immer wieder, insbesondere seine Komposition „It's sandy at the beach". Die Live-CD der NDR-Bigband mit dem Saxofonisten Christoph Lauer und der Sängerin Inga Rumpf zur Erinnerung an den genialen Gitarristen Jimmy Hendrix besitzt ein Abonnement in meinem Walkman. Insbesondere das Solo von Christoph Lauer bei dem Stück „Hey Joe" kann ich immer wieder hören. Es wechselt zwischen leisen, getragenen Passagen und furiosen Teilen bis zu Freejazz-Kaskaden.

Der skurrile Pianist Thelonious Monk interessiert mich auch sehr als Persönlichkeit. Das Video eines Liveauftritts in einem Jazzclub, bei dem er – in der linken Hand bereits eine Zigarette haltend – seine komplizierte Komposition „Round Midnight" spielt und dann beginnt – ohne sein Spiel zu unterbrechen –, mit der rechten Hand aus seiner Hosentasche ein Taschentuch zu angeln, um sich den Schweiß von der Stirn zu wischen, ist von entwaffnender Exzentrik. Monk lebte in einer eigenen Welt und konnte sich gar nicht vorstellen, dass jemand seine Musik nicht verstehen konnte. Ich bin überzeugt, dass viele seiner Stücke noch in 100 Jahren gespielt werden.

Der 70-jährige Sonny Rollins ist sicher der größte lebende Jazzsaxofonist. Ich empfehle jedem, ihn noch einmal live anzuhören, so lange es noch geht – selbst die weiteste Konzertreise lohnt sich.

Die Aufnahmen von John Coltrane gehören natürlich für einen Saxofonisten zum Standardrepertoire. Einige seiner Titel wie „Impressions", „Equinox" oder „Blue Train" spiele ich selbst gerne. Allerdings liegt das in rasendem Tempo zu spielende Stück „Giant Steps" an der Grenze meiner technischen Möglichkeiten. John Coltrane war bekannt für seine sehr langen Soli. Als er einmal Miles Davis um den musikalischen Rat bat, wie er es machen müsse, dass seine Soli kürzer würden, gab dieser ihm den Rat, nach 3 Chorussen einfach das Instrument aus dem Mund zu nehmen.

Nach dieser Pauseneinlage sollen nun Erkenntnisse zur Gründung von High-Tech-Unternehmen und des Unternehmertums auf eine breitere Plattform übertragen werden.

Kapitel IX
Das Saarbrücker Modell zum Technologietransfer

Verschachtelte Regelkreise

Aus meinen Erfahrungen als Leiter eines Forschungsinstitutes und als Unternehmensgründer habe ich das „Saarbrücker Modell" entwickelt, das Forschung, Unternehmensgründungen und Unternehmenswachstum miteinander verzahnt.

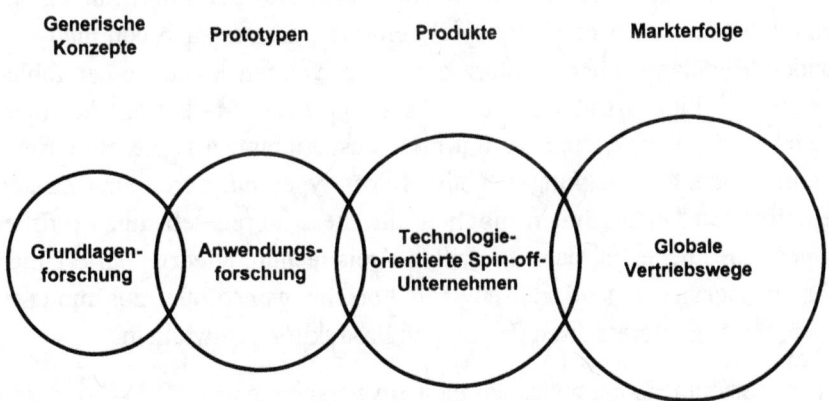

Abbildung 3: Das Saarbrücker Modell

Es besteht aus vier ineinander greifenden Kreisen. Der erste Kreis in Abbildung 3 kennzeichnet die Grundlagenforschung. Aufgabe der Grundlagenforschung ist es, Forschungsergebnisse zu erzeugen, die nicht von vornherein auf bestimmte Anwendungsfälle ausgerichtet sind. Beispiele für Gebiete der Grundlagenforschung sind die reine Mathematik oder die theoretische Informatik.

Die Anwendungsforschung (zweiter Kreis) übernimmt Ergebnisse der Grundlagenforschung und kleidet sie in Anwendungsgebiete ein. Beispielsweise werden in der Anwendungsdisziplin Fahrzeugtechnik Ergebnisse der Mathematik eingesetzt.

Das Fach Wirtschaftsinformatik ist bereits durch seine Definition als Disziplin zur Erforschung der Zusammenhänge zwischen betriebswirtschaftlichen Problemen und der Informationstechnik anwendungsorientiert, so dass mein Forschungsinstitut IWi dem zweiten Kreis zuzuordnen ist.

Ergebnisse der anwendungsorientierten Forschung sind häufig Prototypen, die grundsätzlich zeigen sollen, dass eine anwendungsorientierte Fragestellung durch ein neues Konzept unterstützt werden kann. Auch an meinem Institut sind viele Prototypen für innovative Informationssysteme entstanden. Ein Prototyp ist aber kein vermarktbares Produkt. Dazu fehlen eine professionelle Dokumentation und die Produktstabilität. Für ein Informationssystem wird zum Beispiel gefordert, dass es auch von mehreren Hundert Benutzern ohne Absturz eingesetzt werden kann. Ferner fehlen Weiterentwicklungsstrategie, Vertriebskonzepte und Marketing. Auf diese Bereiche ist ein Forschungsinstitut nicht ausgerichtet. Aus diesem Grunde ist eine Produktentwicklung aus einem Prototypen nur durch eine Zusammenarbeit mit Unternehmen möglich, die diese Voraussetzungen erfüllen können. Dies bedeutet, dass im dritten Kreis technologieorientierte Unternehmen angesiedelt sind, die eng mit Forschungsinstituten zusammenarbeiten, um aus interessanten Prototypen Produkte zu entwickeln.

Dieses Zusammenspiel zwischen meinem Forschungsinstitut IWi und dem Spin-off-Unternehmen IDS wurde sowohl bei der Entwicklung des FI-2-Fertigungssteuerungssystems als auch des ARIS-Toolset genutzt.

Aber selbst ein professionell entwickeltes Produkt ist noch nicht automatisch verkauft. Deshalb ist es für kleinere technologieorientierte Unternehmen erforderlich, große internationale Vertriebswege zu nutzen. Der Aufbau internationaler Vertriebswege ist für junge Unternehmen schwierig. Ein erstes Produkt ist kaum in der Lage, die hohen Investitionskosten für umfassende Vertriebswege zu finanzieren. Aus diesem Grunde ist die Zusammenarbeit mit Partnern, die bereits über einen internationalen Vertrieb verfügen, der einfachere Weg.

Die IDS nutzte hierzu die Zusammenarbeit mit der SAP. Dies bedeutet nicht, dass die SAP den Vertrieb der ARIS-Produkte übernommen hätte, vielmehr war bereits alleine die Möglichkeit, durch Teilnahme an internationalen SAP-Veranstaltungen ein Podium zur Verfügung zu haben, ausgesprochen hilfreich.

Aufgrund der inzwischen aufgebauten Internationalisierung der IDS wächst sie selbst in den vierten Kreis hinein und übernimmt gegenüber kleineren Start-up-Unternehmen bereits die Rolle des internationalen Vertriebspartners.

Brüche in der Wertschöpfungskette

Das „Saarbrücker Modell" habe ich häufig verwendet, um auf strukturelle Schwächen der Umsetzung von Forschungsergebnissen in Deutschland hinzuweisen. Vor allen Dingen bestehen Schwächen in der Verbindung zwischen dem ersten und dem zweiten Ring sowie dem dritten und vierten Ring. Dies hat dazu geführt, dass trotz des hohen Niveaus der Grundlagenforschung in Deutschland internationale High-Tech-Produkterfolge weitgehend ausgeblieben sind. Obwohl in Deutschland die Grundlagenforschung der Informatik durch staatliche Programme massiv gefördert wurde, ist die Zahl deutscher Produktentwicklungen auf diesen Gebieten eher zurückgegangen. In Deutschland wird keine eigenständige Computer-Hardware mehr gebaut, frühere Erfolge der Datenbanktechnologie (zum Beispiel die Produkte UDS von Siemens oder ADABAS der Software AG) sind weitgehend durch amerikanische Produkte verdrängt worden. Betriebssysteme werden heute fast ausnahmslos aus den USA bezogen, obwohl auch hier deutsche Ansätze (zum Beispiel das Siemens Betriebssystem BS 2000) qualitativ durchaus hätten mithalten können. Auch die Anfangserfolge von Systemen zur computergestützten Konstruktion (CAD) konnten nicht gehalten werden. Obwohl Deutschland ein klassisches Ingenieurland ist und die Technischen Universitäten jahrzehntelang Weltruf genossen, werden heute deutsche Ingenieure an ausländischen CAD-Systemen ausgebildet.

Insgesamt ist die Situation eher deprimierend: In einem Land, in dem einmal die Buchdruckerkunst erfunden wurde, ruft heute eine Sekretärin, die einen deutschen Brief schreibt, ein amerikanisches Textverarbeitungssystem auf.

Die Ursache hierfür liegt eben in der mangelnden Verfolgung der gesamten Wertschöpfungskette durch alle vier Kreise des „Saarbrücker Modells". Der hohen Förderung der High-Tech-Grundlagenforschung steht eine viel zu geringe Förderung der Anwendungsforschung entgegen: Die Wirtschaftsinformatik, die medizinische Informatik oder die technische Informatik wurden gegenüber der Grundlagenforschung der Informationstechnik vernachlässigt.

Ein teuflischer Kreislauf

Es sind nicht nur verlorene Produkte und damit Arbeitsplätze zu beklagen, sondern man gerät auch in einen teuflischen Kreislauf. Wenn in Deutschland zum Beispiel keine CAD-Systeme mehr entwickelt werden, dann kann auch die Forschung auf dem Gebiet der Konstruktionstechnik ihre Ergebnisse nicht mehr in praktischen Kooperationsprojekten auf Anwendungstauglichkeit überprüfen. Entweder arbeiten dann deutsche Professoren mit amerikanischen Softwareherstellern zusammen und liefern damit ihr Forschungs-Know-how ab oder sie werden völlig abgekoppelt, wenn die amerikanischen Software-Häuser lieber mit Forschungsinstituten im eigenen Land zusammenarbeiten. Derartige Entwicklungen sind nicht nur herbeigeredet, sondern bereits konkret zu beobachten.

Die Durchlässigkeit des zweiten Kreises zum dritten Kreis hat sich in den letzten Jahren wesentlich verbessert. Durch Programme, deren Initiatoren vom Bundespräsidenten bis zur letzten Sparkassenorganisation reichen, ist die Förderung von Spin-off-Unternehmen aus dem Universitätsumfeld motiviert worden. Auch Venture Capital steht inzwischen zur Verfügung. Insofern ist hier ein Hoffnungsschimmer zu sehen.

Ein Problemfeld ist aber die Verbindung des dritten Kreises mit dem vierten Kreis, also die Verknüpfung von innovativen Produkten mit großen Vertriebswegen.

Ein wesentlicher Grund für das Scheitern vieler deutscher High-Tech-Produkte, zum Beispiel auch von Computern, ist die misslungene Internationalisierung. Es genügt heute nicht mehr, Marktführer in Europa zu sein, wenn die Hauptkonkurrenten die großen amerikanischen und asiatischen Märkte beherrschen. Sie verfügen damit über größere „Economies of Scale"-Vorteile und können wegen höherer Einkaufsmengen die Komponenten ihrer Produkte weit günstiger beziehen, als es einem Unternehmen, das lediglich in Europa tätig ist, gelingt. Dieser Wettbewerbsnachteil auf der Beschaffungsseite ist nicht mehr aufzuholen.

Insgesamt ist zu beobachten, dass die deutschen Großunternehmen im High-Tech-Bereich, seien es die ausgegründeten Systemhäuser der Automobilindustrie oder auch große Beratungsunternehmen, sich eher aus dem Produktgeschäft zurückziehen und stattdessen das Servicegeschäft forcieren. Das Produktgeschäft ist riskant und erfordert gegenüber reinen Beratungsleistungen erhebliche Vorinvestitionen. Dies führt aber dazu, dass junge Start-up-Unternehmen, die über innovative Produkte verfügen, wegen der nun fehlenden Kooperationsmöglichkeiten mit deutschen Großunternehmen sich nicht schnell genug internationalisieren können.

Aus diesem Grunde ist zum Beispiel der Aufkauf des Hamburger Office-Software-Herstellers „Star Division" durch den amerikanischen Computerhersteller SUN nicht nur als Beweis für die Qualität eines jungen deutschen Softwarehauses zu werten, sondern gleichzeitig auch als Armutszeugnis für die deutschen High-Tech-Großunternehmen, die ein solches Unternehmen offensichtlich nicht unter ihre Fittiche nehmen können. Die Beteiligungspolitik der SAP AG und ihr Venture-Capital-Fonds sind zwar eine vorbildliche Ausnahme, aber nicht ausreichend. Unternehmen wie die Deutsche Telekom und ihre Venture-Capital-Gesellschaft lassen ebenfalls vorsichtig hoffen, sind aber noch zu zögerlich.

Business Angels

Business-Angel-Netzwerke, also die Bereitstellung von fachlichem Know-how und Geld durch erfahrene Personen, sind in Deutschland erst im Aufbau. Positiv ist zu beobachten, dass sich die erste Gründergeneration der High-Tech-Szene nun als Business Angels der Förderung von neuen Unternehmensgründern widmet. Denn nicht das Geld allein ist entscheidend für den Erfolg eines Start-ups, sondern vor allem die Managementqualität. Hier können Business Angels, die sich als Fachleute einer Branche selbst unternehmerisch oder in führender Managementfunktion betätigt haben, jungen Unternehmen mit Rat zur Seite stehen. Dies aber nicht als „pensionierte Opas", die ihren Enkeln anerkennend auf die Schulter klopfen, sondern als „Mitunternehmer", die ihr Engagement durch ein persönliches Risiko dokumentieren.

Multiplikatoren des Saarbrücker Modells

Das Aufzeigen der Transferprobleme anhand des „Saarbrücker Modells" wird noch deutlicher, wenn man sie mit einer Ressourcenbetrachtung verbindet.

Wird für die Grundlagenforschung eine Geldeinheit eingesetzt, so können deren Ergebnisse von der Anwendungsforschung nur mit einem wesentlich höheren Ressourcenaufwand verwertet werden. Albert Einstein brauchte für seine weltbewegenden Entdeckungen lediglich ein Blatt Papier und einen Bleistift. Die später darauf aufbauende experimentelle Atomphysik hat enorme Geldsummen verschlungen. Ähnlich verhält es sich auch auf dem Gebiet der Computertechnik. Ein neuer Speicheralgorithmus oder Grundlagen einer neuen Datenbankkonzeption können am Schreibtisch entwickelt werden. Die anschließende Prototypentwicklung erfordert bereits ein Vielfaches an Ressourceneinsatz.

Um einen Prototypen produktreif weiterzuentwickeln, ist nochmals ein Vielfaches des zur Entwicklung des Prototyps erforderlichen Aufwandes einzusetzen. Und ein vorhandenes Produkt dann international erfolgreich zu vertreiben, erfordert ebenfalls ein Vielfaches an Geldmitteln.

Wenn jeweils zwischen den Stufen ein Multiplikator von fünf angesetzt wird, dann bedeutet dies, dass $1 + 5 + 25 + 125 = 156$ Kapazitätseinheiten erforderlich sind, um aus einer eingesetzten Einheit für die Grundlagenforschung ein erfolgreiches Produkt zu entwickeln. Da in Deutschland nach dem ersten Kreis die Wertschöpfungskette unterbrochen ist, kommt es eben nicht zu der Beschäftigungsexplosion im dritten und vierten Kreis.

Diese globalen Ausführungen lassen sich an der Entwicklung des ARIS-Toolset auch konkret zeigen.

Dabei bezieht sich das Beispiel der Abbildung 4 auf den Zusammenhang zwischen Anwendungsforschung und Produktumsetzung, also zwischen Ring 2 und 3. Bis zum Jahr 1992 wurden die Prototypenforschungen am IWi durchgeführt und banden maximal acht Mitarbeiter. Nach dem Wechsel des Entwicklungsteams zur IDS und der professionellen Neuentwicklung des ARIS-Toolset war in kurzer Zeit der Aufbau von über 100 Mitarbeitern erforderlich, um neben der verstärkten Entwicklung auch Vertriebs- und Marketingtätigkeiten durchführen zu können.

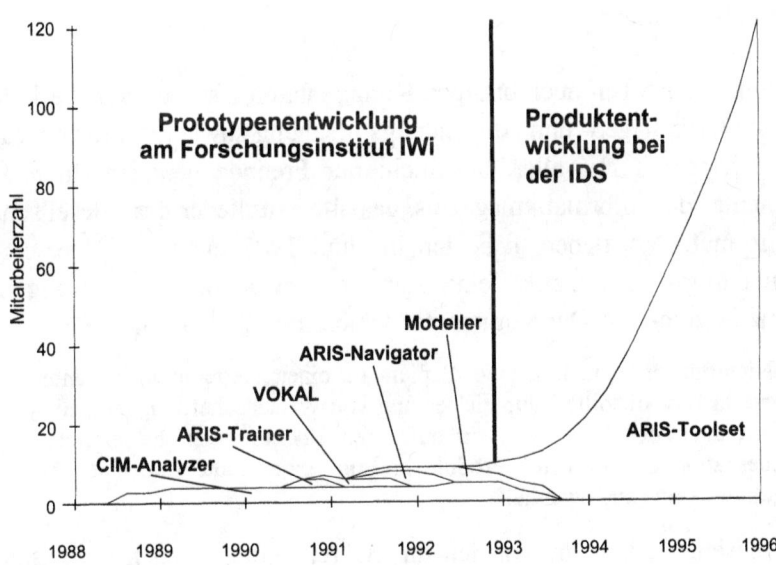

Abbildung 4: ARIS-Toolset als Beispiel der Beschäftigungsexplosion einer Produktentwicklung

Das Problem in Deutschland ist nun, dass wir von einer flachen Kurve der Forschung zur nächsten springen, ohne in den exponentiellen Anstieg der Arbeitsplätze durch die Produktumsetzung zu gelangen.

Wir haben am IWi das „Saarbrücker Modell" an der Forschungssituation des Saarlandes getestet und in einem Gutachten unter Federführung von meinem Mitarbeiter, Dr. Markus Nüttgens für das saarländische Wirtschaftsministerium festgestellt, dass die Grundlagenforschung auf dem

Gebiet der Informationstechnik durch Ansiedlung eines Max-Planck-Instituts sowie mehrerer Lehrstühle des Fachbereiches Informatik und Teilen des Deutschen Forschungsinstituts für Künstliche Intelligenz sehr gut vertreten ist, die darauf aufbauende anwendungsorientierte Informatik aber zu schwach ausgeprägt ist. Damit werden die explosiven Möglichkeiten der Umsetzung von Grundlagenforschungsideen in Produkte und Arbeitsplätze nicht so genutzt, wie es sein könnte. Dieses Ergebnis lässt sich auf die Situation in Deutschland verallgemeinern.

Mehr Feind – mehr Ehr

Mit meinen zum Teil auch bissigen Kommentaren zur stärkeren Verknüpfung von Grundlagen- und Anwendungsforschung sowie der Produktrealisierung habe ich mir allerdings nicht nur Freunde gemacht. In einem Kommentar des Informatikmagazins, das alle Mitglieder der „Gesellschaft für Informatik" beziehen, habe ich im Juni 1993 unter der Überschrift „Elfenbeinturm Informatik" eine stärkere Anwendungsorientierung der Informatik gefordert. Der Kommentar schloss mit den Sätzen:

> „Nicht nur die Annahme eines Papiers auf einer internationalen Konferenz in Hawaii sollte Hauptzielsetzung von Wissenschaftlern sein, sondern auch der Nachweis von auf ihren Erkenntnissen basierenden, international verbreiteten Produkten. Eine angewandte Informatik ist gefragt, keine abgewandte!"

Nach diesem Kommentar war ich für mehrere Jahre bei den puristischen Vertretern der deutschen Informatik-Community eine „Persona non grata". Dies galt für mich auch für den Fachbereich Informatik der Universität Saarbrücken, der zu dieser Zeit sehr theoretisch ausgerichtet war, ohne dies aber selbst so zu sehen.

Der Artikel bewirkte wohl auch, dass einige Saarbrücker Informatikprofessoren ihren Studenten nicht gerade zurieten, sich nach dem Studium „beim Scheer", also bei der IDS zu bewerben. Insofern hatte der Kommentar insgesamt nachteilige Wirkungen für mich. Aber was soll man machen, er entsprach eben meiner auch in Vorträgen und Diskussionen veröffentlichten Meinung. Heute hat die Entwicklung mir weitgehend Recht gegeben. Auch der Fachbereich Informatik in Saarbrücken hat mich inzwischen zu seinem Mitglied kooptiert.

Kapitel X
Wie man die Deutsche Universität AG fit für die Börse macht.

Vorbild USA?

Aus dem Massachusetts Institute for Technology (MIT) in Boston, USA, sind viele Unternehmen wie Digital Equipment oder Bose hervorgegangen. Hardwarehersteller wie SUN, die Datenbankhersteller Ingres oder Informix sind aus den kalifornischen Eliteuniversitäten Stanford oder Berkeley gegründet worden. Die vollständige Ausschreibung von SUN lautet *S*tanford *U*niversity *N*etwork und belegt die enge Beziehung des Unternehmens zur Universitätsherkunft. Eine vergleichbare Gründungsszene aus Universitäten ist in Deutschland leider noch nicht zu finden.

Auch in Forschung und Lehre weisen deutsche Universitäten im internationalen Vergleich Defizite auf.

Die US-amerikanischen Universitäten generell als Vorbilder herauszustellen ist allerdings differenziert zu betrachten. In Amerika gibt es zwar gut 20 international bekannte Eliteuniversitäten, daneben aber eine fast unübersehbare Anzahl von Universitäten und Colleges mit bestenfalls mittlerem Niveau. Unsere deutsche Universitätslandschaft zeigt nicht dieses Niveaugefälle, verfügt allerdings auch über keine ausgewiesenen Eliteuniversitäten.

Die amerikanische Universitätsstruktur spiegelt nicht zuletzt auch die Hierarchiestruktur der Wirtschaft wider. In vielen Unternehmen herrscht ein ausgesprochenes Hierarchiedenken. Dies ist bereits an der Vielzahl der verwendeten Titel zu erkennen. Mitarbeiter erwarten von ihren Vorgesetzten klare Vorgaben. Improvisieren und das eigenverantwortliche Handeln in Ausnahmefällen sind eher ungewöhnlich. Aus diesem Grunde bestehen in jedem amerikanischen Unternehmen auch vielfältige Organisationshandbücher bis hin zur schriftlichen Festlegung von Kleiderordnungen.

Die Hierarchie aus Führungsebene, welche die Strategie des Unternehmens festlegt, und den darunter liegenden ausführenden Ebenen, die von der Führungsebene klare Vorgaben erwarten, wird von dem Universitätssystem widergespiegelt. Die Eliteuniversitäten bilden die Führungsebene aus, die Standarduniversitäten und Colleges die Ausführungsebene.

Ein ähnliches System ist auch in Frankreich zu erkennen, wo die Führungselite in den Hautes Ecoles ausgebildet wird.

Deutschland wäre gut beraten, wenn es das Niveau der bestehenden Universitäten, das im Durchschnitt über dem der Durchschnittsuniversitäten in den USA liegt, als Mindeststandard beibehalten würde, aber daneben einige Universitäten zu Elitehochschulen ausbauen würde. Dies müsste bedeuten, dass an diesen Universitäten besonders qualifizierte Professoren und besonders qualifizierte Studenten arbeiten. Die damit einhergehenden Konsequenzen einer Selbstbestimmung der Universitäten über die Aufnahme von Studenten und einer Einführung von Studiengebühren sind offensichtlich. Um aber bei der anstehenden verschärften internationalen Wettbewerbssituation bestehen zu können, erscheint dieser Weg unausweichlich.

Deregulierung und Reengineering

Wie ist deshalb die Deutsche Universität in Forschung und Lehre so zu verändern, dass sie im internationalen Vergleich mithalten kann und zur Qualifikations- und Arbeitsplatzmaschine für Deutschlands Zukunft wird?

Sicher nicht durch gutes Zureden, gesetzliche Korrekturmaßnahmen und vorsichtige Reformen. Da die vom System profitierenden Professoren einflussreich, intelligent und selbstgerecht sind, versagt ein evolutionäres Reengineering.

Ein Universitätspräsident brachte dies kürzlich auf einer internationalen Tagung mit dem Stoßseufzer zum Ausdruck, dass die Reform der Universität aus sich selbst heraus zu vergleichen sei mit dem Verlegen eines Friedhofes, wenn man erwarten würde, dass die Bestatteten selbst die Arbeit ausführten. Die Deutsche Universität kann deshalb nicht von innen reformiert werden. Das Pochen auf Besitzstandswahrung und Berufungsvereinbarungen lähmt ihre Entwicklung.

Diejenigen Professoren, die sich von dieser Regel entfernen, werden eher ausgegrenzt: Nägel, die herausragen, werden eben wieder reingeklopft.

Viele Hochschulgesetze sind in den letzten Jahren geändert worden. Die rechtlichen Möglichkeiten zu einem Neuanfang sind vorhanden. Eine Ausnahme bildet das immer noch bestehende Tabu der Einführung von Studiengebühren.

Aber mit rechtlichen Rahmenbedingungen allein ist es nicht getan. Man muss die Wertesysteme in den Köpfen ändern. Dies gilt nicht nur bezüglich der Forschung, sondern in gleichem Maße auch für die Lehre. Die Universität ist eine Dienstleistungsorganisation, die Produkte in Form von Forschungs- und Lehrleistungen erzeugt. Werden diese Produkte nicht nachgefragt, so muss sie sich die Frage nach ihrer Existenz in gleicher Weise gefallen lassen, wie dies jedes Unternehmen tun muss. Ein Unternehmen, dessen Produkte nicht nachgefragt werden, scheidet aus dem Markt aus. Es kann nicht mit dem Fuß aufstampfen und den Kunden fehlenden Sachverstand vorwerfen. Genauso verhält sich aber die Universität. Solange sie nicht bereit ist, selbst über ihre Möglichkeiten zur Forschungs- und Ausbildungsverbesserung nachzudenken, sondern bereits die Teilnahme an einem Protestzug gegen die Kürzung von Haushaltsmitteln als wichtige Aktion ansieht, hat sie die Sachlage nicht begriffen.

Ein revolutionäres Reengineering ist deshalb der einzige Ausweg: Die Universität muss sich Marktgesetzen wie Kundenorientierung, Qualität und Wettbewerbsfähigkeit stellen. Dies wird am wirksamsten durch eine konsequente Deregulierung erzielt. Sie muss aus der lähmenden staatlichen Fürsorge und Bevormundung entlassen werden. Die in kurzer Zeit auf dem Telekommunikationsmarkt erzielten Deregulierungserfolge lassen sich auch bei den Universitäten wiederholen. Die Entwicklung, welche die traditionelle Deutsche Post als hoheitlich auftretende Organisation zur modernen Telekom genommen hat, zeigt den Weg.

Börsenfähigkeit

In einem Vortrag vor der deutschen Hochschulrektorenkonferenz, auf Einladung des progressiven Präsidenten Klaus Landfried im Mai 2000 in Wiesbaden, habe ich deshalb die rhetorische Frage nach der Börsenfähigkeit der Deutschen Universität gestellt. Dies wurde von den anwesenden Rektoren und Präsidenten der Universitäten, Fach-, Kunst- und Musikhochschulen natürlich gemischt aufgenommen, allerdings von der Presse, wie dem „Handelsblatt" vom 8. Mai, anschließend positiv kommentiert.

Ich möchte deshalb einmal überlegen, welche Bedingungen erfüllt sein müssen, damit die „Deutsche Universität AG" fit für die Börse wäre.

Wie wir bereits wissen, sind für einen Börsengang zwei Voraussetzungen zu erfüllen: Die Zahlen müssen stimmen und die Story des Unternehmens muss die Investoren überzeugen. Gehen wir diesen beiden Punkten im Folgenden für die „Deutsche Universität AG" nach und fragen uns, wie ein Börsenanalyst die Chancen ihrer Aktie beurteilen würde.

Die Zahlen müssen stimmen

Bevor man Zahlen beurteilen kann, muss man sie erst einmal kennen. Kaum eine deutsche Universität verfügt über ein betriebswirtschaftliches Zahlenwerk. Begriffe wie Ausbildungs- oder Forschungscontrolling sind nahezu unbekannt. Kalkulationszahlen über die Kosten eines Studienganges, des Ablegens einer Prüfung oder Im- und Exmatrikulation eines Studenten sind nicht vorhanden. Abschreibungen und Rücklagen für spätere Modernisierungen und Instandhaltungen von Gebäuden und Anlagen sind ebenfalls in der Welt der Kameralistik, in der nur Ausgaben und Einnahmen zählen, ein Fremdwort.

In gleicher Weise fehlen Daten über die Positionierung der Universitäten sowie der einzelnen Fakultäten, Institute und Lehrstühle im nationalen und internationalen Vergleich. Zwar wurden in den letzten Jahren von Magazinen und Zeitschriften Rankings veröffentlicht, sie haben aber bisher noch nicht Eingang in die ständige und von den Universitäten akzeptierte Berichterstattung gefunden.

Wenn ein Ranking für eine Fakultät oder eine Universität positiv ausfällt, so wird dies zwar gerne akzeptiert, bei einem ungünstigen Abschneiden wird aber häufig erst einmal die Seriosität der Untersuchung angezweifelt. Für eine Organisation, die sich im Wettbewerb befindet, ist aber die Bereitschaft zum Erkennen der Marktsituation unerlässlich und auch das ständige Verfolgen dieser Entwicklung.

In meiner Amtszeit als Dekan habe ich einmal mit größter Verwunderung erlebt, wie der gesamte Universitätshaushalt im Umfang von mehreren 100 Millionen DM von dem dafür zuständigen akademischen Senat quasi in fünf Minuten verabschiedet wurde, ohne dass einer der Dekane auch nur den Versuch gemacht hätte, sein Millionenbudget durch eine Art „Regierungserklärung" zu begründen. Ich hatte mir vorgestellt, dass jeder Dekan zunächst einmal die Schwerpunkte seiner Fakultät beschreibt und sie im nationalen und internationalen Vergleich darstellt. Er hätte dann die zukünftigen Entwicklungsrichtungen vortragen und dadurch den Einsatz des Budgets rechtfertigen können. Stattdessen gab es nur ein allgemeines Klagen über die restriktive Haushaltspolitik des zuständigen Wissenschaftsministeriums.

Erste Voraussetzung für ein marktgerechtes Verhalten ist deshalb der Aufbau eines betriebswirtschaftlichen Rechnungswesens oder besser: Informationssystems. Dies muss sowohl dem Topmanagement der Universität globale Zahlen liefern als auch dem einzelnen Institutsleiter zeitnahe Übersichten über seine Marktsituation im Vergleich zu ähnlichen Instituten anderer Universitäten, über seine Budgets und den Stand der von ihm bearbeiteten Projekte liefern. Sollen Universitäten autonom, flexibel und unternehmerisch geführt werden, ist ein betriebswirtschaftliches Zahlenwerk unerlässlich.

Es bestehen zwar erste Ansätze, an Universitäten ERP-Software einzuführen, die sich auch bei der Steuerung von Wirtschaftsunternehmen bewährt hat. Derartige Systeme sind aber lediglich Werkzeuge. Nur wenn ihre Möglichkeiten zur Gewinnung betriebswirtschaftlicher Informationen und Aussagen von einem Universitätsmanagement aktiv aufgenommen und genutzt werden, können sie ihre Gestaltungskraft entfalten. In der Wirtschaft hat die Einführung derartiger ERP-Systeme auch die Einführung neuer Organisationskonzepte, die auf dem Gedanken der Geschäftsprozessoptimierung basieren, beschleunigt. Von diesen Erfahrungen kann die deutsche Universität profitieren.

Die konsequente Einführung eines betriebswirtschaftlichen Steuerungsinstrumentariums setzt voraus, dass die Bindung zu übergeordneten, noch kameralistisch geführten Einheiten, sprich den Wissenschaftsministerien, so schlank wie möglich gehalten wird. Es wäre ein Treppenwitz, wenn die Universitäten sich selbst betriebswirtschaftlich modernisierten, dann aber ein paralleles kameralistisches Zahlenwerk zur Fütterung der altmodischen ministeriellen Informationssysteme aufbauen müssten.

Um es noch einmal zu sagen, die Einführung betriebswirtschaftlicher Gedankengänge ist ein „Muss". Je mehr sich die Universität über Drittmittel finanzieren will, Weiterbildungsleistungen gebührenpflichtig anbietet und ein Customer Relationship Management zu ihren Studenten unterhält, desto wichtiger ist ein umfassendes Informationssystem. Dies muss auch mit den operativen Systemen zur Studentenverwaltung, Veranstaltungsplanung und Personalabrechnung verbunden sein.

Die Beurteilung des fachlichen und DV-technischen Standes der gegenwärtigen Zahlenbasis der deutschen Universitäten durch einen Börsenanalysten fiele sicher negativ aus.

Aber es bleibt ja noch die Story, also die konzeptionelle Vision einer modernen Universität.

Die Story

Die in der Story zu entwickelnde Vision besteht aus den Kategorien Marktsituation, Produktpositionierung und Managementanforderungen.

Die Marktsituation ist gut

Forschungs- und Bildungsmarkt boomen. High-Tech-Unternehmen mit ihren kurzen Innovationszyklen sind darauf angewiesen, neue Erkenntnisse aus der Forschung aufzunehmen. Dies gilt nicht nur für Unternehmen der

Informationstechnik, sondern auch für jene der Biotechnologie oder Medientechnik.

Viele klassische Unternehmen haben im Zuge des Lean Management Anfang der 90er-Jahre ihre Forschungs- und Entwicklungsabteilungen reduziert. Dies eröffnet aus Sicht von Forschungsinstitutionen Kooperationsmöglichkeiten zum Ersatz der verringerten industriellen Forschungsaktivitäten.

Eine Verzahnung von Grundlagen- mit Anwendungsforschung und Produktumsetzung erhöht die Chancen, dass an Universitätsinstituten ausgebildete junge Wissenschaftler Unternehmen gründen, um Forschungsideen in Produkte umzusetzen.

Die Beteiligung von Instituten und Universitäten an Unternehmensgründungen birgt enorme Perspektiven. Nicht nur die idealistische und Ressourcen-Unterstützung junger Unternehmensgründer, wie sie von Starterzentren und Science-Parks geboten werden, bringt dies zum Ausdruck, sondern auch schlichte kommerzielle Finanzierungsmöglichkeiten der Universitäten. Warum sollte sich nicht ein Institut finanziell bei der Firmengründung eines Wissenschaftlers beteiligen und von deren Erfolg profitieren? Die Universität als Venture-Capital-Geber oder Business Angel mit konkreten finanziellen Engagements öffnet spannende Betätigungs- und Finanzierungsquellen.

In Deutschland stehen neben der Industrieforschung in vielfältiger Form öffentliche Forschungsunterstützungen bereit. Neben der Deutschen Forschungsgemeinschaft (DFG) schreibt das Bundesministerium für Bildung und Forschung (BMBF) umfangreiche Forschungsprogramme aus, die Europäische Union (EU) stellt enorme Geldmittel für Forschungsprogramme zur Verfügung und auch nationale Stiftungen wie die Bertelsmann Stiftung, die VW-Stiftung und weitere Organisationen, zusammengeschlossen im Stifterverband der deutschen Wissenschaft, sind jederzeit für Forschungsanträge offen.

Die Einwerbung von Drittmitteln dient nicht nur dazu, die Forschungsmöglichkeiten eines Hochschullehrers zu erweitern und damit seinen Ruhm zu fördern, sondern vor allen Dingen der Ausbildung junger Nachwuchswissenschaftler. Immer mehr werden so genannte Verbundforschungsprojekte gefördert, bei denen nicht nur Universitätsangehörige an einem Forschungsprojekt beteiligt sind, sondern auch Forscher aus universitätsunabhängigen Forschungsinstituten wie der Fraunhofer-Gesellschaft und der Industrie. Bei EU-Projekten ist zudem dieser Kreis international zusammengesetzt. Junge Wissenschaftler lernen also früh, interdisziplinär und multinational im Team zu arbeiten. Was könnte größere Erfahrungsgewinne in einer ansonsten doch eher provinziell und auf sich selbst bezogenen Universitätslandschaft bieten?

Auch auf den Gebieten der Aus- und Weiterbildung spricht man von einem Big-Business und einem Big-Job im Rahmen der anstehenden Wissensgesellschaft. Das Vorratslernprinzip, bei dem junge Menschen vor dem Eintritt in ihr Berufsleben in einer Fachdisziplin ausgebildet werden, um das erworbene Wissen anschließend 30 Jahre lang bei der Berufsausübung zu nutzen, wird durch das Lifelong-Learning-Prinzip ersetzt. Dies bedeutet, dass ein Student nunmehr nicht nur fünf oder sechs Jahre ein potenzieller Kunde für die Universitäten ist, sondern praktisch lebenslang, also 30-35 Jahre als Konsument von Aus- und Weiterbildungsmaßnahmen interessant ist.

Ohne also langweilige Statistiken betrachten zu müssen, liegt es auf der Hand: Die Universität ist in einem Wachstumsmarkt positioniert, nutzt ihn aber gegenwärtig nur unzureichend. Das grundsätzliche Urteil des Börsenanalysten bezüglich der Marktchancen der Universität ist deshalb sicher sehr positiv. Das Problem der Universität liegt nur darin, ihre Produkte, ihr Management und ihre Ressourcen marktgerecht zu gestalten und auf diese Märkte auszurichten.

Die Produktpositionierung ist mangelhaft

Leistungen sind Ergebnisse von Tätigkeiten, für die ein Empfänger bereit ist, einen geldwerten Preis zu zahlen. Diese Definition gilt auch für universitäre Leistungen. Erzielt die Universität Forschungsergebnisse, die niemals einen Kunden erreichen, so sind sie gesellschaftlich ohne Wert. Wenn sie Bildungsleistungen anbietet, für die es keinen Kunden gibt, der in ihnen einen geldwerten Leistungscharakter erkennt, sind diese Leistungen ebenfalls gesellschaftlich unwichtig. Dieser Zusammenhang darf natürlich nicht zu eng gesehen werden. Vielen Forschungsleistungen ist keine kurzfristige Verwendung gegeben. Aber es muss im Prinzip eine

Fantasie für Verwendungsmöglichkeiten bestehen, selbst wenn eine Leistung kurzfristig aus Kostengründen oder aufgrund noch bestehender technischer Unvollkommenheiten nicht realisiert werden kann.

Die Definition konkreter Leistungen oder Produkte hat sich, von der Industrie ausgehend, in alle Dienstleistungsbranchen fortgesetzt. Auch Banken und Versicherungen, sogar die öffentliche Verwaltung sprechen inzwischen von „Produkten", die sie ihren Kunden anbieten. Aus diesem Grunde ist auch die Definition des Leistungsspektrums einer Universität ein heilsamer Prozess, um Klarheit über das Angebot zu erhalten. Es ist gleichzeitig Voraussetzung für wirtschaftliche Überlegungen bis hin zur Kalkulation der Kosten und damit der Beurteilung der Wettbewerbsfähigkeit ihrer Angebote.

Will die Universität die Chancen einer Forschungszusammenarbeit mit der Industrie verstärkt nutzen, so muss sie sich mit ihren Forschungsgebieten und ihrer Arbeitsweise dem Bedarf anpassen.

Insbesondere müssen Forschungsthemen und Arbeitseffizienz der Geschwindigkeit der High-Tech-Industrie standhalten. Ein großer Nachteil der Universitätsorganisation ist, dass Universitätsforscher wenig gewohnt sind, unter Termindruck und Zeitdisziplin zu arbeiten. Dies ist aber für eine Partnerschaft mit der Wirtschaft unabdingbar. Weiterhin muss an der Universität stärker problemorientiert gearbeitet werden.

Problemstellungen sind meistens interdisziplinär. Mit dem Bau einer neuen Brücke sind eben nicht nur Architekturleistungen verbunden, sondern genauso Materialprobleme, Statikprobleme, Verkehrsprobleme, ökologische Probleme und ökonomische Fragestellungen. Die Universitäten sind aber disziplinär organisiert. Grundsätzlich ist es möglich, auch über Fachdisziplinen hinweg zusammenzuarbeiten. Die primären Qualifizierungssysteme der Universität, also Promotion und Habilitation, sind aber immer noch weitgehend disziplinär organisiert. Die Gutachter werden vornehmlich aus dem engeren Fachbereich gewählt und bei Bewerbungen von Professoren sind Arbeiten der Kandidaten, die in einem Team angefertigt wurden, in konservativen Disziplinen noch ungern gesehen. Hier dominiert immer noch die nachgewiesene Einzelleistung, und diese möglichst in Form einer dicken Habilitationsschrift. Damit wird automatisch eine Kultur von Schreibtischtätern gefördert, deren Fähigkeiten weniger im Kopf als in ihrem Sitzfleisch zu suchen sind.

Will man sich als attraktiver Kooperationspartner positionieren, so muss das Belohnungssystem der Universitäten interdisziplinäre Teamarbeit positiver gewichten als introvertierte Einzelleistungen. Nachgewiesene internationale Projektarbeit, selbst wenn sie nicht in konkrete Publikationen gemündet ist, muss genauso gewichtet werden wie ein publizierter Aufsatz.

Auch die Aus- und Weiterbildungsleistungen der Universität müssen sich einer konkreten Marktbeurteilung stellen. In vielen Fällen haben sich Ausbildungswege über lange Traditionen hinweg verselbstständigt, ohne dass ihr konkreter Bedarf laufend überprüft wird. So werden Juristen immer noch vornehmlich für das Richteramt ausgebildet, obwohl die überwiegende Anzahl der Absolventen in andere Berufe wandert. Ich selbst bin mir erst nach vielen Jahren meiner Lehrtätigkeit bewusst geworden, dass ich meine Studenten implizit zu Angestellten in Großunternehmen ausbilde. Der überwiegende Stoff meiner Vorlesungen wie die Einführung komplizierter Planungsverfahren, Verfahren zur Entscheidungsunterstützung und komplizierte Abrechnungsverfahren im Rechnungswesen sind nur in Großunternehmen einsetzbar. Die ausgedachten Fragestellungen und die Suche nach komplexen Zusammenhängen in Großunternehmen eröffnen auch für die Forschung „interessantere" Fragestellungen als betriebswirtschaftliche Probleme in Kleinunternehmen.

Die Berufsalternative der Selbstständigkeit wurde von mir in Vorlesungen kaum angesprochen. Später habe ich bei der Entwicklung der IDS erfahren müssen, dass in Start-up-Companies kaum Bedarf für komplizierte betriebswirtschaftliche Verfahren besteht. Wir haben nie eine formale Investitionsrechnung durchgeführt, die ich im Rahmen eines betriebswirtschaftlichen Examens von einem Kandidaten akzeptiert hätte. Die feinen Unterschiede, ob die Berechnung eines so genannten „Kapitalwertes" oder eines „internen Zinsfußes" zum betriebswirtschaftlich richtigen Ergebnis führt, waren für die Produktentwicklungsentscheidungen oder die Internationalisierungsstrategie der IDS völlig unmaßgeblich. Hier dominierten strategische Einsichten und grobe Business-Pläne den zu spitzen Rechenstift.

Auch ist mittlerweile bekannt, dass in der Praxis soziale Fähigkeiten eines Managers wie Teamarbeit, Projektmanagement, Überzeugungskraft, Sprachkenntnisse und Kommunikationsfähigkeiten mindestens genauso wichtig sind wie Fach- und Methodenwissen. Die universitäre Ausbildung konzentriert sich dagegen auf die Vermittlung von Methoden und Fachkenntnissen. Diese Konzentration ist aber bei der bekannten Tatsache kürzer werdender Halbwertzeiten des Wissens in technologieorientierten Fächern immer fragwürdiger.

Die viel diskutierte Einführung von kürzeren Studiengängen, die mit dem so genannten Bachelor-Titel abschließen und eine erste Berufsqualifikation vermitteln, ist zwar ein richtiger Schritt im Hinblick auf das Ziel, junge Menschen nicht zu lange an veralteten Universitäten zu halten, führt aber in ihren Auswirkungen zu Problemen an den Universitäten. Wenn die Studienzeiten verringert werden, sinken automatisch die Studentenzahlen an den Universitäten. Wenn gleichzeitig beobachtet werden kann, dass die Wirtschaft Abiturienten zu motivieren versucht, erst gar nicht in Universitäten einzutreten, sondern in Berufsakademien quasi die Ausbildung mit der Berufstätigkeit zu verbinden, werden den Universitäten ebenfalls Studenten entzogen.

Kurz gesagt: Bei einer Beibehaltung ihrer veralteten Produkte wird die Universität Märkte verlieren. Ganz besonders gilt dies bei den aufziehenden Internet-basierten Fernstudienmöglichkeiten.

Die wahrscheinlich dramatischste Änderung auf dem Gebiet der Lehre wird aber der Paradigmenwechsel vom Vorratslernprinzip zum Lifelong-Learning werden. Professionelle Weiterbildung wird von den Universitäten zurzeit kaum angeboten. Ich kenne keine Dienstleistungsorganisation, die so wenig über ihre Kunden weiß wie die deutsche Universität. Nach Abschluss eines Examens ist der Student für die Universität nicht mehr von Interesse. Alumni-Vereinigungen, wie sie in den USA gang und gäbe sind, sind in Deutschland eher selten. Auf keinen Fall entsprechen sie dem Standard professioneller internationaler Organisationen, wie dies bei den Eliteuniversitäten wie zum Beispiel Harvard in den USA üblich ist. Aus diesem Grunde besteht an deutschen Universitäten kaum eine über das Studium hinausgehende Kundenbindung.

Dies ist die Eintrittschance für Weiterbildungsanbieter außerhalb des deutschen universitären Bildungssystems. Dies können ausländische Universitäten sein; so haben bereits mehrere amerikanische und auch australische Universitäten Niederlassungen oder professionelle Trainingsunternehmen in Deutschland gegründet.

Trotz wiederholter Aufforderungen durch die Politik haben sich bisher die deutschen Universitäten der Weiterbildung ihrer früheren Absolventen weitgehend verschlossen. Natürlich führen einzelne Professoren gegen gutes Geld bei kommerziellen Ausbildungsveranstaltern Seminare durch, dies ist aber keine definierte Leistung des Universitätssystems. Mit internetgestützten Lehrangeboten ausländischer Universitäten wird sich der Druck auf deutsche Universitäten verstärken. Große Unternehmen bauen so genannte Corporate Universities auf, die die Weiterbildung ihrer Mitarbeiter in eigener Regie übernehmen, auch in Kooperation mit ausländischen Universitäten als Zulieferern von Bildungsinhalten.

Da das Internet zu einer Zentralisierung führt und Markennamen große Bedeutung besitzen, werden sich für Web-basierte Studiengänge die großen Namen der Universitätslandschaft wie MIT, Harvard, Stanford, Berkeley usw. als Weiterbildungsanbieter durchsetzen. Deutsche Universitäten werden in diesem Markt nur mitmischen können, wenn sie sich selbst zu einer Elitestruktur bekennen. Nur international bekannte Ausbildungsstätten werden erfolgreich sein.

Während die informationstechnische Revolution im 15. Jahrhundert durch die Einführung der Buchdruckerkunst zu einem Boom an Universitätsgründungen im 16. Jahrhundert geführt hat, wird die informationstechnische Revolution des Internet meines Erachtens eher zu einem Sterben der mittelmäßigen Universitäten führen. Denn wo soll auch der Mehrwert einer Präsenzuniversität liegen, wenn über das Internet die Ausbildungsinhalte von internationalen Koryphäen leicht zu beziehen sind und die Persönlichkeitswirkung und die Vermittlung sozialer Kompetenzen in Präsenzveranstaltungen an deutschen Universitäten ohnehin nachrangig behandelt wird?

Mein Vorlesungsstil hat sich völlig geändert, seitdem meine Vorlesungen auch im Internet angeboten werden. Im Rahmen unseres Forschungsprojektes WINFO*Line* (Wirtschaftsinformatik online) haben wir den Vorlesungsstoff für das Internet multimedial aufbereitet: Der Student erhält Textinformationen, animierte Grafiken und Videosequenzen aus den Vorlesungen. Weiter werden Protokolle der gerade aktuellen Vorlesungen, Übungsaufgaben mit Lösungen, interaktive Betreuung durch Tutoren und Chatrooms angeboten. Zur Motivation, sich mit dem System zu beschäftigen, sind auch kleine Unterhaltungssequenzen (Infotainment) eingebaut.

Der Leser kann sich unter *http://www.winfoline.de* selbst einen Eindruck von dem System verschaffen.

Die Studenten nehmen das Online-Angebot sehr gerne an. Eine vom Fachbereich Psychologie der Justus-Liebig-Universität Gießen begleitende wissenschaftliche Evaluation hat gezeigt, dass durch das Web-basierte System die aktive Mitarbeit der Studenten, die freiwillige Stoffrecherche und die Interaktion zwischen Studenten und Tutoren gegenüber einer klassischen Vorlesung verbessert wurden.

Nur kann ich jetzt meine Vorlesungen nicht mehr im alten Stil der „frontalen Stoffvermittlung" halten: Warum soll ich den Stoff „vorlesen", wenn er ohnehin in meinen Büchern dokumentiert ist und im Internet in unterhaltsamer Form und durch die multimediale Verknüpfung interessanter aufbereitet angeboten wird?

Der Mehrwert einer zusätzlichen Präsenzveranstaltung kann nur in der Vermittlung von Hintergrundwissen, aktuellen Ergänzungen, interessanten Praxisbeispielen und persönlichen Meinungen und Kommentaren liegen. Kurz: Meine Vorlesungen werden zum „Story telling".

Die Anfertigung multimedial aufbereiteter Inhalte ist noch teuer: Pro Vorlesungsstunde wird mit einem Aufwand von 50.000 bis 100.000 DM gerechnet, für eine 24-stündige Vorlesung eines Semesters werden also rund 1,5 Millionen DM benötigt. Dies überfordert die Möglichkeiten eines durchschnittlichen Lehrstuhls.

Als ich diese Entwicklung vor einigen Jahren kommen sah, gründete ich zusammen mit drei Assistenten meines Institutes ein neues Unternehmen, die imc GmbH in Saarbrücken, die sich die Erstellung von Software für internetbezogene Ausbildung speziell für Corporate Universities zum Ziel gemacht hat. Dieses Unternehmen ist in eineinhalb Jahren auf 80 Mitarbeiter angewachsen, plant den Börsengang, und die zehnprozentige Kapitalbeteiligung der SAP am Unternehmen wird ihm eine Internationalisierung ermöglichen.

Solange die Ausbildungsleistungen der Universität für die Studenten kostenfrei sind, wird sich eine Kundenorientierung der Universität kaum ergeben. Erst dann, wenn die Universitäten mit ihrem Bildungsangebot um den Kunden „Student" werben müssen, werden sie ihre Bildungsprodukte reengineeren. Es ist ein Jammer, dass die Diskussion um Studiengebühren emotional und ideologisch belastet ist.

Die Einführung von Studiengebühren für so genannte „Bummelstudenten" ist genau der falsche Weg. Hier werden Studiengebühren mit dem Beigeschmack einer „Strafe" belegt. Dabei sollen sie eher positiv den Wert der Bildung kennzeichnen und neue attraktive Leistungen der Universität hervorbringen.

Um es ganz klar zu sagen: Es geht nur darum, durch Studiengebühren den Status des Studenten in den Rang eines Kunden zu heben. Dass dies sozialverträglich durch entsprechende Stipendienregelungen oder Kreditmöglichkeiten begleitet werden muss, ist selbstverständlich. Es soll ja schließlich das Intellectual Capital gegenüber dem jetzigen Zustand gefördert werden und dies schließt eine Benachteiligung von finanziell schwächeren Bevölkerungsgruppen aus.

Aber da selbst solche Politiker, die sich in Wahlkämpfen lautstark gegen Studiengebühren aussprechen, im privaten Gespräch hinter vorgehaltener Hand die Einführung von Studiengebühren in den nächsten vier bis fünf Jahren erwarten, wird sich dieses Problem wohl von alleine lösen.

Um es abschließend auf den Punkt zu bringen: In dem klassischen Produktfeld ihrer Studiengänge verliert die Universität an Attraktivität. Die Studienzeiten werden verkürzt, konkurrierende Ausbildungsangebote der Industrie und Fernstudiengänge kommen hinzu. Der wachsende Markt der Weiterbildung wird dagegen von der Universität nicht professionell bearbeitet.

Ein Börsenanalyst würde deshalb die Produktpositionierung der Lehre an deutschen Universitäten als sehr kritisch einschätzen.

Das Management der Universitäten ist der Engpass

Unternehmen sind es gewohnt, bei einem Bedarf an Leistungen von fremden Unternehmen, sich an deren Vertriebsabteilung zu wenden, die die Produkte kennt und Kontakte zu den anderen Organisationseinheiten herstellt. Eine Universität besitzt aber keinen Vertrieb und – wie wir bereits wissen – nur eine unvollkommene Produktdefinition.

Stellen wir uns also den Fall vor, dass ein großes Automobilunternehmen Schulungen zu den Themen Strategieentwicklung, Personalentwicklung, Marketing, Qualitätssicherung und Unfallschutz benötigt. Hierbei möchte es auch gerne Universitäten als Content-Lieferanten berücksichtigen. Wenn es nun fünf Universitäten zur Abgabe eines Angebotes auffordert, wird es wahrscheinlich kein einziges umfassendes Angebot bekommen. Werden die Briefe an die jeweiligen Universitätspräsidenten geschickt, so müssten diese die Anfragen an die für die Themen zuständigen Institute weiterleiten. Dies setzt allerdings voraus, dass die Präsidenten wissen, welche Lehrstühle oder Institute diese Produkte anbieten können. Dies ist aber nicht selbstverständlich. Ein integriertes Angebot in kurzer Zeit zu erstellen ist damit praktisch aussichtslos. Die gute Absicht des Unternehmens, mit Universitäten in Deutschland zu kooperieren, wird enttäuscht. Gleichzeitig werden die Marktchancen von den Universitäten nicht genutzt.

Bei positiven Marktchancen liegt das primäre Interesse eines Unternehmens darin, über ein professionelles Management zu verfügen, das diese Marktchancen wahrnimmt. Hier liegt aber das größte Problem der deutschen Universitäten. Sie haben trotz positiver Marktchancen eine zu geringe Managementqualifikation. Dekane, die für eine Fakultät verantwortlich sind und Präsidenten werden zwar gewählt, aber häufig nach dem Ringelreih-Prinzip bestellt.

Jeder Professor muss Dekan werden, wenn die zeitliche Reihenfolge an ihm ist, unabhängig davon, ob er diese Aufgabe bewältigen kann und ob er es gerne tut. In der Regel wird er dann nach ein oder zwei Jahren wieder abgelöst, zu einem Zeitpunkt, da er sich gerade in das Amt eingearbeitet hat. Die Vorstellung, ein Wirtschaftsunternehmen nach diesem Prinzip zu führen, zeigt seine Absurdität: Abteilungsleiter oder andere Managerpositionen werden alle zwei Jahre ohne Qualitätsnachweis reihum vergeben. Ich glaube nicht, dass dies einem Unternehmen gut bekommt. Jedenfalls haben wir es bei der IDS nicht getestet.

In den Universitätsgremien regiert die Suche nach Konsens und damit nach dem kleinsten gemeinsamen Nenner. Natürlich gibt es auch verantwortungsvolle Persönlichkeiten, die eine Fakultät oder die gesamte Universität selbst gegen größeren internen Widerstand modernisieren. Aber dies sind personenbezogene Ausnahmen und nicht Ergebnisse eines systematischen Managementkonzeptes. Insofern sind erste positive Entwicklungen an Universitäten wie München, Hamburg, Paderborn oder Köln leider nicht repräsentativ.

Diese Probleme sind zwar vielfach erkannt, aber damit noch nicht gelöst. Neue Universitätsgesetze haben zu einer stärkeren Zentralisierung der Entscheidungsmacht geführt, also zu einer Stärkung der Position von Präsident und Dekanen und einer Verringerung der aus den 68-er Zeiten stammenden Gremiendominanz. Trotzdem fehlt noch die Erkenntnis, dass nur bei einer angemessenen Bezahlung der Managementpositionen auch geeignete Persönlichkeiten zu gewinnen sind. Es ist auch nicht einzusehen, dass diese innerhalb der Universität gewonnen werden müssen. Vielmehr sollten sowohl für Präsidentenstellen als auch für Dekanpositionen Manager außerhalb der Universität herangezogen werden. Zentrale Beratergremien wie Universitätsräte, die mit noch so gutem Willen auch durch externe Persönlichkeiten des öffentlichen Lebens und der Wirtschaft unterstützt, sich einsetzen, können den Mangel im täglichen Management nicht ausgleichen.

Nicht Mittelkürzungen sind das Problem der Universitäten, sondern fehlendes Unternehmertum. Versteht ein Universitätspräsident seine Aufgabe lediglich darin, verschiedene Interessen der Fakultäten und Gruppen auszugleichen, so entstehen keine Visionen und Konzepte. Er führt nicht die Universität, sondern verwaltet den Mangel. Er stützt keine unbequemen Neuerer, sondern sucht den Konsens mit rückwärtsgerichteten „Machthabern". In einer sich wandelnden Welt führt dies zwangsläufig zum Niedergang seiner Universität.

Mit den Managementproblemen sind auch die Organisationsprobleme der Universität eng verbunden. Die disziplinär ausgerichteten Fakultäten müssen durch Kompetenzzentren, in denen problembezogen interdisziplinär gearbeitet wird, zumindest erweitert, wenn nicht gar abgelöst werden.

Um das Schlachtschiff Universität schnell von heute auf morgen in seinem Kurs radikal zu ändern, müssen Schnellboote ausgesetzt werden, die dringende Forschungs- und Ausbildungsthemen verantworten. Auf der Hand liegen als GmbH ausgegründete Weiterbildungsinstitutionen, die professionelle Vertragspartner für Unternehmen sind, oder rechtlich selbstständige Organisationen für Web-basierte Studiengänge.

Die gegenwärtige Managementsituation der deutschen Universität muss jedenfalls unser Börsenanalyst als völlig unzureichend beurteilen.

Das Beurteilungsergebnis lässt Chancen

Die Chancen einer erfolgreichen Börseneinführung der „Deutsche Universität AG" sind also trotz der großen Marktchancen eher negativ. Die Universitätswelt wird sich in den nächsten Jahren aber ohnehin dramatisch verändern. Entweder werden wir ein großes Sterben deutscher Universitäten erleben oder einen Ruck zum Besseren. Es ist Feuer unterm Dach. Hoffentlich wird der Reformdruck als so groß erkannt, dass er gegen politischen Opportunismus und eigennützige Interessenvertretung der Universitätsangehörigen durchgesetzt werden kann. Weder gesetzliche Regelungen noch fehlendes Geld sind hinreichende Ausreden. Die einzigen Engpässe sind fehlende Einsicht und fehlender Wille in den Köpfen.

Verstünde sich die „Deutsche Universität AG" dagegen als kundenfreundlicher Dienstleister, der seine Kunden lebenslang begleitet, verstünde sich die Universität weiter als Brutstätte für Spin-off-Unternehmen mit angegliedertem Venture-Capital-Fonds und Business-Angel-Konzept, profilierte sie sich als attraktiver Forschungspartner der Wirtschaft und professioneller Anbieter von Weiterbildungsleistungen, so würde ich mich bei ihrer Aktienemission gerne finanziell engagieren.

Kapitel XI
Wie man einem Aufsteigerland in den Sattel helfen kann

Restart aus der Forschung

Meine Erfahrungen zum Technologietransfer habe ich häufig mit Landes- und Bundespolitikern diskutiert. Auf den CeBIT-Messen wurde ich mehrfach von den Bundesforschungsministern und Staatssekretären mehrerer Bundesministerien besucht. Natürlich habe ich auch aufgrund der im Saarland typischen „kurzen Wege" Kontakt zu den saarländischen Ministerpräsidenten und Ministern gehabt. Da insgesamt in Deutschland der Technologietransfer Mitte der 90er-Jahre immer mehr ins Bewusstsein der Politiker drang, waren meine Erfahrungen ein willkommener Gegenstand zum Meinungsaustausch.

Im Saarland hatte man recht frühzeitig die Möglichkeiten eines „Restarts" der Wirtschaft aus anwendungsorientierten Forschungsinstituten erkannt. Allerdings war eine durchgehende Konzeption, wie ich sie mit meinem „Saarbrücker Modell" entwickelt habe, nicht gelungen. Es ist eben auch schwer, in dem Leiter eines Forschungsinstitutes die Wertvorstellung, dass ein Institut eine Brutstätte für Unternehmensgründungen sein sollte, zu erzeugen. Dafür ist er aufgrund seiner akademischen Wertewelt trotz vorhandener Anwendungsorientierung der Forschung weder kompetent noch hinreichend motiviert. Vielmehr steht bei ihm häufig die persönliche wissenschaftliche Profilierung weiterhin im Vordergrund.

Auch für Politiker ist es schwierig, die Ernsthaftigkeit und fachliche Realisierbarkeit der Versprechungen von Institutsleitern zu prüfen. So wurden im Saarland dem „Institut für Neue Materialien" viele Millionen DM an Forschungsmitteln zur Verfügung gestellt. Die Versprechungen des Institutsleiters verführten den Ministerpräsidenten Oskar Lafontaine in seiner Regierungserklärung vom 14. September 1994 zu der Aufnahme des Zitates, dass aus dem Institut schon in wenigen Jahren „einige Tausend neue Arbeitsplätze" entstehen würden. Hiervon ist aber sechs Jahre später leider noch nichts zu sehen. Dass man sich als Institut mit einer üppigen Ausstattung leicht wissenschaftlich profilieren kann, ist keine hervorzuhebende Leistung. Diese Profilierung garantiert aber noch keine Spin-off-Effekte. Die wirtschaftliche Erneuerung aus der Forschung funktioniert deshalb nicht ohne interessenneutralen Sachverstand der Politiker und erfordert strenge Erfolgskontrolle.

Durch die Konzentration auf die problematischen Branchen Kohle und Stahl bestand die Notwendigkeit für einen wirtschaftlichen Neuanfang im Saarland ganz besonders. Trotzdem gelten viele der dort vorhandenen Probleme auch für die wirtschaftliche Situation in den anderen Ländern der Bundesrepublik.

Auch hier herrscht eine nicht zu verantwortende hohe Arbeitslosigkeit und gegenüber dem wirtschaftlich blühenden Land USA ein eher fassungsloses Unverständnis.

Ich hatte bereits frühzeitig in der Presse Vorschläge für eine Verbesserung des Technologietransfers veröffentlicht. Auch aufgrund meiner Diskussion mit Bundespolitikern war ich wohl aufgefallen, so dass ich 1995 von dem Bundeskanzler Dr. Helmut Kohl in den neu gegründeten Rat der Bundesregierung für Forschung, Technologie und Innovation zum Thema Informationsgesellschaft berufen wurde. Es ging darum, die neuen Entwicklungen der Informationstechnik stärker zur wirtschaftlichen Weiterentwicklung der Bundesrepublik einzusetzen.

Vorschläge an den Bundeskanzler

Das Thema Technologietransfer war auch Thema eines einstündigen Vier-Augen-Gespräches mit Bundeskanzler Kohl im Februar 1996 im Bundeskanzleramt. Auf seine Frage, was man denn ändern müsste, um in Deutschland eine Aufbruchstimmung zu erzeugen, konnte ich ihm nur antworten, dass es leider kein Patentrezept gebe. Es sei nicht damit getan, ein neues Gesetz zu verabschieden, sondern man müsse vielmehr „weiche" Faktoren verändern. Es sei wie bei der Kindererziehung; man brauche Vorbilder, um eine Änderung im Bewusstsein zu erzielen. Kohl erzählte mir daraufhin selbst Beispiele, etwa dass er bei Besuchen an Universitäten schon durch den Augenschein erkenne, ob in einem Institut eine optimistische, produktive Atmosphäre herrsche oder eher eine gelangweilt nörgelige Stimmung. Diese Unterschiede seien dann nicht Merkmal des Systems, sondern lägen in der unterschiedlichen Initiative und Kreativität der Leiter.

Am Ende des Gesprächs bat mich der Bundeskanzler, meine Gedanken schriftlich zusammenzufassen.

In meinem Schreiben vom 4. März 1996 an den Bundeskanzler betonte ich, dass ich insbesondere auf die Verbesserungen der „weichen" Faktoren eingehen wolle, da gesetzliche Änderungen alleine nicht ausreichten. Im Einzelnen machte ich Verbesserungsvorschläge zu

- Unternehmensgründungen,
- Internationalisierung junger Unternehmen und
- Forschungsförderung.

Wesentliche Auszüge aus den Vorschlägen sind:

1. Steigerung von Unternehmensgründungen

Neben den bekannten Finanzierungs- und Steuernachteilen in der BRD gegenüber anderen Ländern besteht ein Motivationsnachteil, der durch eine Mobilisierungskampagne beseitigt werden kann.

Vorschläge:

a. Veranstaltung von Motivationskongressen zur Gründung von Unternehmen
   - Hohe politische Unterstützung durch aktive Teilnahme von Repräsentanten
   - Präsentation von Erfolgsstorys von Unternehmensgründungen
   - Herausstellung der Persönlichkeiten von Gründern
   - Vermittlung des positiven Lebensgefühls bei Selbstständigkeit und Unternehmertum
   - Anknüpfung an die Erfolge der „Großelterngeneration" in den 50er-Jahren

b. Einrichtung einer Gründerbörse im Internet (Motto: „Gründer ans Netz")
   - Informationen und Beratung über Gründungsmöglichkeiten und -bedingungen
   - Elektronische Diskussionsgruppen zwischen Gründern zum Erfahrungsaustausch
   - Vernetzung mit Einrichtungen von IHK, HWK, Starterzentren der Universitäten usw.

c. „Belohnung" der Herkunftsunternehmen und Herkunftsinstitute für Spin-off-Effekte
   - Öffentliche positive Nennung von Forschungsinstituten mit Gründungswirkung
   - Stiftung eines Gründerpreises für Forschungsinstitute mit Gründungswirkung
   - Bevorzugung gründungsintensiver Forschungsinstitute bei der Vergabe von Forschungsmitteln

2. Internationalisierung junger Unternehmen

Viele mittelständische Unternehmen der High-Tech-Industrie sind in den letzten Jahren gescheitert, weil sie nach Anfangserfolgen im deutschsprachigen Markt von international arbeitenden Unternehmen, insbesondere aus den USA, wieder verdrängt wurden.

Das Bewusstsein einer Internationalisierung von Vertrieb und Produktentwicklung ist deshalb bei jungen Unternehmen zu wecken und die Umsetzung zu fördern.

Vorschläge:

a. Stärkere Nutzung ausländischer Vertretungen von deutschen Industrie- und Handelskammern als Vermittler von Kooperationspartnern für junge Unternehmen

b. Nutzung der Gebäude und Veranstaltungen der ausländischen IHKs zur Präsentation des Leistungsspektrums junger Unternehmen

c. Einrichtung einer Informationsbörse im Internet (Motto: KMUs (Kleine und mittlere Unternehmen) ans Netz) mit Themen:
   - Juristischer Rat für Auslandsmärkte
   - Vermittlung von Kooperationspartnern
   - Bereitstellung von Marktinformationen
   - Erfahrungsaustausch durch elektronische Diskussionsgruppen

d. Nutzung von Politikerreisen zur Marktöffnung für junge Unternehmen

e. Publizierung besonders erfolgreicher Beispiele mit Nachahmungsreiz

3. Verbesserung der Transfereffizienz der Forschungspolitik

Es ist bekannt, dass trotz hoher Forschungsunterstützung zu wenig Forschungsergebnisse in Produkte und damit Arbeitsplätze umgesetzt werden. Es werden zwar „technische" Erfolge erzielt, aber zu wenig „wirtschaftliche" Erfolge. Ein genereller Grund ist die starke Bürokratisierung der Forschungsunterstützung und deren zu geringe Erfolgsorientierung.

Vorschläge:

a. Kritische Überprüfung der Projektträger bezüglich ihrer Kompetenz und Eigeninteressen

Förderung des Wettbewerbs zwischen den Projektträgern bezüglich der Übernahme von Forschungsprogrammen

b. Verkürzung von Beantragungszeiträumen. Innovative Ideen in dynamischen Gebieten erfordern kurze Realisierungszeiten

c. Vereinfachung und Neuregelung der Mittelstandsförderung, da bisher der bürokratische Aufwand und die langen Bearbeitungszeiten eher eine Zermürbung bewirken. Die gegenwärtige Honorierungsform der Projektträger bevorzugt eindeutig Großprojekte und ist damit mittelstandsfeindlich

d. Förderung auch strittiger Ideen bei Nachweis früherer erfolgreicher Arbeiten

e. Herausstellung besonders erfolgreicher Forschungsprojekte mit Signalwirkung auf Gutachter und Antragsteller

f. Definition interdisziplinärer Forschungsprogramme

Soweit meine damaligen Vorschläge. Viele der angesprochenen Punkte sind in der Zwischenzeit in Deutschland konkret angegangen worden. Insbesondere ist das politische Klima für Neugründungen von Unternehmen wesentlich verbessert worden. Meinen Brief sehe ich als einen Beleg an, dass die Zeit reif war, aus der Lethargie in praktische Maßnahmen zu wechseln.

Allerdings bleibt auch noch viel zu tun.

Zukunftsteam Saarland

Im Frühjahr 1999 besuchte mich Peter Müller, der Vorsitzende der saarländischen CDU und Kandidat für das Amt des Ministerpräsidenten bei der im September des Jahres anstehenden Landtagswahl. Er fragte mich ziemlich direkt, ob ich bereit wäre, in sein „Zukunftsteam" einzutreten und ihm beim Wahlkampf zu helfen. Ich bin bis heute parteilos, aber politisch interessiert. 1995 bis 1996 war ich Mitglied des Rates für Forschung, Technologie und Innovation der Bundesregierung unter Bundeskanzler Helmut Kohl.

Bei den SPD-Regierungen des Saarlandes hatte ich mich in den 90er-Jahren als Mitglied von Sachverständigenkommissionen für die Restrukturierung des Landes eingesetzt. Auch hatte ich gegenüber dem Ministerpräsidenten Oskar Lafontaine und seinem Nachfolger Reinhard Klimmt bei persönlichen Gesprächen generell mein Interesse an der Weitergabe meiner Erfahrungen zum Technologietransfer als Ein-Dollar-Job in einem politischen Umfeld angedeutet.

Nun war aber mit der Frage von Herrn Müller eine konkrete Situation entstanden, die ich zu entscheiden hatte. Herr Müller wies darauf hin, dass angesichts der letzten Umfragen ein Sieg der CDU bei der Landtagswahl wohl ausgeschlossen sei. Trotzdem wolle er im Saarland ein Zeichen setzen und die Notwendigkeit des Strukturwandels von Kohle und Stahl hin zu neuen Technologien zum zentralen Wahlkampfthema machen. Mir gefiel die direkte und offene Art von Peter Müller und auch die klare inhaltliche Position. Ich erbat mir aber Bedenkzeit bis nach dem Börsengang der IDS im Mai des Jahres, da ich diesen auf keinen Fall durch irgendwelche Meldungen stören wollte.

Kurz danach muss aber am Rande eines SPD-Parteitages mein Name im Zusammenhang mit der Nennung der Mitglieder des Zukunftsteams der CDU gefallen sein. Daraufhin rief mich Ministerpräsident Klimmt an und erkundigte sich nach meinen Plänen. Ich äußerte mich zurückhaltend, machte aber deutlich, dass ich mich in meiner Entscheidung frei fühlte.

Mir war klar, dass mein gutes Verhältnis zur SPD-Landesregierung durch meinen Eintritt für die CDU getrübt werden würde. Dies hätte bedeutet, dass ich nunmehr in meinem Drei-Fronten-Modell die Landesregierung nicht mehr unbedingt auf meiner Seite gehabt hätte.

Da ich mich immer für eine stärkere Vernetzung zwischen Wissenschaft, Wirtschaft und Politik eingesetzt habe, wollte ich nun Farbe bekennen. Auch bot sich die Gelegenheit, meine Erfahrungen auf eine wirksamere Kommunikationsplattform zu stellen.

Aus diesen Gründen bin ich dann nach dem erfolgreichen Börsengang der IDS im Mai 1999 in das Zukunftsteam von Peter Müller eingetreten. Dies war zum einen mit (überwiegend saarländischen) Politikern besetzt, die nach einer erfolgreichen Wahl in ein Ministeramt eintreten sollten, sowie zum anderen mit Dr. Michel Friedman aus Frankfurt und mir als beratenden Experten ohne Ambitionen auf ein Ministeramt.

Am 2. August 1999 veröffentlichte ich in der Saarbrücker Zeitung unter der Überschrift: „ein Ruck muss durchs Saarland gehen" meine Gedanken zum wirtschaftlichen „Turnaround". Wesentliche Aussagen des Artikels waren:

> Die Zeit von Kohle und Stahl ist vorbei. Heute liegen die Schätze nicht mehr im Boden, sondern in den Köpfen der Saarländer. Man braucht aber eine attraktive Zukunftsvision, um die guten und engagierten jungen Leute im Saarland zu halten und gleichzeitig interessante Menschen von außerhalb des Saarlandes anzulocken. Der landschaftliche Reiz der Saarschleife reicht dazu nicht aus – vielmehr müssen Wirtschaft und Kultur Weltklasse werden. Der Wettbewerb zwischen den Regionen läuft bereits. Bayern wirbt mit „Lederhosen und High-Tech", Köln wirbt mit seiner Medienkompetenz vieler Fernsehsender und Multimediaunternehmen. Das Saarland kann sich aber als Wissensland profilieren, wenn es alle seine Ressourcen dazu einsetzt.

> **1. Saarland als Musterbeispiel für eine globale Region**
>
> Das Saarland muss sich konsequent als Vorreiter moderner Informationstechnologien präsentieren. Die Universität und andere Bildungseinrichtungen müssen ihre Leistungen weltweit über das Internet anbieten. Das Saarland hat eine Perspektive, wenn es Vorreiter beim elektronischen Geschäftsverkehr, bei der Modernisierung der Verwaltungen und bei der Entwicklung neuer Arbeitsformen ist.
>
> **2. „Worldclass-Unternehmen"**
>
> Das Saarland muss „Worldclass-Unternehmen" mit ihren Zentralen ins Saarland ziehen oder im Saarland aufbauen. Durchschnittliche Unternehmen unterliegen der Gefahr, von Großunternehmen außerhalb des Saarlandes übernommen zu werden. Zur Bildung von „Worldclass-Unternehmen" ist es erforderlich, branchenerfahrene Investoren für das Saarland zu interessieren. Hierzu ist ein Business-Angel-Netzwerk aufzubauen.
>
> **3. Realistische Einschätzung und Nutzung der Kernkompetenzen**
>
> Die Wachstumsfelder Kommunikation, Multimedia, Biotechnologie usw. werden von allen Regionen der Welt bearbeitet. Reine Mitläufereffekte bringen deshalb keinen Wettbewerbsvorteil. Das Saarland muss sich auf Nischen konzentrieren, in denen der Kuchen noch nicht verteilt und eine

Marktführerschaft möglich ist. Nischenkompetenzfelder mit guten Marktchancen bieten das noch im Aufbau befindliche Feld des elektronischen Geschäftsverkehrs, hochwertige Consulting-Dienstleistungen, Bildung und Ausbildung.

4. **Hohe Innovationsrate bei Kompetenzfeldern sichern**

Die erkannten Kompetenzfelder lassen sich nur durch hohe Innovationsraten sichern. Dazu ist ein konsequentes Ausbildungskonzept von der Schule über die Universität bis zur lebenslangen Weiterbildung erforderlich. Dadurch eröffnen sich Arbeitsplatz- und Wohlstandsperspektiven für die junge Generation im Saarland. Bereits in der Grundschule müssen die Kinder mit dem Internet vertraut gemacht werden. Wichtig ist, dass die Unterrichtskonzepte auf lebenslanges Lernen ausgerichtet sind und Methoden vermitteln, wie man sich Wissen schnell aneignet und dieses austauscht. Selbstständigkeit und Eigenverantwortlichkeit der Menschen sind wichtiger als Sicherheits- und Besitzstandsdenken. Hochschulen und Bildungseinrichtungen müssen sich als Dienstleistungsorganisationen positionieren.

5. **Forschung konsequent positionieren**

Die Wertschöpfungskette von der Grundlagenforschung über die Anwendungsforschung bis hin zu produktorientierten Spin-off-Unternehmen und vertriebsorientierten Großunternehmen wird konsequent verfolgt. Insbesondere wird eine dramatische Verstärkung der anwendungsnahen Forschung, die auf den vorhandenen Strukturen der Grundlagenforschung aufbaut, unterstützt.

6. **Verbesserung der Infrastruktur**

Die Vernetzung der saarländischen Forschungs- und Bildungseinrichtungen mit Nachbarinstituten der Region ist nur ein erster Schritt. Die Verbindung zu internationalen Spitzeninstitutionen muss das Ziel sein. Niederlassungen des Saarlandes in wichtigen Industrie- und Dienstleistungsregionen, zum Beispiel Frankfurt, müssen den Standortnachteil des Saarlandes wettmachen. Sollte es saarländischen Unternehmen nicht gelingen, Topmanager in das Saarland zu bewegen, muss es möglich sein, diese auch von anderen Regionen aus mit saarländischen Unternehmen zu verbinden.

7. **Ressortübergreifende Zusammenarbeit in der Regierung zur Realisierung des Wirtschafts- und Innovationsaufbruchs**

Zur Verwirklichung des Konzeptes sind alle politischen Ressorts gefordert. Das Saarland braucht ständige kulturelle Ereignisse, um für hoch qualifizierte Persönlichkeiten auch im Freizeitbereich attraktiv zu sein. Die jungen Menschen sind heute international orientiert und erwarten ein attraktives Kultur-, Freizeit- und Einkaufsangebot. Die Ministerien Wirtschaft, Finanzen, Wissenschaft, Kultur, Umwelt, Arbeit und Soziales müssen in das Gesamtkonzept eingebunden werden. Unbürokratische Vernetzung muss von der Regierung vorgelebt werden. Der Wettbewerb in Europa und zwischen Regionen in Deutschland verstärkt sich. Nur ein klares Konzept und eine konsequente Umsetzungsstrategie können einen „Turnaround" sichern.

Im Laufe des Landtagswahlkampfes fing ich Feuer und wollte nun auch „mitgewinnen". Die Wahl wurde dann am 5. September von der CDU mit einem Abgeordnetensitz Mehrheit im Landtag gewonnen. In den Tagen danach wurde ich mehrfach von führenden CDU-Politikern des Landes daraufhin angesprochen, ob ich nicht das Amt des Wirtschaftsministers übernehmen wolle. Auch in der Presse wurden ähnliche Erwartungen veröffentlicht. Am Freitag nach der Wahl bot mir Peter Müller das Amt des Wirtschaftsministers konkret an. Ich verwies auf meine von vornherein betonten Verpflichtungen gegenüber meinem Universitätsinstitut und insbesondere gegenüber der IDS. Schließlich konnte ich ein halbes Jahr nach dem Börsengang nicht meine Position als Aufsichtsratsvorsitzender verlassen. Gegenüber den Aktionären wäre sonst der Anschein entstanden, dass ich die IDS an die Börse gebracht hätte, um mich einer neuen „Karriere" zu widmen. Peter Müller sagte zu, die Vereinbarkeit meiner Position bei der IDS mit der Übernahme eines Ministeramtes zu prüfen.

Bereits am nächsten Tag ergab sich, dass nach dem saarländischen Ministergesetz meine Aufsichtsrats- und Beratungstätigkeiten bei der IDS mit dem Ministeramt nicht vereinbar waren. Daraufhin war die Sache erledigt. Statt dessen übernahm ich – wie von vornherein geplant – die ehrenamtliche Leitung der Stabsstelle für Innovation, Forschung und Technologie in der Staatskanzlei.

Mit Christian Ege und Roland Rolles erklärten sich zwei meiner besten wissenschaftlichen Assistenten am Institut für Wirtschaftsinformatik bereit, zu der Stabsstelle zu wechseln.

Nach einer mehrwöchigen Einarbeitungs- und Konzeptionsphase stellten wir am 2. Februar 2000 in der Landespressekonferenz unseren Aktionsplan für das folgende Jahr vor. Aufgrund der sich schnell entwickelnden High-Tech-Szene macht es keinen Sinn, mehrjährige Pläne zu veröffentlichen. Sie werden während ihrer Realisierungszeit ohnehin überholt sein.

Grundlage des Konzeptes sind meine am 2. August 1999 in der Saarbrücker Zeitung veröffentlichten Strategiepunkte. Im Zentrum (vgl. Abbildung 5) steht ein Szenario für eine E-Business-Landschaft, mit der das Saarland ein Musterbeispiel für eine globale Region werden kann. Wir versuchen, meine Strategiepunkte in konkrete Projekte umzusetzen. Dabei können wir auf eine enge Kooperation mit dem Wirtschaftsminister Dr. Hanspeter Georgi bauen. Mit ihm habe ich seit vielen Jahren in seiner früheren Position als Hauptgeschäftsführer der Industrie- und Handelskammer des Saarlandes zusammengearbeitet. Auch die Staatssekretärin Daniela Schlegel-Friedrich folgt der gleichen fachlichen Linie. Dies ist im politischen Umfeld gar nicht so selbstverständlich, da häufig trotz aller parteipolitischen „Freundschaften" doch ein ressort-egoistisches Denken vorherrscht, das auch vor den obersten Spitzen nicht Halt macht. Wir versuchen dagegen, unsere Kräfte zu bündeln, um möglichst schnell Erfolge vorweisen zu können. Das Gesamtkonzept ist in Abbildung 5 als Grafik zusammengefasst.

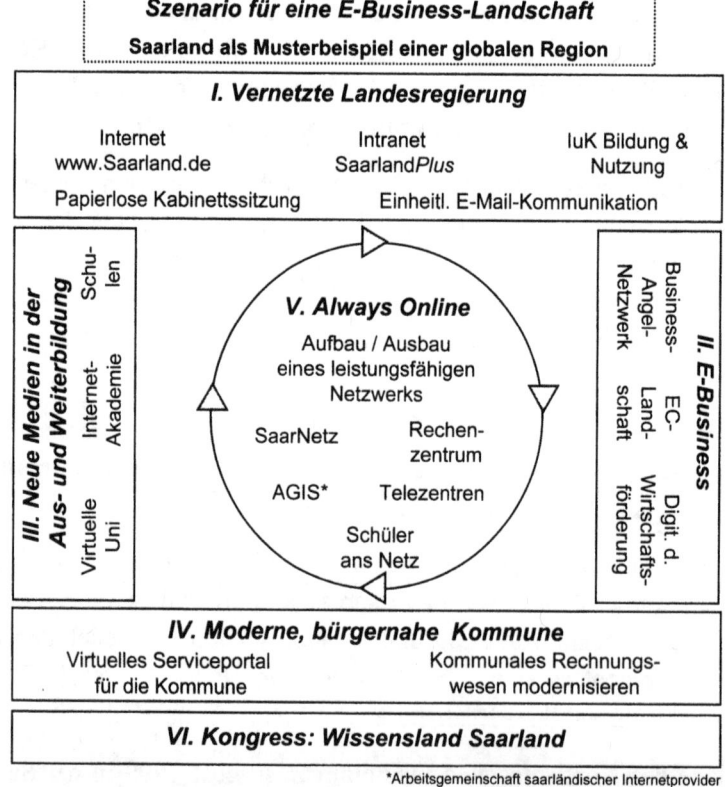

Abbildung 5: Szenario für eine E-Business-Landschaft im Saarland

Die konkreten fünf Projektfelder haben das Wirtschaftsministerium und die Stabsstelle für Innovation, Forschung und Technologie bezüglich der Federführung untereinander aufgeteilt.

Im ersten Projektfeld gilt es, die Modernisierung der saarländischen Landesverwaltung voranzutreiben. In einem ersten Projekt haben wir dazu die Internetpräsenz *http://www.saarland.de* verbessert und ein modernes Intranet für die Mitarbeiter aller saarländischen Ministerien eingeführt. Auch haben wir in zwei Wochenendseminaren die Mitglieder der Landesregierung, einschließlich dem Ministerpräsidenten Peter Müller, in der Nutzung des Internet ausgebildet und sie über die Möglichkeiten des Einsatzes moderner Informationstechnik zur Organisationsverbesserung und zur Wirtschaftsförderung informiert. Diese Schulung sollte insbesondere zur Motivation auch der nachgeordneten Landesbediensteten dienen. Schließlich wird eine Treppe von oben gekehrt. Wenn die Spitzen der Organisation die Technologie nutzen, gibt es auch für die nachgeordneten Stellen kein Ausweichargument mehr.

Im zweiten Projektfeld gilt es, die Möglichkeiten des E-Business zur Wirtschaftsförderung zu nutzen. Mit dem Aufbau eines Business-Angel-Netzwerks, das am 8. Juli 2000 in einer beeindruckenden Veranstaltung von 150 Teilnehmern in der Industrie- und Handelskammer des Saarlandes gegründet wurde, wollen wir die Gründung und das Wachstum junger Unternehmen im High-Tech-Bereich fördern.

Durch Aufbau von richtungsweisenden Referenzmodellen soll das Saarland als eine besonders aufgeschlossene E-Business-Region herausgestellt werden. Hier steht vor allen Dingen der von den Unternehmen SAP Retail Solutions GmbH & Co. KG, Hewlett Packard GmbH und anderen saarländischen High-Tech-Unternehmen (darunter auch die IDS Scheer AG und deren Tochtergesellschaft JET Online GmbH) initiierte und betriebene elektronische Marktplatz „mySaar.com" im Vordergrund.

In dem dritten Projektfeld wird das wichtige Gebiet der Aus- und Weiterbildung konkretisiert. Die Universität des Saarlandes soll so weit wie möglich virtualisiert werden. Hierzu bestehen bereits einige Erfolg versprechende Pilotprojekte, so zum Beispiel auch das von meinem Institut seit mehreren Jahren bearbeitete Forschungsprojekt WINFO*Line* (*http://www.winfoline.de*). Daneben werden aber auch Projekte von juristischen Fachkollegen sowie Fachkollegen der Philosophischen Fakultät und der Informatik bearbeitet. Es gilt nun, diese Projekte zu bündeln und in eine gemeinsame Richtung zu lenken. Durch eine möglichst aktive Beteiligung an dem vom Bundesforschungsministerium ausgeschriebenen Forschungsprogramm (Umfang 400 Millionen DM) zur Förderung der multimedialen Ausbildung an Universitäten, sollen auch die notwendigen Mittel akquiriert werden.

Die vom Wirtschaftsministerium des Saarlandes initiierte Internetakademie, in der ein Ausbildungsweg mit der Industrie erarbeitet wird, passt in dieses Konzept. Die Initiative „Schüler/Lehrer ans Netz" ist ebenfalls eine im Saarland bereits bestehende Initiative.

Im vierten Projektfeld sollen die Kommunen zu modernen und bürgernahen Dienstleistern weiterentwickelt werden. Hier bestehen allerdings von unserer Stabsstelle nur begrenzte Möglichkeiten zur Einwirkung. Trotzdem müssen wir alles daran setzen, die bereits vorhandenen Ansätze zu beschleunigen und ein Bewusstsein für die Nutzung der Informationstechnik im Rahmen des E-Government zu schaffen.

Im fünften Projektfeld müssen die technischen Voraussetzungen zur Verbesserung der Kommunikation geschaffen werden. Dieses Projekt wird vornehmlich vom Wirtschaftsministerium geleitet und muss vor allen Dingen die bestehenden Netzwerke des Landes integrieren.

Im sechsten Punkt unserer Projektliste wollen wir der Öffentlichkeit im Laufe des Jahres 2001 einen ersten Ergebnisbericht auf einem Innovationskongress vorstellen.

Alle Projekte sind zeitlich und ressourcenmäßig definiert. Selbstverständlich wird sich das eine oder andere Projekt gegenüber dem ursprünglichen Plan verzögern oder verändern. Trotzdem zeigen die ersten Ergebnisse, dass es trotz der ungewohnten Arbeit mit den Ministerialbürokratien vorangeht.

Auf jeden Fall haben wir uns mit der veröffentlichten Planung selbst unter Zugzwang gesetzt. Die Veröffentlichung von Meinungen und Vorschlägen in Zeitungen und Interviews ist eben nur die halbe Miete, erst ihre kontrollierbare Ausführung zeigt ihre Ernsthaftigkeit. Da ich ohnehin die Meinung vertrete, dass man Politiker wie Topmanager in einem Unternehmen nach der Erreichung von vereinbarten Zielgrößen bezahlen sollte, wollen wir uns selbst auch einem nachprüfbaren Leistungsgedanken stellen.

Kapitel XII
Frequently Asked Questions (FAQ)

Bei vielen Gesprächen und Diskussionen mit neu eingestellten Mitarbeitern der IDS, Seminarteilnehmern, Studenten, Assistenten und auch persönlichen Bekannten werde ich häufig nach der Verträglichkeit meiner verschiedenen beruflichen Tätigkeiten gefragt. Auch werden meine wissenschaftspolitischen Meinungen hinterfragt. Teilweise enthalten die Fragen einen durchaus kritischen Hintergrund. Man kann ja auch schließlich nicht erwarten, dass man mit allen Meinungen, gerade wenn sie prononciert vorgetragen werden, auf Zustimmung trifft. Ich möchte deshalb einige dieser Fragen vorstellen und beantworten.

1. Frage:
Wie schaffen Sie es zeitlich, die verschiedenen Positionen wie Leiter eines Forschungsinstituts, Universitätslehrer, Unternehmer und politischer Berater auszufüllen?

Diese Frage wird mir sehr häufig gestellt, trifft aber weitgehend auf mein Unverständnis. Ich bin mir dieser „Mehrfachbelastung" erst aufgrund häufiger Fragen bewusst geworden. Dass ich die Mehrfachbelastung nicht so spüre, liegt daran, dass ich bei all diesen Tätigkeiten das gleiche inhaltliche Gebiet bearbeite. So habe ich kein Unternehmen gegründet, um Kochtöpfe zu produzieren, sondern um Forschungsergebnisse, die ich in meiner wissenschaftlichen Arbeit erzielt habe, in die Anwendungsphase zu überführen. Ich bin also im gleichen Gebiet geblieben, nur in einer anderen Entwicklungsphase.

Auch in meinen Vorlesungen kann ich viele meiner praktischen Erlebnisse und Erfahrungen weitergeben. Je mehr die Vorlesungen zum „Story telling" werden, da die fachlichen Inhalte durch meine Bücher und die Internet-basierten multimedialen Systeme dokumentiert sind, umso mehr Gewicht erhalten gerade auch meine Hintergrunderfahrungen und -informationen.

Auch in meiner politischen Beratertätigkeit befasse ich mich nicht mit Themen außerhalb meines Fachgebietes. Schließlich bin ich nicht politischer Berater für Rechts- oder Frauenfragen geworden, sondern für die Themengebiete Innovation, Technologie und Forschung. Auch hier bleibe ich in meiner Erfahrungswelt.

Trotzdem führen die verschiedenen Tätigkeiten zu Terminkonflikten und können nicht ausschließlich von mir persönlich mit der erforderlichen Intensität betreut werden. Aus diesem Grunde bin ich auf die Unterstützung durch Mitarbeiter angewiesen. Ich telefoniere sehr häufig mit ihnen, und aufgrund der guten fachlichen Übereinstimmung können wir bereits durch kurzen Gedankenaustausch Problemfälle klären. Um aber gegenüber der Öffentlichkeit nicht den Eindruck zu erwecken, dass ein Universitätsprofessor mit einer vollen Stelle und damit auch voller Bezahlung noch viele Dinge parallel erledigen kann, habe ich auf 25 Prozent meines Professorengehaltes verzichtet, führe aber meine Tätigkeiten bezüglich Forschung und Lehre nach wie vor im gleichen Umfang aus.

2. Frage:
Kann man eine Universität wirklich wie ein Wirtschaftsunternehmen führen? Ist eine Universität nicht etwas anderes? Hat sie nicht auch kulturelle Aufgaben, die man nicht mit der Messlatte von wirtschaftlichen Zielen erfassen kann?

Zweifelsohne sollte es nicht Aufgabe der Universität sein, wie ein Wirtschaftsunternehmen ausschließlich Geld zu verdienen. Andererseits ist eine Universität nun einmal eine Organisation mit mehreren Hundert ja sogar Tausend Mitarbeitern und einem Budget von mehreren 100 Millionen DM. Aus diesem Grunde sind automatisch auch wirtschaftliche Fragestellungen gegeben. So gibt es auch Nonprofit-Organisationen wie Krankenhäuser, Verbände oder Vereine, die immer stärker wie gewerbliche Unternehmen geführt werden.

Unter einer unternehmerischen Führung wird deshalb von mir verstanden, dass für die Organisation klare Ziele definiert sind, die nach wirtschaftlichen Gesichtspunkten, also mit dem Einsatz möglichst geringer Ressourcen, erreicht werden sollen. Nur setzen solche Gedanken eben voraus, dass klare Zielsetzungen für das Leistungsspektrum definiert sind und ein Management dafür sorgt, dass die Ressourcenzuordnung wirtschaftlich gestaltet wird.

Würde man von der von mir verfolgten unternehmerischen Verhaltensweise der Universität abgehen und sie lediglich als eine Institution zur Bewahrung von Wissen ohne Berücksichtigung eines konkurrenzbetonten Verhaltens steuern, so wäre für diese rein kulturellen Aufgaben sicher nicht die große Anzahl von Universitäten erforderlich, die wir zurzeit in Deutschland mit großem Aufwand von Steuergeldern unterhalten.

Es bestehen deshalb bereits Befürchtungen, dass aufgrund der hohen Kosten viele Universitäten in einem ersten Schritt mit den Fachhochschulen zusammengeschlossen werden könnten und anschließend in ihrer Anzahl reduziert werden.

Dieses Szenario ist für mich viel schlimmer als eine konsequente unternehmerische Führung der Universitäten mit einer starken Kooperation zur Wirtschaft. Auch glaube ich nicht, dass dies zu Lasten der Qualität der Forschung oder auch der kulturellen Zielsetzung der Universitäten geht. Je mehr wirksame Forschungsleistungen eine Universität aufzeigen kann, je attraktiver ihre kulturelle Bedeutung ist, umso höher ist ihre generelle Reputation und damit auch ihre Attraktivität als Kooperationspartner. Dies ist ja gerade auch an den amerikanischen Star-Universitäten zu erkennen.

Die Konsequenzen aus diesen Gedanken sind natürlich klar: Die Auswahl des Topmanagements der Universitäten muss sich an den gleichen Kriterien orientieren, wie die von Topmanagern der Wirtschaft.

3. Frage:
Sind Sie nicht undankbar gegenüber der SPD, wenn Sie mit dem CDU-Ministerpräsidenten Peter Müller zusammenarbeiten? Ihr Institut und die IDS sind doch von den SPD-geführten Regierungen stark unterstützt worden.

Zunächst sollte es generell positiv bewertet werden, wenn sich jemand ehrenamtlich für eine fachliche Aufgabe bei einer demokratischen Partei oder einem politischen Amt engagiert.

Zu den Unterstützungen durch SPD-geführte Regierungen ist zu sagen, dass durch die Bereitstellung von Räumen durch die Landesregierung mein Forschungsinstitut in seinem Wachstum gefördert wurde. Auch hat es von saarländischen Ministerien Forschungsaufträge erhalten. Es erhält aber keine über die üblichen Mittel eines Universitätslehrstuhles hinausgehende Zuwendungen und zählt auch nicht zu den von den SPD-Landesregierungen nach 1985 gegründeten und geförderten Instituten im Saarland.

Die IDS hat lediglich die jedem Unternehmen für die Schaffung von Arbeitsplätzen zustehenden Fördergelder in Anspruch genommen. Diese waren willkommene Mittel, haben aber die Entwicklung der IDS nicht beeinflusst. Mit der Entscheidung der IDS, auf dem ehemaligen Gelände der Drahtseilfabrik Heckel, dem jetzigen SITZ (Saarbrücker Innovations- und Technologiezentrum), ihr Stammhaus zu errichten, wurde von der IDS ein erheblicher Beitrag zur wirtschaftlichen Revitalisierung dieses Gebietes geleistet. Das Grundstück wurde von der Stadt Saarbrücken zu fairen Konditionen gekauft; zur Baufinanzierung wurden übliche Finanzierungshilfen in Anspruch genommen.

4. Frage:
In einem Fernsehinterview haben Sie geäußert, dass die IDS keine Ausbildungsplätze anbietet. Warum nicht?

Es war mein Fehler, mich nicht richtig ausgedrückt zu haben. Die IDS bietet Plätze zur Ausbildung von Informatik-Kaufleuten, Fachinformatiker mit Abschluss Anwendungsentwicklung und Abschluss Systemintegration an. Zur Zeit werden acht Auszubildende beschäftigt.

Die IDS beteiligt sich weiter an der Akademie der Saarwirtschaft beim Studiengang E-Business mit mehreren Ausbildungsplätzen.

5. Frage:
Warum sind Sie so kritisch gegenüber der Universität und Professoren eingestellt? Sie haben sich doch schließlich selbst diesen Beruf gewählt. Ihrem Unternehmen IDS haben Sie sogar bei der Gründung den Zusatz „IDS Prof. Scheer" gegeben.

Wer es kann, der macht's, wer es nicht kann, der lehrt's. Dieser bissige Satz, der George Bernhard Shaw zugeschrieben wird, kennzeichnet die Diskrepanz zwischen den Welten des Unternehmertums und dem immer noch muffigen Betrieb an unseren Universitäten.

Während es in der Unternehmenswelt bei vielen Entscheidungen um alles oder nichts für die eigene Position oder das Unternehmen geht, ist die Verantwortung eines durchschnittlichen Universitätslehrers eher gering: Ob er nach längerem Nachdenken eine Seminararbeit mit einer 3+ oder 2- zensiert und dann meint, sein Tagewerk vollbracht zu haben, ist weder für den Studenten noch für ihn von weitreichender Konsequenz.

Ein durchschnittlicher Universitätsprofessor hat kaum Personalverantwortung, ihm sind in der Regel zwei bis vier Mitarbeiter als Assistenten zugeordnet. Er trägt auch kaum Sachmittelverantwortung; häufig verfügen Professoren lediglich über einen Jahresetat von 4.000,- bis 10.000,- DM. Daraus resultiert eines der Hauptprobleme der Universität: Sie zieht hochbegabte und ehrgeizige Menschen an, um sie aber dann, wenn sie ihr Ziel einer Professur erreicht haben, eher zu unterfordern. Dass dies zu Frustrationen führt und nicht ausgeschöpfte Fähigkeiten ihren Ausweg in der Überbetonung kleinlicher Vorgänge suchen, ist den Akten der Personal- und Rechtsabteilungen der Universitäten leicht zu entnehmen.

Die Erfahrungen aus den verschiedenen Welten des High-Tech-Unternehmertums und der Universität haben mich deshalb immer kritischer gegenüber der Universitätsstruktur werden lassen.

Dabei war der Professorenberuf mein Traumberuf gewesen. Als Student der Betriebswirtschaftslehre in Hamburg hatte ich bereits Anfang der sechziger Jahre Kontakt zu dem gerade im Aufbau befindlichen Rechenzentrum der Universität Hamburg gesucht. In einer freiwilligen Arbeitsgemeinschaft hatte ich programmieren gelernt und dann eng mit dem Institut für Unternehmensforschung zusammengearbeitet. Hier wurde ich in Forschungsprojekte eingebunden und war von der Welt der Wissenschaft fasziniert. Die Erfolgserlebnisse, eine komplexe Methode verstanden oder ein schwieriges Problem gelöst zu haben, machten mir so großen Spaß, dass ich alles daran setzte, ein gutes Examen zu absolvieren, um eine Assistentenstelle am Institut für Unternehmensforschung angeboten zu bekommen. Die Examensnote war dabei das geringere Problem. Viel schwieriger war es mit der Verfügbarkeit einer Stelle. Schließlich klappte es aber doch und ich konnte die Ochsentour über Promotion und Habilitation zum Professor beginnen. Zum Sommersemester 1975 erhielt ich dann einen Ruf auf die neu eingerichtete Professur für Wirtschaftsinformatik an der Universität Saarbrücken. Diese war mit je einer halben Stelle für das Sekretariat und einen wissenschaftlichen Mitarbeiter sowie einem Jahresetat von 4.000 DM für Verbrauchsmittel ausgestattet.

Nach rund zehn Jahren Aufbauarbeit umfasste das Institut 1984, im Jahr der Gründung der IDS, über 50 wissenschaftliche Mitarbeiter, die zu 90 Prozent durch unternehmerisch eingeworbene Drittmittel von Forschungsorganisationen finanziert wurden.

Aus diesem Hochgefühl des Leiters eines großen Forschungsinstitutes heraus hatte ich zunächst den Unternehmensnamen mit „IDS Prof. Scheer" benannt, um das Unternehmen sozusagen mit akademischer Autorität auszustatten. Im Gründungsjahr 1984 war der Prestigewert der deutschen Universitäten eben noch sehr hoch. Inzwischen hat aber das Image der Universitäten abgenommen und die IDS ist so etabliert, dass sie auf den akademischen Zusatz gut verzichten kann. Den Ausschlag für die Umbenennung in „IDS Scheer AG" unter Fortlassung des Professorentitels anlässlich des Börsenganges 1999 haben aber Erfahrungen in den USA gegeben. Die amerikanischen Partner haben nie verstanden, was der Zusatz „Prof." bedeuten sollte. Sie kamen gar nicht auf die Idee, dass dies „Professor" bedeuten könnte, sondern vermuteten höchstens eine Abkürzung für das Wort „professional". In Amerika gilt es zwar als positiv für die Reputation eines Universitätsprofessors, wenn er auf enge Projektkontakte mit großen Unternehmen wie IBM oder General Motors verweisen kann, die Bindung eines Professors an ein Unternehmen wertet dies dagegen nicht auf.

6. Frage:
Gibt es nicht viele Professoren, die sich mit hohem Einsatz um den Aufbau ihrer Kliniken, Institute oder Lehrstühle bemühen – ohne dabei ein Unternehmen gründen zu müssen?

Man braucht kein Unternehmen zu gründen, um sich als Forscher unternehmerisch zu verhalten. Beispiele dafür sind vorhanden, auch in der klassischen Universitätsstruktur. So gibt es Professoren, die sich dafür eingesetzt haben, dass sich ihr Fachgebiet aus einer anfänglichen Nischendisziplin zu einem umfassenden Fachbereich entwickelt hat. Oder es gibt Professoren, die als Leiter von Fraunhofer-Instituten eine beachtenswerte und anerkennenswerte unternehmerische Leistung erbracht haben, indem sie durch die Einwerbung von Drittmitteln und den Aufbau von Praxiskontakten große Institute aufgebaut haben. Im Gegenteil, hier verhält sich die Universitäts- und Forschungsstruktur eher ungerecht. Derartige Leistungen werden kaum honoriert. Die Bezahlung ist durch das Beamtenrecht festgelegt und selbst bei Institutionen wie der Fraunhofer-Gesellschaft werden keine marktgerechten Managergehälter bezahlt.

Meiner Meinung nach müsste es Bestandteil der Dienstverpflichtung von Professoren sein, mindestens alle zwei Jahre einen Forschungsantrag bei der Deutschen Forschungsgemeinschaft (DFG) oder einer ähnlichen Institution zu stellen. Die Bewilligung eines Antrages ist teilweise ein Lotteriespiel. Insofern ist ein abgelehnter Forschungsantrag auch keine Schande. Eine Schande ist es nur, sich nicht um Forschungsmittel zu bemühen.

7. Frage:
Was war Ihr Hauptmotiv, das Institut für Wirtschaftsinformatik (IWi) von einem kleinen Lehrstuhl zu einem großen Forschungsinstitut auszubauen?

Die Forschung in meinem Fach, der Wirtschaftsinformatik, zeichnet sich dadurch aus, dass sie nicht nur theoretische Konzepte entwickelt, sondern diese auch durch Softwaresysteme in Prototypen umsetzt. Hierzu ist ein höherer Einsatz an wissenschaftlichen Assistenten als Programmierer und Systemanalytiker erforderlich, als es sonst bei der mehr als Schreibtischwissenschaft geltenden Betriebswirtschaftslehre der Fall ist. Als ich 1975 den Ruf an die Universität des Saarlandes in Saarbrücken annahm, stand mir nur eine halbe Assistentenstelle zur Unterstützung zur Verfügung. Ich habe deshalb nach meinem Amtsantritt an der Universität Saarbrücken bereits nach kurzer Zeit einen Antrag an die Deutsche Forschungsgemeinschaft (DFG) gestellt, ein konkretes Forschungsvorhaben materiell zu unterstützen. Mein Antrag, den ich mit hohem Engagement gestellt hatte, wurde prompt abgelehnt. Dies traf mich tief. Die Ablehnungsquote bei DFG-Anträgen liegt aber zwischen 50 und 70 Prozent, so dass es insbesondere für einen Newcomer nichts Ungewöhnliches ist, dass ein Antrag abgelehnt wird. Nur wusste ich dies damals noch nicht.

Mein nächster Antrag, den ich im Rahmen eines Forschungsprogramms beim Bundesministerium für Bildung und Forschung stellte, wurde dann genehmigt. Wir konnten plötzlich die Anzahl der Mitarbeiter um vier Stellen aufstocken. Durch diesen Ressourcenschub war ich auch in die Lage versetzt, Kapazitäten für die Beantragung neuer, erweiterter Anträge einzusetzen. Stets muss man bei der Drittmittelforschung aus einem bestehenden Forschungsprojekt neue Ideen für Nachfolgeprojekte entwickeln. Ich habe dies zum Prinzip meines Instituts gemacht. Es ist eine Ausbildungsstätte für junge Wissenschaftler. Sie müssen die Ergebnisse ihrer Projekte auf Review-Sitzungen selbst verteidigen und sind gehalten, bei der Formulierung neuer Fragestellungen und Anträge mitzuarbeiten. Dieses Stafettensystem hat sich bis heute sehr gut bewährt. Jeder ist damit nicht nur für sein eigenes Forschungsprojekt, sondern auch für das gesamte Institut verantwortlich.

8. Frage:
Planen Sie, sich von der IDS zurückzuziehen und ihre Aktienanteile zu verkaufen?

Eindeutig nein! Ich halte gegenwärtig rund 45 Prozent des Aktienkapitals und zusammen mit Dr. Alexander Pocsay über 50 Prozent. Wir haben vor, uns weiterhin persönlich bei der IDS zu engagieren und die Mehrheit der Aktien zu halten.

9. Frage:
Wie kann man konkret die deutsche Forschungsförderung verbessern, um die Steuermittel effizienter zum wirtschaftlichen Aufschwung einzusetzen?

Trotz vieler positiver Aspekte gibt es auch Unzulänglichkeiten der Forschungsförderung in Deutschland zu beklagen.

Im Einzelnen lauten meine Vorschläge für die Bundesebene, die in ähnlicher Form auch für viele Länderregierungen gelten:

1. Verbesserung der Fachkompetenz im Forschungsministerium.

   Wie soll ein Ministerium in der turbulenten High-Tech-Welt die richtigen Forschungsfelder definieren und die zukunftsweisenden Projekte fördern, wenn ihm der fachliche Hintergrund fehlt? Noch besetzen in den Fachreferaten zu viele Juristen wichtige Positionen. Die Nutzung externen Know-hows durch Heranziehung wissenschaftlicher Beiräte und Beratungsinstitute folgt einer guten Absicht, eröffnet aber auch Honoratiorengehabe und Interessenkonflikte. Die unkonventionelle Heranziehung auch ausländischer junger Forscher und erfolgreicher Praktiker wäre dagegen hilfreich.

2. Im High-Tech-Umfeld sind die bestehenden Gutachter für Projektanträge sehr kritisch auf ihre Innovationsfreudigkeit zu überprüfen und gegebenenfalls durch jüngere auszutauschen.

3. Die Definition von Forschungsprogrammen muss einer globalen Leitlinie folgen und nicht in zu viele Einzelprogramme zerfließen. Ein kleiner Brain-Trust in unmittelbarer Nähe zur Führungsspitze des Ministeriums muss Flexibilität und Geschwindigkeit erhöhen.

4. Ständige Erfolgskontrolle der Programme und Hauptprojekte bezüglich der geplanten Transferwirkungen müssen die Forschungseffizienz sichern.

5. Die Projektabwicklung durch die gegenwärtigen Projektträger muss verbessert werden. Intensiver Wettbewerb um die wirksamste Projektabwicklung zwischen halböffentlichen und privaten Institutionen muss die Leitidee sein.

6. Nachgewiesene Transfererfolge von Forschern müssen herausgestellt und durch unbürokratische Unterstützungen belohnt werden.

7. Ergebnisse von Forschungsprojekten müssen nach standardisierten Regeln aktuell und multimedial als Tutorials aufbereitet im Internet verfügbar sein, um schnell als Wissensbausteine in umfassende Wissensdatenbanken eingebunden zu werden.

Kapitel XIII
Scheer(Ex)Kurs: Geschäftsprozessmanagement

Nun wird es doch noch ein wenig fachlich. Ich möchte den fachlichen Hintergrund des E-Business, der zu vielen wirtschaftlichen Umwälzungen führt und die Gründung neuer Unternehmen ermöglicht, noch etwas genauer beschreiben.

Aber keine Angst, die folgenden Ausführungen sind so geschrieben, dass sie auch für einen Nichtfachmann ohne weiteres verständlich sind. Ich verwende nur einige meiner Standardfolien, die ich quasi als „Überlebenskit" ständig bei mir habe, um nahezu jeden Vortrag aus meinem fachlichen Umfeld halten zu können. So wurde ich vor kurzer Zeit beim Betreten des Vortragsraumes einmal darauf hingewiesen, dass die Überschrift auf meiner Einleitungsfolie nicht mit dem im Programm angekündigten Vortragsthema übereinstimme. Nach einer Schrecksekunde habe ich die Folien nur in eine andere Reihenfolge gebracht und konnte auch einen geänderten Vortrag damit halten.

Seit 1991 habe ich zweimal jährlich den viertägigen „Scheer Kurs" durchgeführt. Der Name Scheer Kurs wurde gewählt, weil der Begriff „Kurs" mehrdeutig ist. Zunächst steht er für die Veranstaltungsform, kann aber auch eine Richtung anzeigen, und seit dem Börsengang der IDS Scheer AG erhält er natürlich noch einen zusätzlichen Aspekt. Ich war der Meinung, über das Gebiet Informationstechnologie so viele theoretische und praktische Erfahrungen gesammelt zu haben, dass ich sie in komprimierter Form interessierten Managern vermitteln sollte. Mir war klar, dass ich diesen Kurs zehn Jahre später nicht mehr halten würde. Ich habe diesen Kurs fast zwanzig Mal in Deutschland durchgeführt und insgesamt ebenso oft in den Ländern USA, Brasilien, Japan, China, Singapur, Tschechische Republik und Russland. Dort allerdings nicht immer in der gleichen Ausführlichkeit.

Über die Jahre hinweg verlagerte sich der Anteil technischer Inhalte immer mehr in Richtung organisatorischer Probleme, managementorientierter Argumentationshilfen sowie Trendentwicklungen der Informationstechnik und deren Bewertung. Die vier ganztägigen Veranstaltungstage eines Kurses wurden jeweils von mir als alleinigem Referenten in freier Rede bestritten. Ich vermied es, lediglich vorgefertigte Folien über den Overheadprojektor „zu ziehen". Dies wirkt auf die Dauer ermüdend und in der Regel sind die Folien auch inhaltlich überladen, so dass sie in kurzer Betrachtungszeit von zwei bis drei Minuten nicht vollständig verstanden werden können.

Aus diesem Grunde zeichnete ich die wichtigsten Folien per Hand. Man kann dadurch nicht schneller erklären als man zeichnen kann und der Zuhörer kann die Gedankenentwicklung leichter nachvollziehen.

Am Ende eines Seminartages wurden jeweils Prototypen aus meinem Institut vorgeführt. Anhand dieser Forschungsprojekte sollte gezeigt werden, dass Ideen, die ich während des Tages lediglich am Overheadprojektor skizziert hatte, inzwischen in greifbare Realisierungsnähe gerückt sind. Auch konnten die Teilnehmer an der Vorführung durch meine Assistenten erkennen, welche Begeisterung und Fachkompetenz hinter der Entwicklung dieser Forschungsprojekte steht.

Diejenigen Leser, die das Kapitel zu Ende lesen, werden durch vier Witze belohnt, die ich auch in den Scheer Kursen präsentiert habe. Alle beziehen sich auf das Universitätsleben.

Erster Witz:

> *An einer Universität ist ein Lehrstuhl für Physik neu zu besetzen. Die Berufungsprozedur vollzieht sich in der Form, dass Bewerber von der Berufungskommission interviewt werden, um anschließend in eine Rangfolge eingeordnet zu werden. Nach einer ersten Sichtung der Bewerbungsunterlagen sind drei Kandidaten übrig geblieben, die nun einem mündlichen Interview unterzogen werden.*
>
> *Die Berufungskommission ruft den ersten Kandidaten auf und der Vorsitzende stellt ihm die Frage: „Was ist schneller, das Licht oder der Schall?" Der Kandidat antwortet nach kurzer Überlegung: „Selbstver-*

ständlich das Licht." Der Vorsitzende fragt ihn nach einem Beispiel und der Kandidat erklärt: *„Wenn ich mein Radio anstelle, dann geht zuerst das Licht an und anschließend höre ich den Ton, also ist das Licht schneller als der Schall."*

Die Berufungskommission ist etwas ratlos, ruft aber dann den nächsten Kandidaten auf. Der Vorsitzende stellt wieder die gleiche Frage: „Was ist schneller, das Licht oder der Schall?" Der zweite Kandidat antwortet nach einer Überlegungszeit: „Selbstverständlich der Schall." Die Kommission ist entsetzt, will aber auch dem zweiten Kandidaten eine Chance geben und fragt ihn nach einem Beispiel. Der Kandidat antwortet: „Wenn ich meinen Fernseher anstelle, dann geht erst der Ton an und anschließend erscheint das Bild auf dem Schirm, also ist der Schall schneller als das Licht."

Die Berufungskommission ruft nun den dritten Kandidaten auf und stellt ihm die gleiche Frage: „Was ist schneller, das Licht oder der Schall?" Der dritte Kandidat antwortet: „Selbstverständlich das Licht." Die Berufungskommission ist erleichtert. Der Vorsitzende fragt den Kandidaten nach einem Beispiel. Der Kandidat antwortet: „Bei einem Gewitter sieht man zunächst den Blitz und anschließend hört man den Donner, also ist das Licht schneller als der Schall." Die Berufungskommission ist glücklich über das treffende Beispiel und will sich bereits zufrieden geben.

Da meldet sich aber ein Kommissionsmitglied und sagt: „Da wir hier an einer Universität sind, können wir nicht nur mit Beispielen argumentieren, sondern wir benötigen wissenschaftliche Beweise für eine Aussage. Deshalb frage ich den Kandidaten nach einem solchen wissenschaftlichen Beweis, dass das Licht schneller ist als der Schall." Der Kandidat überlegt kurz und gibt dann als Antwort: „Der wissenschaftliche Beweis dafür, dass das Licht schneller ist als der Schall, liegt darin, dass sich beim Menschen die Augen vor den Ohren befinden."

Dieser etwas lange Witz kam bei den Teilnehmern des Scheer Kurses, unabhängig von ihrer Nationalität, immer recht gut an. Ich konnte damit auch gleich eine Erklärung verbinden, warum ich neben meiner Universitätstätigkeit das professionelle Umfeld der High-Tech-Industrie gesucht habe.

Mauern einbrechen

Die Informationstechnik ist immer dann besonders wirksam, wenn sie Organisationskonzepte für Unternehmen unterstützt oder sogar erst ermöglicht. In der Vier-Felder-Abbildung (vgl. Abbildung 6) ist dieser Zusammenhang sowohl für die wichtige Organisationswelle der Geschäftsprozessorientierung von Unternehmen als auch für die Weiterentwicklung zum E-Business dargestellt. Die Abbildung hat mich viele Diskussionen mit dem Grafiker gekostet, bis wir die Gedanken soweit vereinfacht hatten, dass sie „auf den Punkt gebracht" waren.

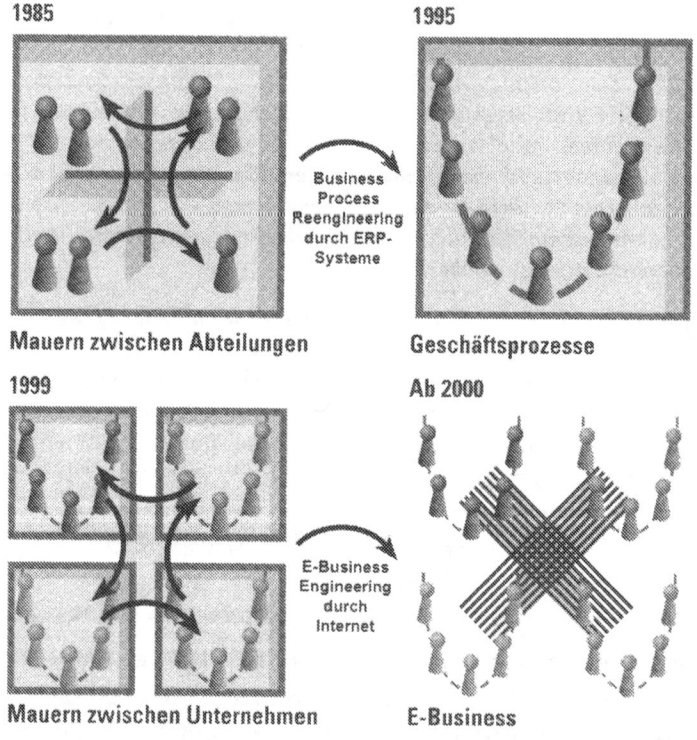

Abbildung 6: Organisationstrends

Das linke obere Feld soll verdeutlichen, dass in einer funktionalen Unternehmensorganisation, bei der einzelne Abteilungen für Einkauf, Vertrieb, Produktion und Buchhaltung zuständig sind, ein Geschäftsablauf, zum

Beispiel eine Auftragsabwicklung, durch mehrere Abteilungen geführt wird und jede Abteilung ihre Arbeitsergebnisse über die Abteilungsmauer zur nächsten Abteilung weiterwirft, ohne sich um den weiteren Ablauf zu kümmern. Insofern ist auch das Wort „Abteilung" selbstentlarvend, weil es den gesamten Geschäftsprozess in mehrere Abschnitte „abteilt".

Durch den Einsatz unternehmensweiter integrierter ERP (Enterprise Resource Planning)-Systeme wurde es in den letzten zehn bis fünfzehn Jahren möglich, gesamte Geschäftsabläufe durch eine einheitliche Datenbank, in der alle benötigten Dokumente eines Geschäftsprozesses gespeichert sind, zu unterstützen. Dadurch greifen alle Bearbeiter des Ablaufs auf die gleichen Dokumente zu und Doppelarbeiten bei Anlage und Pflege der Dokumente sowie Missverständnisse durch unterschiedliche Begriffswelten der Abteilungen werden vermieden. Damit wurde die Geschäftsprozessorganisation des rechten oberen Quadranten ermöglicht, bei der ganze Abläufe wie eine Kundenauftragsbearbeitung oder die Entwicklung eines neuen Produktes ganzheitlich in Teams bearbeitet werden.

Die Optimierung von Geschäftsprozessen kennzeichnet die Abkehr vom Funktionsdenken des Taylorismus. Er hatte über viele Jahrzehnte die Organisation der Unternehmen geprägt. Ein Unternehmen wurde nach betriebswirtschaftlichen Funktionen wie Vertrieb, Beschaffung, Produktion, Rechnungswesen oder Personalwesen gegliedert. Die Abteilungen wurden dann nach der Ergiebigkeit ihrer individuellen Arbeit beurteilt.

Mittlerweile hat sich aber gezeigt, dass die Funktionsorganisation viel zu wenig auf den Kunden ausgerichtet ist. Der Kunde ist nicht daran interessiert, wie ein Unternehmen intern arbeitet, sondern wie schnell und sorgfältig sein Geschäftsprozess, also ein Kundenauftrag oder eine Reklamation, ausgeführt wird. Dies bedeutet, dass die gesamte Ausführung des Kundenauftrages oder der Reklamation für den Kunden ausschlaggebend ist, und nicht eine Teilfunktion.

Zu welchen Stilblüten die funktionsorientierte Organisation geführt hat, kann man leicht an einem praktischen Beispiel zeigen. Ein Kunde von uns zeichnete einmal den Vertriebsleiter mit einem Preis aus, weil er seine Bearbeitungszeiten von Kundenaufträgen drastisch reduziert hatte. Gleichzeitig wurde der Leiter der Produktion gerügt, weil sich seine Fertigungszeiten verlängert hatten. Die Ursache war schnell gefunden: Da der Vertriebsleiter sich nur noch auf die Aufnahme der für ihn wichtigen vertriebsbezogenen Daten konzentrierte, musste hinterher der Produktionsleiter die Auftragsdaten um technische Angaben ergänzen, die er sich mühsam aus dem Konstruktionsbereich oder vom Kunden selbst zusammensuchen musste. Die Zeitverkürzung in der Funktion Vertrieb wirkte sich also negativ auf die Bearbeitungszeiten in der Produktion aus und der gesamte Auftragsabwicklungsprozess hatte sich verschlechtert.

Diejenigen Unternehmen, welche die Prozessorganisation erfolgreich eingeführt haben, konnten die Durchlaufzeiten für Geschäftsprozesse dramatisch senken. Mit unserer ARIS-Methode und dem ARIS-Toolset bieten wir den Unternehmen Methoden und DV-Werkzeuge an, mit denen sie ihre Geschäftsprozesse identifizieren, dokumentieren sowie anschließend straffen und optimieren können.

In Abbildung 7 ist die ARIS-Methode zur grafischen Dokumentation eines Geschäftspozesses an einem einfachen Beispiel der Auftragsbearbeitung dargestellt.

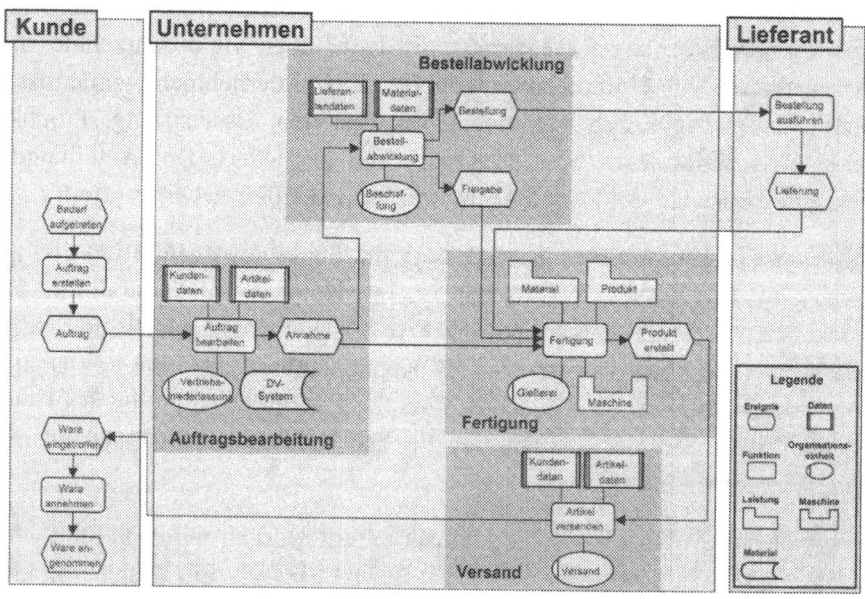

Abbildung 7: Auftragsabwicklungsprozess

Das Beispiel ist selbsterklärend. Die Verwendung grafischer Darstellungen erleichtert die Kommunikation zwischen unterschiedlichen Beteiligten wie Mitarbeitern aus Fachabteilungen und der Informationstechnik.

Im unteren Teil der Abbildung 6 ist dargestellt, wie sich Unternehmen aufgrund der Internettechnologie organisatorisch weiterentwickeln werden. Selbst wenn Unternehmen bereits eine interne Prozessorganisation aufweisen, haben sie doch weiterhin hohe Mauern um sich aufgebaut, die den Informationsfluss zwischen verschiedenen Partnern, die in einem Geschäftsprozess zusammenarbeiten, behindern. Lagerbestände eines Lieferanten sind von seinen Kunden nicht ohne weiteres einzusehen und auch der augenblickliche Auftragsstatus ist für einen Kunden nur durch umständliche Kontaktaufnahme mit dem Lieferanten zu ermitteln.

Im Rahmen des E-Business werden Geschäftsprozesse betrachtet, die elektronisch zwischen verschiedenen Unternehmen ablaufen, zum Beispiel Beschaffungs-, Vertriebs- oder Produktentwicklungsprozesse. Diese können genauso vereinfacht und um Redundanzen und Missverständnisse bereinigt werden, wie es bei den internen Geschäftsabläufen der Fall war. Kurz: Die einzelnen Unternehmen arbeiten dann transparent miteinander, quasi so, als ob sie Bestandteil einer gemeinsamen Organisation wären. Die Internettechnologie schafft dazu die Voraussetzungen.

Auch bei Internet-basierten, partnerübergreifenden Systemen bleiben die internen ERP-Systeme bedeutsam. Man kann sogar sagen, je direkter die Kunden einen Informationszugang zum Lieferanten besitzen, umso deutlicher treten die Schwächen seiner internen Prozessausführung zutage. Insofern werden die Entwicklungen des E-Business auch die Einführung der internen Prozessorganisation beschleunigen.

Bereits die interne Geschäftsprozessorganisation hat in Unternehmen große Erfolge erzielt. Die Rationalisierungsmöglichkeiten der zwischenbetrieblichen Geschäftsorganisation sind aber noch weit höher. Neue Organisationsformen, wie elektronische Marktplätze, auf denen Kunden und Lieferanten sich treffen und ihre Preise durch elektronische Auktionen oder Börsen aushandeln, erzeugen innovative Anwendungen. Die Kraft innovativer E-Geschäftsprozesse ist so groß, dass neue Unternehmen gegründet werden können. Ein plastisches Beispiel hierzu ist der Computerhersteller Dell, der alleine durch den Internetverkauf seiner Produkte an Endkunden einen neuartigen Geschäftsprozess entwickelt hat und so in kurzer Zeit zu einem der führenden Player auf dem heißumkämpften Computermarkt aufstieg.

Der Endkunde kann bei Dell Computer sein Produkt per Internet konfigurieren, den Auftragsstatus verfolgen und per Internet bezahlen. Traditionelle Computerhersteller verkaufen dagegen ihre Produkte über ein Händlersystem, das aus Großhandels- und Einzelhandelsnetzen besteht. Entsprechend langwierig sind dann Auftragserfassung und -abwicklung.

Das Beispiel von Dell Computer zeigt, dass das Internet die Kommunikation zwischen den Partnern beschleunigt und kundenfreundlicher gestaltet. Dell Computer hat auch die Kommunikation zu seinen Lieferanten per Internet beschleunigt und erreicht so einen negativen Liquiditätszyklus; das Unternehmen erhält die Kundenzahlung mehrere Tage früher, als es selbst die Lieferanten für die eingebauten Komponenten bezahlen muss.

Bereits dieses Beispiel zeigt die hohe Wettbewerbskraft innovativer Ideen für Geschäftsprozesse. Es zeigt auch, dass diese für Start-up-Unternehmen eine Chance darstellen. Etablierten Unternehmen fällt es schwer, auf derartige Ideen zu kommen, weil sie dann einen Konflikt mit ihren bisherigen Absatzkanälen, also hier zum Beispiel dem gesamten Handelssystem, erzeugen würden. Sie gliedern deshalb häufig solche Versuche in eigens geschaffene Tochterunternehmen aus. Start-up-Unternehmen können dagegen ihre ganze Kraft den neuen Ideen widmen, ohne auf Situationen der Vergangenheit Rücksicht zu nehmen.

Prozess- und Produktinnovationen

Wenn Prozessinnovationen im E-Business bereits so hohe Marktwirkungen besitzen, dann wird ihre Wirkung noch größer sein, wenn sie mit neuen Produktideen gekoppelt werden. Praktisch muss ein Unternehmen jedes Produkt daraufhin überprüfen, inwieweit es digitalisiert werden kann, also Materie durch Informationen ersetzt werden kann.

Abbildung 8 veranschaulicht dies am Beispiel der Musik-CDs. Die beiden Koordinaten bezeichnen den Grad von Prozess- und Produktinnovation.

Üblicherweise wird eine CD in einem Musikgeschäft verkauft. Mit Aufkommen des Internet werden Informationen wie Kritikerbesprechungen oder auch Angaben des Interpreten hinzugefügt, das heißt, der Werbe- und Marketingprozess wird verändert.

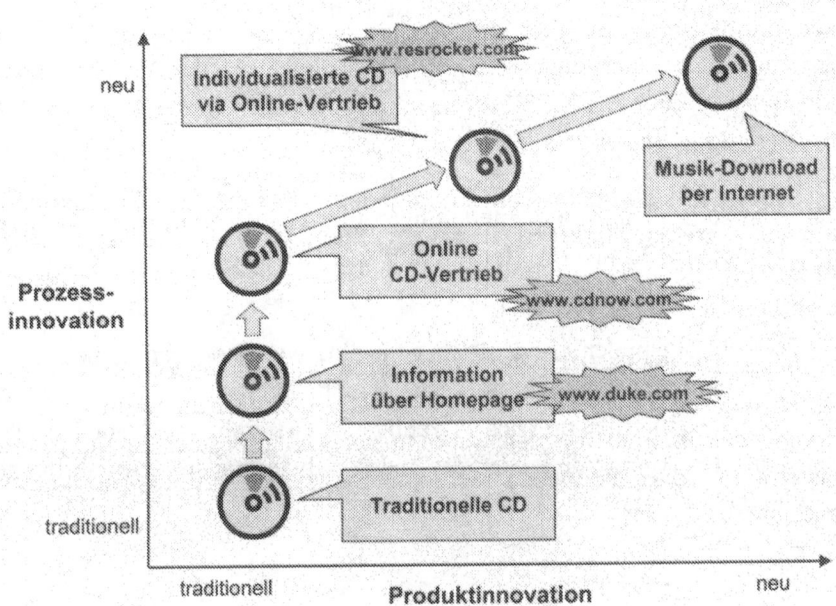

Abbildung 8: CD-Prozess- und Produktinnovation

Der Verkaufsprozess ändert sich, wenn CDs über Internet-basierte elektronische Musik- oder Büchershops vertrieben werden. Das Produkt der CD als materieller Musikträger bleibt aber davon unberührt.

Eine völlig andere Entwicklung setzt ein, wenn auch das Produkt selbst verändert wird. Durch eine direkte Verbindung zwischen dem Internet-basierten Kundenauftragserfassungssystem und einer automatisierten Produktion ist es möglich, dass ein Kunde ohne Mehrkosten eine individuelle CD konfigurieren kann. Wenn der Produktionsprozess so flexibel gestaltet ist, dass keinerlei Umrüstkosten zwischen der Produktion zweier CDs mit unterschiedlichen Inhalten anfallen, so ist dies wirtschaftlich machbar. Ein solcher Vorgang, bei dem individuelle Produkte in Massenfertigung produziert werden, wird als „Mass Customization", also als kundenindividuelle Massenproduktion bezeichnet. Sie ist im Prinzip nicht neu, denn auch in der Automobilindustrie wird jedes Auto individuell gemäß dem Kundenwunsch gefertigt und auch bei dem angeführten Beispiel von Dell Computer ist die kundenindividuelle Massenproduktion bereits vorgestellt worden.

Noch dramatischer ist aber die Produktinnovation, wenn im nächsten Schritt auf den materiellen Tonträger verzichtet wird und der CD-Inhalt (zum Beispiel über das MP3-Format) direkt aus dem Internet auf ein Audiosystem des Kunden geladen werden kann.

Es ist sofort einsichtig, dass die Kopplung von Prozess- und Produktinnovationen zu großen Marktveränderungen führen wird. Dies betrifft in unserem Beispiel nicht nur die Behandlung von Urheberrechten, sondern auch die gesamte CD-Industrie.

Mit diesen Beispielen ist deutlich gemacht, wie das Internet bestehende Märkte verändern kann. Es ist deshalb nicht übertrieben, wenn man die Wirkung des Internet mit der Wirkung der Erfindung der Buchdruckerkunst im 15. Jahrhundert oder der Industrialisierung im 19. Jahrhundert vergleicht.

Unternehmensnetzwerke

Die neuen übergreifenden Geschäftsprozesse in Verbindung mit neuen Produkten führen zu so gravierenden Änderungen, dass sogar das Konzept unserer traditionellen Unternehmen gefährdet ist.

Um dies zu erkennen, muss man zunächst fragen, warum es überhaupt Unternehmen gibt und warum eine starke Tendenz zu immer größeren Unternehmen besteht.

Sind an der Bearbeitung einer Aufgabe mehrere Personen beteiligt, so müssen sie untereinander so koordiniert werden, dass ihre Arbeitsergebnisse zusammenpassen. Hierzu gibt es im Prinzip zwei gegensätzliche Möglichkeiten. Bei einem marktwirtschaftlichen Ansatz handeln die beteiligten Personen ihre Leistungsbeiträge und die dafür zu erhaltenden Vergütungen partnerschaftlich untereinander aus. Derjenige, der eine komplexe Leistung erstellen will und dazu Leistungen anderer Personen benötigt, sucht die geeigneten Partner und handelt die Konditionen mit ihnen aus. Das Finden von Partnern und die Höhe der Vergütungen werden auf Märkten geregelt.

Sind die Leistungen standardisiert, so können die Partner leicht durch andere ersetzt werden.

Im Gegensatz hierzu steht das hierarchische Prinzip. Hier folgen die beteiligten Personen den Anweisungen von Vorgesetzten. Die Leistungserstellung wird also durch ein System von Anweisungen koordiniert. Dies ist das Steuerungsprinzip von Unternehmen. Unternehmen werden also gegründet, um solche Aufgaben abzuwickeln, bei denen eine hierarchische Koordination günstig ist.

Da das Internet immer mehr Leistungen zu Commodities macht und das Finden von Leistungen und den dazugehörenden Anbietern durch elektronische Marktplätze immer mehr erleichtert wird, wird sich eine Tendenz zur marktwirtschaftlichen Koordination ergeben. Dies bedeutet, dass auch komplizierte arbeitsteilige Prozesse nicht mehr unbedingt in streng hierarchisch geführten Großorganisationen abgewickelt werden müssen, sondern durch Netze, bei denen die einzelnen Partner selbstständige Einheiten sind und deren Koordination durch eher marktwirtschaftliche Mechanismen erfolgt. Begriffe wie „Virtuelle Unternehmen", die aus einem solchen Netz von selbstständigen Unternehmen gebildet werden, zeigen bereits die Aktualität dieser Entwicklung.

Ein eindrucksvolles reales Beispiel vollzieht sich gegenwärtig bei der Softwareentwicklung. Zur Entwicklung großer Softwaresysteme sind in den letzten zehn bis fünfzehn Jahren mit Unternehmen wie Microsoft, Oracle, SAP usw. Großstrukturen entstanden, die zeigen, dass die Koordinationsaufgaben im Zusammenhang mit einer Softwareentwicklung eine mehr hierarchische Organisationsform benötigen. Nachdem sich diese Unternehmen gerade erst etabliert haben, wird mit der Entwicklung des Betriebssystems Linux eine gegenläufige Tendenz sichtbar.

Der finnische Student Linus Torvalds hatte die Idee, lediglich eine Basiskomponente eines Betriebssystems zu entwickeln (ein so genannter Kernel) und diese im Internet zu veröffentlichen. Er rief dann alle Computerexperten der Welt auf, sich über das Internet an der Weiterentwicklung dieses Kernels zu beteiligen. Betriebssystemspezialisten haben nun in ihrer Freizeit oder neben ihrer Arbeit den ursprünglichen Kernel immer weiter ergänzt und das Betriebssystem Linux zu einem inzwischen stabilen und professionellen Ansprüchen genügenden Produkt entwickelt.

Diese Entwicklungsgeschichte zeigt, dass Software nicht unbedingt in hierarchisch geführten Organisationen entwickelt werden muss. Die Konsequenzen dieser Entwicklung sind gegenwärtig kaum absehbar.

ARIS – E-Business Suite

Um die Anforderungen neuer Geschäftsprozesse, neuer Unternehmensstrukturen und neuer Produkte des E-Business zu modellieren, ist das ARIS-Konzept erweitert worden. Die IDS hat neue Methoden entwickelt, mit denen insbesondere die Rollen der an einem E-Business-Netzwerk beteiligten Partner dargestellt werden können. Abbildung 9 zeigt dazu ein einfaches Beispiel.

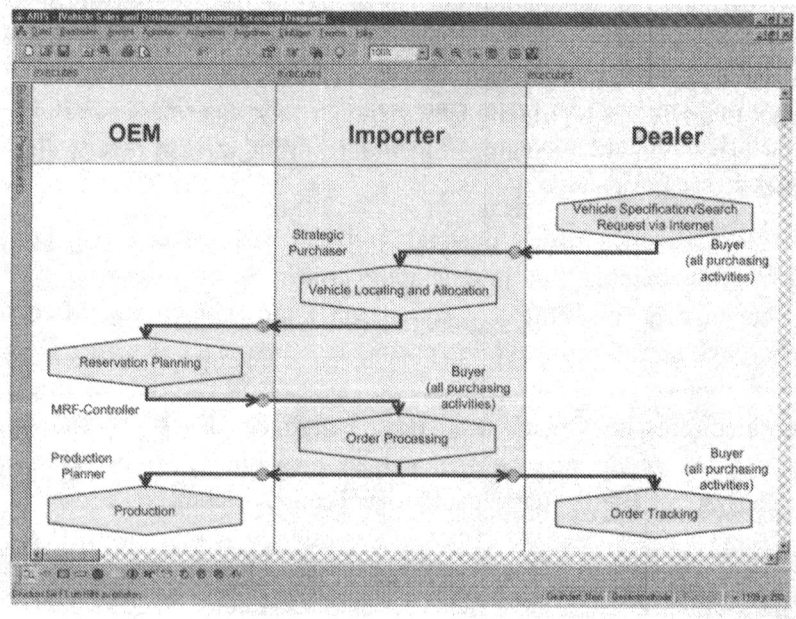

Abbildung 9: Modellierung von E-Business-Netzwerken

Die Spalten bezeichnen die einzelnen Rollen der Partner des Geschäftsprozesses und die Sechsecke die Teilprozesse, die von den einzelnen Partnern verantwortet werden. Die zwischen den Partnern auszutauschenden Dokumente und Leistungen werden durch Kanten dargestellt und inhaltlich beschrieben. Das Beispiel zeigt nur die hierarchisch höchste Darstellungsebene. Sie kann schrittweise verfeinert werden, bis die detaillierten Beziehungen zwischen den Prozessen dokumentiert werden.

Bei der Darstellung von E-Business-Modellen sind die Organisationssicht des ARIS-Konzeptes und die Darstellung von Leistungsflüssen wegen der innovativen Produktänderungen besonders wichtig. Gerade diese beiden Sichten bildeten auch die besondere Erweiterung des ARIS-Konzeptes gegenüber vorhergehenden Modellierungsansätzen, bei denen lediglich funktionale Beschreibungen und Datendokumentationen im Vordergrund standen.

Ein konkretes Beispiel zum Supply Chain Management

Nach diesen eher allgemeinen Ausführungen wollen wir nun ein konkretes Beispiel betrachten, das zeigt, wie durch das E-Business ausgelöste neue Logistikkonzepte Unternehmensstrukturen verändern. Zuvor wird zur Motivation aber der zweite Witz erzählt.

Zweiter Witz:

Der Professor fragt seinen Prüfling: „Was ist ein Vakuum?"

Stotternde Antwort des Studenten: „Ich hab's im Kopf – aber es fällt mir nicht ein."

Supply Chain Management bezeichnet als neues Logistikkonzept die Organisation von Lieferketten vom Produzenten zum Endkonsumenten über verschiedene Lieferstufen hinweg. Eine von der amerikanischen Organisation Supply Chain Council erarbeitete Definition verdeutlicht dies plastisch: Warenstrom und die begleitenden Informationsflüsse werden vom Kunden des Kunden bis zum Lieferanten des Lieferanten optimiert.

Unser langjähriger Kunde Fischerwerke Artur Fischer GmbH & Co. KG in Tumlingen folgte bisher einem Logistikkonzept, das heißt einer Organisation der Materialflüsse, wie sie in Abbildung 10 dargestellt ist.

Die Fabrik liefert ihre Produkte, also die bekannten Plastikdübel, an ein Zentrallager. Dieses Zentrallager meldet seine Bedarfe an die Fabrik und beeinflusst somit deren Produktionsplanung. Vom Zentrallager werden die

Artikel an rund 30 regionale Auslieferungslager versendet, wobei die Lieferungen durch Aufträge der Auslieferungslager ausgelöst werden. Von den regionalen Auslieferungslagern wird an ein Kommissionierlager der Handelskette geliefert und von diesem werden die einzelnen Baumärkte des Handelssystems beschickt.

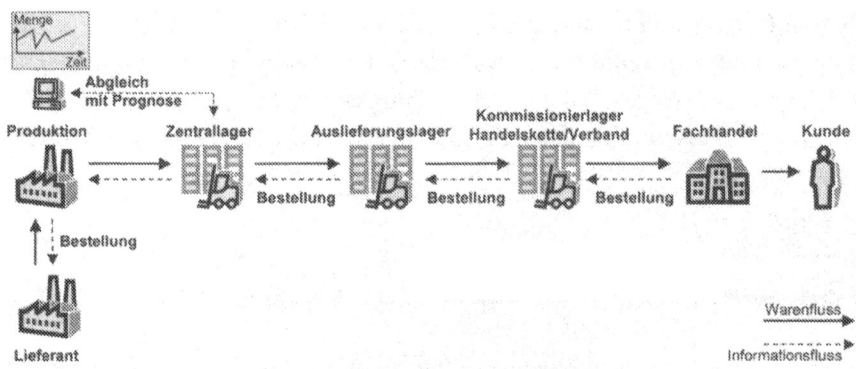

Abbildung 10: Logistikkette vor SCM-Einführung

Wenn man nun einen einzelnen Partner innerhalb dieses sechsstufigen Liefernetzwerkes betrachtet, so richtet er seine Dispositionen an den Informationen über das Verhalten der benachbarten Partner aus, also an den internen oder externen „Lieferanten" und den internen oder externen „Kunden".

Betrachten wir zum Beispiel ein regionales Auslieferungslager, so muss es bei seinen Überlegungen berücksichtigen, ob im Falle eines unerwartet hohen Kundenbedarfes das Zentrallager wohl bereit ist, diesen zu erfüllen. Gleichzeitig muss es überlegen, wie hoch der Bedarf des Handelsunternehmens in der nächsten Zeit sein wird. Da das Auslieferungslager nur unvollkommene Informationen über das Verhalten der benachbarten Partner besitzt, geht es von Worst-case-Überlegungen aus, um sich gegen überraschende Ereignisse abzusichern. Dies bedeutet konkret, dass es einen Lagerbestand zum Schutz gegen überraschende Bedarfe vorhält. Da jeder Partner der Lieferkette ähnliche Überlegungen anstellt, werden in der Kette erhebliche Lagerbestände zur Kompensation fehlender Informationen über das Verhalten der Partner aufgebaut.

Nach einer Reorganisation dieses Systems im Sinne eines modernen Supply Chain Managements ergibt sich die neue Struktur der Abbildung 11. Auf den ersten Blick ist bereits zu sehen, dass das System vereinfacht wurde. Anstatt von sechs Stufen sind lediglich noch vier Stufen einbezogen. Das Zentrallager und das Lager des Handelssystems wurden entfernt. Auch die Anzahl der regionalen Auslieferungslager wurde von 30 auf weniger als zehn verringert.

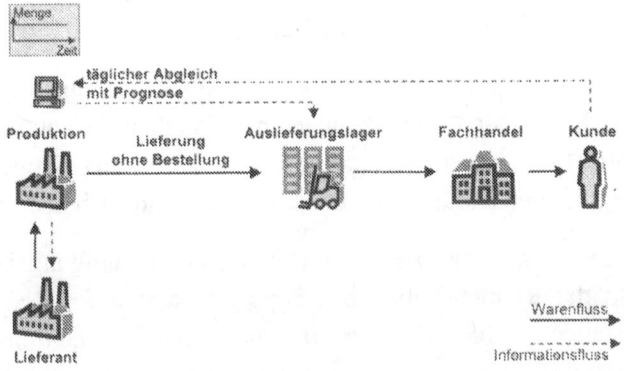

Abbildung 11: Logistikkette mit SAP R/3 (APO)

Dies zeigt bereits eine erste Erkenntnis von E-Business. Es geht nicht nur darum, eine neuartige Software einzuführen, sondern es muss zunächst der Geschäftsprozess grundlegend vereinfacht und verschlankt werden. Es wird ein direkterer Kontakt zu den Endkunden gesucht und deswegen werden Zwischenstufen aus der Lieferkette entfernt.

Dies entspricht auch den bereits diskutierten anderen Praxisfällen. Auch bei Dell Computer wurde zwischen dem Hersteller und dem Endverbraucher ein direkter Kommunikationsweg aufgebaut und Handelsstufen wurden eliminiert.

Um die direkte Kommunikation weiter zu unterstützen, werden im zweiten Schritt die Informationsflüsse beschleunigt.

In dem Fischer-Beispiel bedeutet dies, dass täglich die Abverkäufe der einzelnen Produkte aus den Baumärkten des Handelssystems an das Produktionswerk gemeldet werden.

In der Ausgangslösung wurde die Produktionsplanung des Werkes an den Bestellungen aus dem Zentrallager orientiert. Ein direkter Informationsfluss von den Verkaufsstätten, also den Baumärkten, zum Werk bestand dagegen nicht. Das Verhalten des Endverbrauchers wurde durch Reaktionen der Stufen Fachhandel, Kommissionierhandel, Auslieferungslager und Zentrallager an das Werk weitergegeben. Dadurch konnte es vorkommen, dass bereits geringe Änderungen des Endverbraucherverhaltens zu großen Reaktionen in der Lieferkette führten, die das ganze System chaotisch aufschaukelten. Dies wird in der Logistikliteratur als so genannter „Bullwhip"-Effekt, also Rinderpeitschen-Effekt, bezeichnet.

In der neuen Organisationsstruktur der Abbildung 11 sind nunmehr der echte Endverbrauch und das produzierende Werk informationstechnisch direkt gekoppelt. Prognose, Produktionsplanung und kurzfristige Produktionssteuerung können dadurch täglich aktualisiert und verbessert werden.

Nach Systemvereinfachung und Informationsbeschleunigung besteht der dritte Effekt der Reorganisation des Supply Chain in der Reduktion der Materialbestände. Aufgrund der nun verbesserten Informationslage über das Verhalten der jeweiligen Partner können die Sicherheitsbestände drastisch reduziert werden. Daraus folgt: Material wird durch Informationen substituiert.

Diese drei herausgearbeiteten Effekte

1. Vereinfachung der Systemstruktur durch direkteren Kontakt zum Endkunden,

2. Beschleunigung der Informationsflüsse,

3. Substitution von Material durch Informationen,

können für moderne Supply-Chain-Management-Systeme als typisch gelten.

Teile dieses Beispiels sind bereits mit der APO-Software (Advanced Planner and Optimizer) der SAP realisiert worden. Beratung und Einführung der Reorganisation wurden von der IDS Scheer AG durchgeführt.

House of Business Engineering

Das bereits in meinen ARIS-Büchern vor einigen Jahren vorgestellte House of Business Engineering (HoBE) als ein Konzept eines umfassenden Geschäftsprozessmanagements behält auch im E-Business seine Gültigkeit, ja wird sogar noch bedeutender. Das Vier-Ebenen-Konzept verkörpert eine fachliche Darstellung einer Softwarearchitekur zur Unterstützung von Geschäftsprozessen (vgl. Abbildung 12).

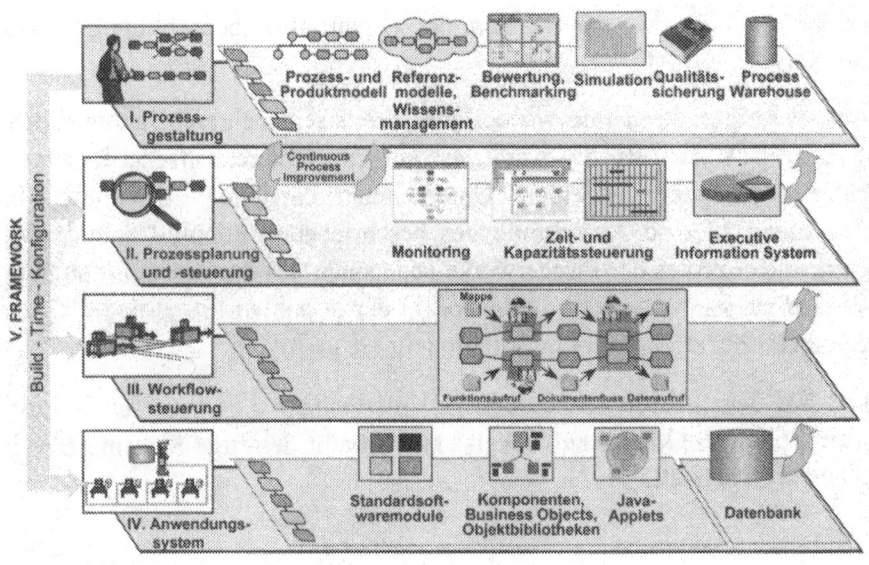

Abbildung 12: ARIS House of Business Engineering

Prozessgestaltung

In der ersten Ebene wird der Geschäftsprozess strukturell gestaltet. Im E-Business besitzt die Gestaltung des Systems besondere Bedeutung. Man kann nicht einfach eine traditionelle Lösung auf das Internet übertragen. Hier würden die eigentlichen Vorteile des Internet bei der Schaffung innovativer Abläufe verschenkt. Die Verfahren zur Beschreibung von E-Business-Modellen innerhalb des ARIS-Konzeptes sind dieser Ebene zugeordnet.

Da die Bedeutung der Modellierung von Geschäftsprozessen zunimmt, wird auch ihr Nutzerkreis ausgeweitet. Nicht nur Spezialisten eines Reorganisationsprojektes oder der Einführung eines ERP- oder Workflow-Systems werden mit diesen Methoden und Werkzeugen vertraut gemacht, sondern das Geschäftsprozesswissen wird über das Inter- und Intranet an alle Arbeitsplätze verbreitet. Jeder Mitarbeiter kann so sehen, wie er mit welchen Verantwortlichkeiten in die Geschäftsabläufe eingebunden ist. Damit muss die Verständlichkeit der Organisationsbeschreibung erhöht werden.

Am IWi experimentierten wir deshalb bereits seit mehreren Jahren mit so genannten Virtual-Reality-Ansätzen, um eine fotorealistische Beschreibung der Abläufe in einem Unternehmen darstellen zu können. In Abbildung 13 sind Ausschnitte des beschriebenen Supply-Chain-Management-Konzeptes der Fischerwerke angegeben. Da das System interaktiv nutzbar ist, kann man sich völlig frei in der gesamten Prozesskette bewegen und die Material- und Informationsflüsse verfolgen.

Das aus dem Institut ausgegründete Unternehmen ISS (Interactive Software Solutions GmbH) entwickelt und vertreibt derartige Systeme inzwischen kommerziell.

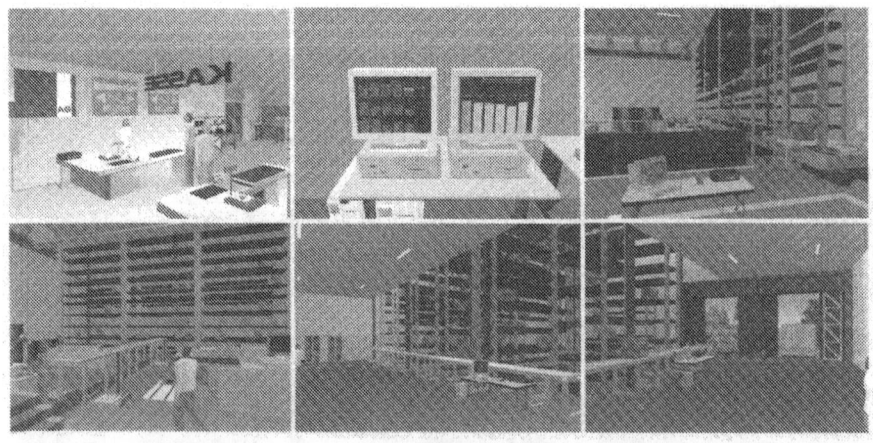

Abbildung 13: Virtual Reality in der Produktion

Prozessplanung und -steuerung

Die zweite Ebene des HoBE-Konzeptes stellt dem Geschäftsprozessverantwortlichen Informationen zur Steuerung der konkreten Geschäftsabläufe zur Verfügung. Auch diese Informationen werden im E-Business wichtiger. Während in einem Unternehmen Erfahrungswissen über den Zustand und die Güte der internen Geschäftsabläufe bestehen kann, ist bei Geschäftsprozessen, die über mehrere Unternehmen hinweg geführt werden, in der Regel keine übergreifende Kenntnis vorhanden.

Da aber ein Netzwerk nur so gut ist wie jeder einzelne Knoten, kommt es darauf an, die Geschäftsabläufe so zu überwachen, dass kein Partner den Gesamterfolg gefährdet.

In Abbildung 14 ist mit dem ARIS-Process Performance Manager (PPM) ein Beispiel gezeigt, wie Geschäftsabläufe bewertet werden können.

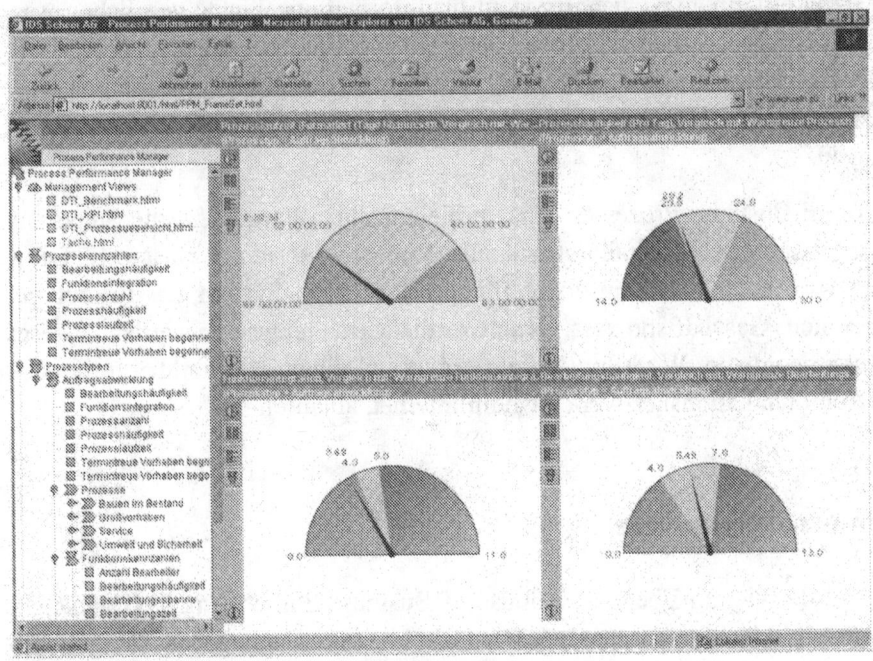

Abbildung 14: Process Performance Management

Da Kostenbetrachtungen über Partnernetze hinweg schwierig anzustellen sind, bieten sich als erste Annäherung zur Beurteilung der Abläufe ihre Zeitdauern an. Häufig sind Zeiten eng mit Kosten korreliert, so dass damit auch bereits betriebswirtschaftliche Aussagen getroffen werden können. Solche Geschäftsprozesstypen, die außerhalb eines geplanten Zeitfensters geraten, sind dann hinsichtlich der Ursachen näher zu analysieren. Aufgrund dieser Analysen können entweder die Teilprozesse der Partner verbessert werden oder Partner gegen zuverlässigere Partner ausgewechselt werden.

Workflowsteuerung

Die dritte Ebene des HoBE-Ansatzes beschreibt die Systemsteuerung der Prozesse. Workflow-Systeme übernehmen den Transport der Informationsobjekte durch einen Geschäftsprozess. Ein Workflow-System kann somit mit einem Transportsystem für Informationsobjekte verglichen werden. Bisher wurde die Ablaufsteuerung von Funktionen fest in Anwendungssoftware einprogrammiert. Neue Softwarearchitekturen trennen aber zwischen der Ablaufsteuerung und der Ausführung von Anwendungsregeln.

Bei E-Business-Prozessen können die einzelnen Partner für die Steuerung ihrer internen Abläufe individuelle Workflow-Systeme einsetzen. Diese müssen dann durch ein übergreifendes Workflow-System, das für den gesamten Geschäftsprozess verantwortlich ist, integriert werden. Dieses übergeordnete Workflow-System muss in einem partnerübergreifenden Kommunikationsnetzwerk, also im Internet, ablaufen.

Anwendungssysteme

Auf der vierten Ebene des House of Business Engineering sind verschiedene Entwicklungen neuer Softwarearchitekturen angegeben. Ihr genereller Trend ist, dass die früher monolithische, hochintegrierte Software in kleinere Einheiten, so genannte Komponenten oder auch Business Objects, zergliedert wird. Dies ist auch erforderlich, um diese Funktionen direkt aus einem Workflow-System aufrufen zu können. Ein Business Object umfasst dann die Funktionalität, die von einem Mitarbeiter an einem Arbeitsplatz im Rahmen eines bestimmten Geschäftsprozesses ausgeführt wird.

Regelkreise

Die vier gezeigten Ebenen sind untereinander verbunden. Insbesondere sollen die auf der ersten Ebene definierten betriebswirtschaftlichen Geschäftsmodelle direkt zur Konfiguration des Workflows und der Funktionsunterstützung der vierten Ebene verwendet werden.

Damit haben wir, ohne kompliziertes DV-chinesisch zu verwenden, einen Einblick in die Struktur moderner Informationssysteme, die auch für das E-Business maßgebend sind, erhalten.

Fachlich weniger vorgebildete Leser, die bis hierher durchgehalten haben, sollen mit einem weiteren Witz belohnt werden.

Dritter Witz:

Professor in der Vorlesung:

„Wenn Sie zu dumm sind, sich etwas merken zu können, dann machen Sie es wie ich und schreiben es sich auf."

Leser, die sich mit detaillierteren Beschreibungen des HoBE-Konzeptes beschäftigen möchten, verweise ich auf meine ARIS-Bücher und auf die darin angegebene Literatur.

Der Mensch steht im Mittelpunkt

Der bekannte Kalauer heißt dann: „Deshalb steht er ja auch überall im Wege". Aber es ist nicht nur Verbalkosmetik, wenn heute immer mehr von „User Centered Computing" gesprochen wird. Schließlich entscheidet am Ende der Mitarbeiter darüber, ob ein System seine erwartete Produktivität erfüllt oder nicht. Nur wenn er das System technisch und inhaltlich beherrscht und akzeptiert, wird er seine Möglichkeiten richtig nutzen. Aus diesem Grunde wird neben den großen Themen wie innovative Business-Modelle, neue digitale Produkte und neue innovative Geschäftsprozesse auch die Gestaltung des einzelnen Mitarbeiterarbeitsplatzes intensiv betrachtet.

Für den Zugriff auf vielfältige IT-Anwendungen muss ein einheitlicher und leichter Zugang geschaffen werden. Dies wird durch so genannte Portale ermöglicht. Ein Portal (vgl. Abbildung 15) eröffnet dem Mitarbeiter durch ein einmaliges Anmelden am System den Zugriff auf Anwendungen wie Lernen, betriebswirtschaftliche Abwicklungen, Kommunikation mit Mitarbeitern und Vorgesetzten und den Zugriff auf interne und unternehmensexterne Datenbanksysteme (Data Warehouses).

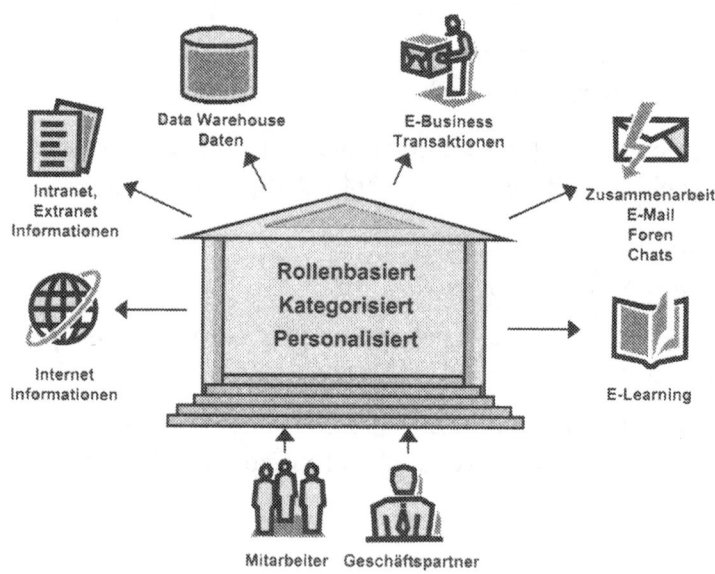

Abbildung 15: Unternehmensportal

Insbesondere die Verbindung zwischen der Arbeits- und Lernwelt wird sich am Arbeitsplatz ändern. Durch den Paradigmenwechsel vom Vorratslernen zum Lifelong-Learning und Just-in-Time-Learning wird die Arbeit an einem Arbeitsplatz immer mehr mit Lernvorgängen und auch Unterhaltungsvorgängen vermischt. Wenn ein Mitarbeiter bei der Bearbeitung eines Geschäftsvorfalls auf ein Problem stößt, das er aus eigener Kenntnis nicht lösen kann, so kann er Erklärungen aus dem System abrufen. Diese sind nach dem gewünschten Umfang gestaffelt. Zunächst kann er sich vielleicht mit einer einfachen Definition eines für ihn unbekannten Begriffes zufrieden geben. Möchte er aber mehr über den Tatbestand erfahren, so kann er auch auf weiteres Hintergrundwissen zugreifen. Abbildung 16 zeigt die Oberfläche des Corporate-University-Systems von DaimlerChrysler, wie es von der imc GmbH entwickelt worden ist.

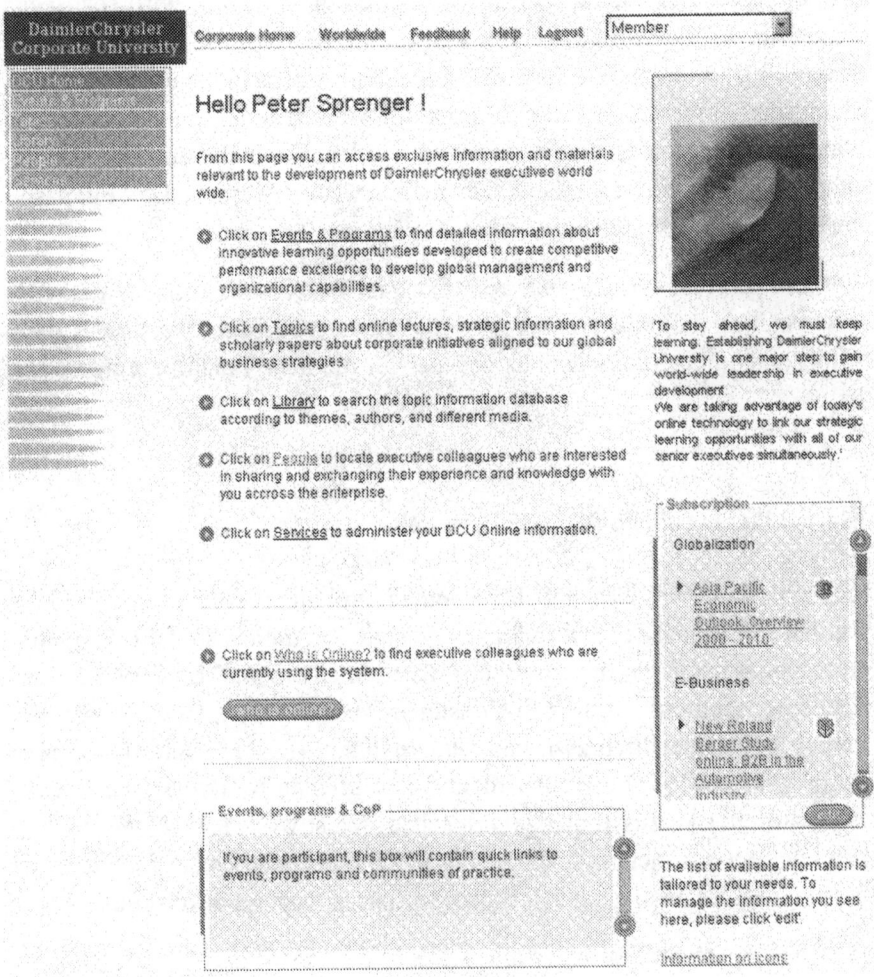

Abbildung 16: Benutzeroberfläche der Corporate University von DaimlerChrysler

Portale ermöglichen aber nicht nur einen einheitlichen und einfachen Zugriff auf vielfältige Informationsquellen und Anwendungen, sondern können auch auf die „Rolle" eines Mitarbeiters vorkonfiguriert werden. Dies bedeutet, dass für einen Entwicklungsingenieur, einen Buchführungssachbearbeiter oder einen Vertriebsleiter überlegt wird, auf welche Anwendungen er im Rahmen seiner Arbeit zugreifen muss und welche Informationsquellen für ihn interessant sein könnten. Damit wird sozusagen ein an der Rolle des Mitarbeiters ausgerichteter Filter für die fast unübersehbare Informationsfülle gebildet. Dies führt einerseits zu einer Vereinfachung des Umgangs mit der Informationsverarbeitung, kann andererseits aber auch als Eingrenzung empfunden werden. Deshalb kann der vorkonfigurierte Filter von dem Benutzer auch erweitert werden. Der Filter soll eben nur einen vereinfachten ersten Zugang ermöglichen.

Vorkonfigurierte Portale sind zum Beispiel interessant, wenn Mitarbeiter ihre Position innerhalb eines Unternehmens wechseln. Sie finden dann sofort einen neuen Arbeitsplatz vor, der für die neue Funktion eingerichtet ist.

Marktplätze erobern die Geschäftswelt

Zur Einleitung von Geschäftsbeziehungen und auch zu deren Abwicklung werden elektronische Marktplätze aufgebaut. Sie dienen sowohl der Unterstützung von Geschäften zwischen Konsumenten und Lieferanten, also dem so genannten Business-to-Consumer-Ansatz (B2C), als auch der Förderung von Geschäften zwischen Unternehmen (B2B). Auch hier werden Portale verwendet. Der Käufer möchte alle offenen Kaufvorgänge in einer Bildschirmmaske zusammengefasst sehen, selbst wenn sie sich auf mehrere Lieferanten beziehen. Gleichzeitig möchte der Käufer die für ihn interessanten Lieferanten nach Prioritäten sortiert, angezeigt bekommen.

Ebenso möchte der Lieferant alle seine offenen Aufträge, die für mehrere Kunden für ein bestimmtes Produkt bestehen, auf einer Bildschirmmaske zusammenfassen.

Die Zugangsportale zu den Marktplätzen können sehr aufwendig und intelligent gestaltet sein. Es ist vorstellbar, dass einem Konsumenten quasi ein intelligenter elektronischer Assistent zur Seite steht, der seine Wünsche kennt und ihn automatisch auf die für ihn günstigen Lieferanten und Sonderangebote verweist.

Umgekehrt verfügen Lieferanten immer mehr über Kaufprofile ihrer Kunden und können deshalb gezielte Angebote unterbreiten, bevor der Kunde bereits selbst einen Bedarf erkannt hat. Abbildung 17 zeigt die Oberfläche eines elektronischen Shops, wie er von dem Unternehmen Jet Online für einen Schmuckhändler eingerichtet wurde.

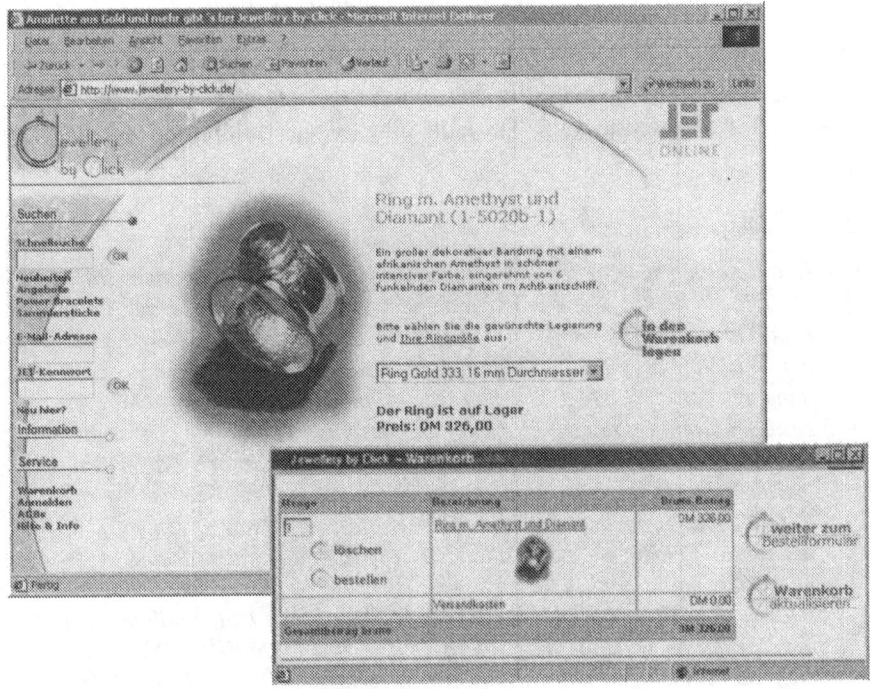

Abbildung 17: Oberfläche eines elektronischen Shops

Da das Internet viele Basisdienste und Basisprodukte zu Commodities macht und durch die Senkung der Transaktionskosten (Kosten der Geschäftsanbahnung) auch den Austausch von Lieferanten erleichtert, kann ein Lieferant eine besondere Position zu einem Kunden nur durch die Bereitstellung von Zusatzdiensten aufbauen. Diese Zusatzdienste werden allgemein mit Personalisierung bezeichnet. Personalisierung bedeutet, dass der Lieferant den Kunden kennt und deswegen eine individuelle Beziehung zu ihm aufbauen kann und ihm mehr Service bieten kann, als ein Lieferant, der bisher noch keine Beziehung zu dem Kunden unterhält.

Derartige Dienste werden zunehmend wichtig, da die Preise durch die auf dem elektronischen Marktplatz möglichen erweiterten Preisverhandlungen durch Auktionen und Börsen tendenziell sinken werden. Da alle Informationen auf dem Marktplatz transparent verfügbar sind, kann praktisch ein Kunde ständig von Sonderangebot zu Sonderangebot springen und braucht keinen regulären Preis mehr zu bezahlen. Nur besondere individuelle Serviceleistungen werden ihn von diesem Vorgehen abhalten.

Hiermit wollen wir den kurzen fachlichen Ausflug in den Scheer Kurs beenden. Trotzdem mag es für den einen oder anderen Leser bereits zu fachspezifisch gewesen sein. Deshalb gibt es zur Belohnung den vierten Witz.

Vierter Witz:

> *Ein Geschichtsprofessor hält eine mündliche Prüfung in seinem Büro ab. Die Studenten werden nacheinander hereingerufen. Als der erste Kandidat Platz genommen hat, fragt ihn der Professor: „Nennen Sie mir den Namen eines berühmten französischen Kaisers des 19. Jahrhunderts." Der Student überlegt, aber ihm fällt kein Name ein. Der Professor, am Anfang der Prüfung noch großmütig, will ihm eine weitere Hilfe geben und beschreibt den gesuchten französischen Kaiser weiter als einen ebenso berühmten Feldherrn. Aber dem Student ist die Person immer noch unbekannt. Der Professor, schon etwas gereizt, nennt die Feldzüge des Feldherrn nach Ägypten und Moskau. Aber wiederum bleibt der Student stumm. Auch die Nennung von Schlachtfeldern wie Waterloo hilft nicht: Der Student bleibt still. Endlich wird der Professor wütend und schreit laut: „NAPOLEON!!" Daraufhin steht der Student auf und will den Raum verlassen. Der Professor fragt: „Warum verlassen Sie den Raum? Ich habe die Prüfung noch nicht beendet, die Zeit ist noch nicht abgelaufen." Darauf antwortet der Student: „Ach so, ich dachte, Sie hätten bereits den nächsten Prüfling aufgerufen."*

Literaturverzeichnis

Bailek, C.: Hochschulausbildung geht oft am Markt vorbei; in: Handelsblatt vom 8. Mai 2000; S. 7.

Bartholomew, D.: ARIS Upgrade Boosts Workgroup Modeling; in: Informationweek; Nr. 07/95; Manhasset, NY 1995.

Grove, A. S.: Only the Paranoid Survive – How to Exploit the Crisis Points That Challenge Every Company and Career; Currency Doubleday, New York; 1. Auflage 1996.

Hammer, H.; Champy, J.: Reengineering the Corporation – A Manifesto for Business Revolution; Harper Business, New York; 1. Auflage 1993.

Lafontaine, O.: Regierungserklärung von Ministerpräsident Oskar Lafontaine am 14. September 1994 zum Thema: „Unser Saarland hat Zukunft: Forschung und Technologietransfer als Motor des strukturellen Wandels".

Lückmann, R.: IDS Scheer – Bescheidenheit ist eine Zier ...; in: Handelsblatt vom 15. Mai 2000; S. 2.

Pauly, C.: Der amerikanische Traum; in: Magazin Der Spiegel; Nr. 20/1999 vom 17. Mai 1999; Spiegel Verlag, Hamburg; S. 248-249.

Plattner, H.; Scheer, A.-W.; Wendt, S.; Morrow, D. S.: Hasso Plattner im Gespräch: Dem Wandel voraus; Galileo Press, Bonn; 1. Auflage 2000.

Reindl, J.: CIMCIPZIPCADCAMCIDAMJIT – Nachrichten aus dem Informatik- und Autoland Saar; Saarbrücker Hefte; Heft 69, Juni 1993; Ottweiler Druckerei und Verlag GmbH; S. 45-51.

Ricciuti, M.; Semich, J. W.: SAP's Client/Server Battle Plan; in: Datamation vom 15. März 1993; Newton, MA 1993; S. 26-32.

Rieker, J.: Profile: Grenzgänger, Portrait – August-Wilhelm Scheer; in: manager magazin; Nr. 11/97; Hamburg 1997; S. 106-111.

Scheer, A.-W.: EDV-orientierte Betriebswirtschaftslehre; Springer Verlag, Berlin et al.; 1. Auflage, 1984; aktuell: 4. Auflage, 1990.

Scheer, A.-W.: CIM – Der computergesteuerte Industriebetrieb; Springer Verlag, Berlin et al.; 1. Auflage, 1987; aktuell: 4. Auflage, 1990.

Scheer, A.-W.: Elfenbeinturm-Informatik; in: Informatik Magazin; Nr. 6/93, Springer Verlag, Berlin et al. 1993.

Scheer, A.-W.: ARIS-Toolset: Von Forschungs-Prototypen zum Produkt; in: Informatik Spektrum; Band 19, Heft 2; Springer-Verlag, Heidelberg 1996; S. 71-78.

Scheer, A.-W.: Wirtschaftsinformatik – Referenzmodelle für industrielle Geschäftsprozesse; Springer Verlag, Berlin et al.; 1. Auflage, 1978; aktuell: 7. Auflage, 1997.

Scheer, A.-W.: ARIS – Modellierungsmethoden, Metamodelle, Anwendungen; Springer Verlag, Berlin et al.; 1. Auflage, 1991; aktuell: 3. Auflage, 1998.

Scheer, A.-W.: ARIS – Vom Geschäftsprozeß zum Anwendungssystem; Springer Verlag, Berlin et al.; 1. Auflage, 1991; aktuell: 3. Auflage, 1998.

Glossar

Amazon.com: Amazon.com existiert seit 1995 und bietet Bücher, CDs, Videos und DVDs sowie Software und Computer- und Videospiele über Internet an.

APO: Der Advanced Planner & Optimizer (APO) ist eine Software-Lösung für ein dynamisches Supply Chain Management, das von der SAP AG entwickelt und vertrieben wird. Anwendungen für die Feinplanung, Optimierung und Terminierung ermöglichen eine präzise und globale Überwachung und Steuerung der Logistikkette auch über die Grenzen des eigenen Unternehmens hinweg.

ARIS: Die von Scheer entwickelte Architektur integrierter Informationssysteme (ARIS) stellt einen Bezugsrahmen zur Geschäftsprozessbeschreibung dar. Die Prozesse werden hierbei in eine Organisations-, Daten-, Funktions- und Leistungssicht untergliedert und über eine Steuerungssicht wieder in Zusammenhang gebracht. Für jede der verschiedenen Sichten kommen spezifische Modellierungsmethoden zum Einsatz.

ASP: Ein Application Service Provider (ASP) vermietet Software an seine Kunden. Dabei wird diese Software nicht lokal installiert, sondern über ein Netzwerk (Internet) zur Verfügung gestellt. Der Wartungsaufwand liegt dabei auf Seiten des Betreibers.

B2B: Business to Business (B2B) beschreibt die Geschäftsbeziehungen zwischen kommerziellen Geschäftspartnern im Electronic Business.

B2C: Business to Consumer (B2C) beschreibt die Geschäftsbeziehungen zwischen Unternehmen und ihren Endkunden im Electronic Business.

Beauty Contest: Jedes Unternehmen, das an die Börse will, wird von einem Konsortium begleitet. Das Konsortium besteht aus Banken beziehungsweise Broker-Häusern. Beauty Contest bezeichnet das Auswahlverfahren für die Zusammenstellung und Führung des Konsortiums. Die einzelnen Banken präsentieren dem Unternehmen bei einem Beauty Contest ihre Vorstellungen zum Emissionskonzept und Emissionspreis.

BMBF: Bundesministerium für Bildung und Forschung.

Bookbuilding-Spanne: Die Kaufinteressenten bieten sowohl Menge als auch Preis der von ihnen gewünschten neuen Aktien. Der gebotene Preis muss innerhalb einer vom Emittenten in Absprache mit der Emissionsbank vorgegebenen Preisspanne liegen, die als Preis- oder Bookbuilding-Spanne bezeichnet wird.

BPR: Das Business Process Reengineering (BPR) beschäftigt sich mit der (Neu-) Planung der Aufbau- und insbesondere der Ablauforganisation innerhalb eines Unternehmens.

Break-even-Analyse: Betriebswirtschaftliche Überlegungen zur Ermittlung der Gewinnschwelle.

Business-Angel-Netzwerk: Ein Business-Angel-Netzwerk vermittelt technologieorientierten jungen Unternehmen bzw. Unternehmensgründungen Business Angels, d. h. vermögende Privatleute, die sich mit eigenem Kapital und beruflich erworbenem Erfahrungswissen bei jungen Unternehmen engagieren wollen und damit an den Risiken und Chancen des Unternehmenswachstums teilhaben.

CAD: Computer Aided Design (CAD) ist das Erstellen meist technischer Zeichnungen unter Verwendung spezieller Grafiksoftware.

CASE: Computer Aided Software Engineering (CASE) bezeichnet Programmentwicklungswerkzeuge für die Erstellung von Softwaresystemen. Ziel ist eine weitgehende Automation des Softwareentwicklungsprozesses.

CeBIT: Centrum für Büro- und Informationstechnik (Hannover). Größte Messe der Welt für Informationstechnik.

CEO: Der Chief Executive Officer (CEO) ist der Vorsitzende der Geschäftsleitung beziehungsweise Vorsitzende des Vorstandes eines Unternehmens.

CIM: Computer Integrated Manufacturing (CIM) ist die computerunterstützte Integration der betriebswirtschaftlich orientierten Planungs- und

Steuerungsfunktionen mit den technischen Funktionen in einem Industriebetrieb.

Client/Server-Architektur: Die Client/Server-Architektur ist ein Netz von DV-Systemen, in dem Dienstnachfrager (Clients) und Dienstanbieter (Server) interagieren.

Commodity: Ein an der Börse gebräuchlicher Begriff für Gattungsrohstoffe wie Rohöl, Gold und Silber oder Waren wie Rinder, Getreide und Kaffee.

Commercial Paper: Ungesicherte Schuldtitel von Banken und Unternehmen erstklassiger Bonität. Sie werden mit einem Discount (Abschlag) gehandelt und haben Laufzeiten bis zu 270 Tagen (9 Monate).

DEC: Digital Equipment Corporation (DEC) ist ein amerikanischer Computerhersteller, der 1998 von Compaq übernommen wurde.

Dell: Die Dell Computer Corporation ist ein in den 90er-Jahren gegründetes Unternehmen, das den direkten Vertrieb von Computern via Internet als Erstes erfolgreich umgesetzt hat.

DFG: Die Deutsche Forschungsgemeinschaft (DFG) ist die zentrale Selbstverwaltungseinrichtung der Wissenschaft zur Förderung der Forschung an Hochschulen und öffentlich finanzierten Forschungsinstituten in Deutschland.

Dotcoms: Allgemeine Bezeichnung für innovative junge Unternehmen, die durch die Nutzung des Internet neue Geschäftsmodelle realisieren. Der Ausdruck Dotcom (geschrieben: „.com") stammt von der gemeinsamen Endung der Internet-Adressen dieser Unternehmen.

Drittmittel: Gelder, die zur Forschung eingesetzt werden und nicht aus Haushaltsmitteln der Universität stammen, sondern von Dritten. Dies können privatwirtschaftliche Unternehmen, die Europäische Union, das Bundesministerium für Bildung und Forschung oder auch die Deutsche Forschungsgemeinschaft sein.

Due Diligence: Bei der Übernahme eines Unternehmens spielt die Unternehmensbewertung eine entscheidende Rolle zur Ermittlung des Kaufpreises. Die Unternehmensbewertung wird Due Diligence genannt. Hierbei werden die Kredit- und Marktrisiken, das Beteiligungs- und Liegenschaftsvermögen sowie die Ertragslage eines Unternehmens überprüft und bewertet.

E-Business: Electronic Business (E-Business) steht für die Abwicklung von Geschäftsvorgängen über das Internet.

EBIT: Earnings Before Interest and Taxes (EBIT) beschreibt den Gewinn vor Zinsaufwand und Steuern.

Economies of scale: Bezeichnet die Kostenvorteile großer Produktionsmengen.

ERP: Enterprise-Resource-Planning-Systeme integrieren die betriebswirtschaftlichen Aufgabenbereiche und Prozesse entlang der Wertschöpfungskette von Geschäftsprozessen mit Hilfe einer zentralen Datenbasis.

Fraunhofer-Gesellschaft: Die Fraunhofer-Gesellschaft ist die führende Organisation für angewandte Forschung in Deutschland.

Headhunter: Gebräuchliche Bezeichnung für Mitarbeiter von Personalvermittlungsorganisationen, die teilweise mit aggressiven Methoden versuchen, Mitarbeiter zum Wechsel ihres Arbeitgebers zu bewegen.

Headquarter: Das Headquarter eines Unternehmens ist dessen Stammsitz (meist der Gründungsort).

HoBE: Das House of Business Engineering (HoBE) stellt einen von Scheer entwickelten Bezugsrahmen für das Management von Geschäftsprozessen dar. Dieser Ansatz beschreibt die organisatorische Gestaltung bis zur DV-technischen Implementierung und kontinuierlichen adaptiven Verbesserung der Geschäftsprozesse.

Hype: Englischer Ausdruck für Euphorie.

IDS: Die IDS Scheer AG, Gesellschaft für integrierte Datenverarbeitungssysteme mit Sitz in Saarbrücken, ist ein international tätiges und auf dem Gebiet des Geschäftsprozessmanagements führendes IT-Dienstleistungs- und Softwareunternehmen. Die Standardsoftware ARIS der IDS Scheer ist weltweit Marktführer für Business Process Management. Seit seiner Gründung als Spin-off des Instituts für Wirtschaftsinformatik (IWi) der Universität des Saarlandes durch Scheer im Jahr 1984 konzentriert sich das Unternehmen in Beratung und Produktentwicklung auf die Optimierung von Geschäftsprozessen.

imc: Die information multimedia communication GmbH ist ein 1997 von Scheer gegründetes Spin-off des Instituts für Wirtschaftsinformatik (IWi) der Universität des Saarlandes, das sich dem Thema E-Learning widmet.

IPO: Die Initial Public Offering (IPO) ist eine Neuemission, d. h. ein neu an die Börse kommender Wert.

ISS: Die Interactive Software Solutions GmbH ist ein 1998 gegründetes Spin-off des Instituts für Wirtschaftsinformatik (IWi) der Universität des Saarlandes. Die ISS entwickelt Modellierungswerkzeuge mit Hilfe von Virtual Reality. Prof. Scheer ist an ihr beteiligt.

IT: Abkürzung für Informationstechnologie.

IWi: Institut für Wirtschaftsinformatik (IWi) der Universität des Saarlandes (Leitung: Prof. Scheer).

JET Online: JET Online GmbH ist ein 1999 von Scheer gegründetes Spin-off des Instituts für Wirtschaftsinformatik (IWi) der Universität des Saarlandes. Das Unternehmen entwickelt elektronische Marktplätze für ihre Kunden. Etwa 40 Mitarbeiter waren Ende November 2000 bei JET Online beschäftigt. Mehrheitsgesellschafter ist die IDS Scheer AG.

Joint Venture: Ein Joint Venture ist die gemeinsame Gründung eines Tochterunternehmens durch mehrere (auch internationale) Unternehmen.

Kameralistik: Rechnungsstil der öffentlichen Verwaltung, der auf einer Einnahmen- und Ausgabenrechnung basiert.

Keynote Speaker: Hauptredner einer Konferenz.

Konsortialbanken: Zusammenschluss von Banken, um ein Unternehmen an die Börse zu begleiten.

Linux: Linux ist ein frei verfügbares Multitasking- und Multiuser-Betriebssystem. Es wurde 1991 von dem damals 21-jährigen Linus Torvalds erfunden und wird seither von einer Vielzahl an Entwicklern aus aller Welt weiterentwickelt.

Mass Customizing: Personalisieren von Massenprodukten.

Max Planck Gesellschaft: Die Max Planck Gesellschaft zur Förderung der Wissenschaften e.V. (MPG) ist eine unabhängige gemeinnützige Förderorganisation für die Grundlagenforschung in den Natur-, Bio- und Geisteswissenschaften.

Neuer Markt: Deutsches Börsensegment für technologieorientierte Wachstumsaktien.

New Economy: Unternehmen der „Dotcom"-Generation, deren Geschäftsaktivitäten eng mit dem Internet verbunden sind.

Outsourcing: Outsourcing bezeichnet die Auslagerung von Funktionen einer Organisation auf Fremdfirmen.

PSP: Das Process Service Providing (PSP) bezeichnet die Übernahme von Geschäftsprozessen durch einen Dienstleister.

R/2: Betriebswirtschaftliches Softwaresystem für Großrechner, das SAP 1979 auf den Markt gebracht hat. Vorläufer des Systems R/3.

R/3: SAP R/3 gilt als die weltweit am häufigsten verwendete betriebswirtschaftliche Standardsoftware für Client/Server-Architekturen. Das Leistungsspektrum umfasst Softwareanwendungen für Rechnungswesen und Controlling, Produktion und Materialwirtschaft, Qualitätsmanagement und Instandhaltung, Vertrieb, Personalwirtschaft sowie Projektmanagement.

Roadshow: Im Vorfeld eines IPO wird das Produkt oder das Konzept eines Unternehmens in mehreren Veranstaltungen einem Investorenkreis vorgestellt, um den Bekanntheitsgrad des Unternehmens zu steigern und möglichst viele Anleger für Anteile an diesem zu begeistern.

SAP: 1972 gegründetes Softwarehaus mit Sitz in Walldorf. Die SAP ist der führende Anbieter von betriebswirtschaftlichen Softwarelösungen.

SCM: Supply Chain Management (SCM) ist die Abwicklung der gesamten Logistikkette (Supply Chain) vom Lieferanten bis zum Kunden.

Service Engineering: Service Engineering umfasst die systematische Gestaltung und Ausführung neuer Dienstleistungen.

Silicon Valley: Das Silicon Valley – Silizium-Tal – im Santa Clara County bei San Francisco/Kalifornien ist mit über 3.000 Firmen das wohl weltweit größte Zentrum für Neue Technologien. Die dort befindliche Stanford University und die frühe Ansiedlung großer Unternehmen wie IBM, ITT, Lockheed und Hewlett-Packard, dienten als idealer Nährboden für Technologieunternehmen.

Software Engineer: Entwickler von Computerprogrammen.

Start-up: Start-up (deutsche Übersetzung: Anlauf) ist die Bezeichnung für ein neu gegründetes Unternehmen.

SUN: SUN Microsystems, Inc. wurde 1982 im kalifornischen Silicon Valley (USA) von dem Deutschen Andreas von Bechtolsheim gegründet. Von Beginn an bildete Network Computing das Fundament der Unternehmensphilosophie.

UNIX: UNIX (UNiplexed Information and Computing System) wurde 1969 von AT&T entwickelt. Es war das erste Betriebssystem, das in der höheren Programmiersprache „C" geschrieben wurde. Es ist daher weitgehend plattformunabhängig.

US-GAAP: Die Generally Accepted Accounting Principles (GAAP) aus den USA haben sich im Gegensatz zur europäischen Rechnungslegung als Grundlage des Jahresabschlusses von Unternehmen durchgesetzt. Für den Börsengang an den „Neuen Markt" der Frankfurter Wertpapierbörse ist die Bilanzierung entweder nach IAS (International Accounting Standards) oder US-GAAP zwingend.

Venture Capital: Venture Capital (Synonyme: Risikokapital, Wagniskapital) wird von externen Geldgebern einem jungen Unternehmen zur Verfügung gestellt. Es ist haftendes Kapital, für das als Kreditsicherheit allein die Geschäftsidee und die damit verbundenen Ertragsaussichten zur Verfügung stehen.

Virtuelles Unternehmen: Ein virtuelles Unternehmen ist eine Kooperation rechtlich unabhängiger Unternehmen.

VMS: VMS ist das Betriebssystem von DEC für vernetzte Computer.

Workflow-System: auch Workflow-Management-System, ein System, das Arbeitsabläufe unter Berücksichtigung von Ressourcen, Terminen und Kosten mit Hilfe von Software steuert und ausführt.

Worst case: Der Worst case (Übersetzung: schlimmster Fall) beschreibt eine Situation bei Eintreffen der ungünstigsten Konstellation aller denkbaren Ereignisse.

Y-CIM-Modell: Das Y-CIM-Modell wurde von Scheer entwickelt und verdeutlicht die Zusammenhänge zwischen den logistischen Teilsystemen eines Industriebetriebes, dem Prozess der Produktentwicklung und der Fertigungsausführung.

Start up e-business

Was im E-Business zählt, ist die Geschwindigkeit: schneller sein als andere. Heute schon auf die E-Commerce-Lösungen setzen, die die Kunden von morgen benötigen.

E-Stores, E-Malls, Content-Management-Systeme, B2B oder B2C-Marktplätze: JET Online entwickelt und berät vom Start weg Unternehmen mit erfolgreichen Business-Modellen und marktreifen E-Commerce-Lösungen, macht Sie startklar für den elektronischen Handel mit Waren und Dienstleistungen. Schnell, kreativ und unkompliziert.

JETzt, mit uns durchstarten!

http://www.jet-online.de
E-mail: info@jet-online.de
Tel. +49 (681) 302 6070
Fax +49 (681) 302 6071

JET Online GmbH
Altenkesseler Strasse 17
Gebäude D2
D-66115 Saarbrücken

Ein Unternehmen der IDS Scheer Gruppe.

GPSR Compliance

The European Union's (EU) General Product Safety Regulation (GPSR) is a set of rules that requires consumer products to be safe and our obligations to ensure this.

If you have any concerns about our products, you can contact us on

ProductSafety@springernature.com

In case Publisher is established outside the EU, the EU authorized representative is:

Springer Nature Customer Service Center GmbH
Europaplatz 3
69115 Heidelberg, Germany

www.ingramcontent.com/pod-product-compliance
Lightning Source LLC
LaVergne TN
LVHW011001250326
834688LV00003B/49